INSIGHT AND ACTION

HOW TO DISCOVER AND SUPPORT A LIFE OF INTEGERITY AND COMMITMENT TO CHANGE

Tova Green
Peter Woodrow
Fran Peavey

통찰과 행동

온전한 삶과 변화에 헌신하는 삶을 발견하고 지원하는 방법

우리가 기러기만큼의 지혜를 가지고 있다면,
우리도 어려운 시기와 강할 때 서로를 지켜줄 것이다.
그리고 토착 문화가 오랜 세월 동안 해온 중요한 일 중 하나는
자연을 자신의 내면의 거울로 바라보는 것이다.

온전한 삶과 변화에 헌신하는 삶을 발견하고 지원하는 방법
통찰과 행동

지은이	토바 그린, 피터 우드로, 프란 피비
옮긴이	비폭력평화물결 번역위원회
감수	박성용
초판발행	2025년 6월 10일
펴낸이	배용하
책임편집	배용하
등록	제364-2008-000013호
펴낸 곳	도서출판 대장간
	www.daejanggan.org
등록한 곳	충청남도 논산시 가야곡면 매죽헌로1176번길 8-54
편집부	전화 (041) 742-1424
영업부	전화 (041) 742-1424 · 전송 0303-0959-1424
분류	분별	그룹관리	경영
ISBN	978-89-7071-751-7　　03320

이 책은 한국어판은 저작권법에 의해 보호를 받는 출판물입니다.
기록된 형태의 허락 없이는 무단 전재와 복제를 금합니다.

 값 25,000원

목 차

소개의 글 ··· 15
머리말: 기러기에 관한 진실 ················· 23
소개 ··· 26

1부 / 지원 그룹 _ 토바 그린
소개 ··· 36
왜 지원 그룹인가? ································· 42
활동가 지원 그룹을 시작하는 방법 ······ 53
체크인 ··· 75
그룹이 작동하게 만드는 요소 ··············· 81
전형적인 어려움과 해결 방법 ··············· 95
그룹을 지속하는 법 ······························ 103
지원 그룹 축복하기 ······························ 112

2부 / 개인 결정을 위한 동료분별모임 _ 피터 우드로우
동료분별소개 ·· 114
동료분별형식 및 스타일: 세 가지 사례 ···· 125
동료분별과정 조직하기 ······················· 147
동료분별을 위한 개인적 준비 ············· 154
동료분별그룹의 역할 ··························· 162
모임진행자의 역할 ······························· 170
마무리: 놀라운 결과 ···························· 177

3부 / 전략적 질문 _ 프란 피비
전략적 질문하기 ··· 180

부록 1 _ 그룹의 프로세스 자원
의사소통에 관한 합의 ··· 233
그룹 대화를 위한 '십계명' ··································· 235
효과적인 피드백 제공하기 ··································· 238

부록 2 _ 퀘이커와 다른 이들 사이의 동료분별 모임 개괄 역사
동료분별 위원회와 개인적 분별을 하는 데 있어서 위원회의 활용 ··· 250
동료분별 및 동료분별모임 위원회 ························ 256
동료분별 위원회, 돌봄 위원회 및 공동체 신앙 지도 위원회 ··· 262
영적 분별: 개인적 측면 ······································· 273
분별을 위한 실용적인 지침들 ······························ 283

참고 문헌   292
조직 자료   298

우리 대부분은 체계적인 지원 그룹 없이도 평화와 정의를 위한 활동을 지속해 왔다. 그러나 변화를 위해 지속적이고 효과적으로 일하려 할 때 필수 요소인 성찰, 도전, 긍정을 정기적으로 공급받을 수 있는 원천과 연결하지 않은 채, 그 일에 계속 헌신할 수 있는 사람이 몇이나 있을까? 우리는 종종 긴밀하게 협력하는 사람들로부터조차 고립감을 느끼는 경우가 많다.

일러두기

1. 본서를 번역하면서 다음과 같은 단어는 책의 내용에 따라 다음과 같이 번역했다.

    facilitator -> 모임진행자
    focus person -> 분별탐구자
    Clearness -> 동료분별
    Clearness process -> 동료분별과정
    Clearness meeting -> 동료분별모임
    Clearness group -> 동료분별그룹
    Clearness Committee -> 동료분별위원회
    Oversight Committee -> 공동체 신앙 지도 위원회

2. 필요에 따라 괄호와 각주를 통해 번역자주를 달아 글 내용을 이해하기 쉽게 도왔다.

소개의 글

2020년 코로나의 충격은 비폭력 평화 훈련가로서 나에게 중대한 화두를 던져주었습니다. 그것은 우리의 삶이 생각 이상으로 매우 취약해졌고, 안전하다 믿었던 국가의 안전 시스템도 무력하며, 모호함과 복잡한 얽힘의 그물망 세상에서 어떻게 보다 근원적이고, 진정성이 있으며, 온전한 삶에로 좀더 깊이 다가갈 수 있을까에 대한 질문이 맴돌게 되었다는 뜻입니다. 많은 이들이 주변의 질병, 노화, 고통의 만연화와 여러 이유에서 단절의 고통으로 오는 불안과 결핍감의 분위기가 일상으로 침투해 오고 있는 것을 목격하고 있습니다. 제가 속한 작은 신앙공동체에서도 교우 여러 사람이 암으로 투병하는 새로운 현상들도 경험하고 있습니다.

그동안 평화의 일상화를 위해 서클 대화 전파에 노력해 온 저는 뭔가 경청연결과 보살핌돌봄이 포스트–코로나 시대에 들어서면서 중대한 과제가 되었다는 것을 직감적으로 깨닫게 되었습니다. 직감적이란 객관적이거나 물리적인 논리적 증거가 보이지 않아도 그동안 과거에 중대한 결단과 방향 감각에 있어 내면에서 지속적으로 울리는 작은 목소리가 이번에도 계속 울렸다는 뜻입니다. 특별히 주변과 단체의 어려운 사건들을 직접 경험하는 과정에서 다가왔다는 점에서도 더

욱 소중한 경험입니다. 저는 나름대로 이것을 'ring true' 곧 내 영혼에 진실의 종이 울리기라고 표현되는 영혼의 감각이 찾아온 것을 말합니다. 그것을 따를 때 나중에 뒤돌아보면 정확히 그 선택이 옳았었다고 느껴지는 그 어떤 부름의 희미한 목소리를 지속적으로 느끼게 되었습니다.

그래서 이를 위해 서클의 새로운 가능성을 모색하기 시작했습니다. 때마침 코로나 직전에 시작한 내면대화내면가족체계에 대한 훈련과 더불어 2022년부터 이웃대화에 대한 기획과 2023년도 7월에 출범식도 동료단체 활동가들과 가졌습니다. 그리고 2024년 금년에는 서클 거버넌스에 대한 학기제 훈련과정을 온라인으로 새로 시작하게 되었습니다. 서클 거버넌스는 첫학기를 소시오크라시와 홀라크라시 탐색을, 두 번째 학기는 영혼의 리더십 탐구를 하게 되었습니다.

그리고 마지막 학기를 고민하면서 시대의 징조와 과제에 대해 생각하면서 모험 어린 시도를 하게 되었습니다. 그것은 도미니크 바터가 회복적서클 10주년에서 온라인으로 한국 회복적 서클 진행자들에게 말한 '돌봄의 시스템'에 대한 영혼의 울림에 따라 국내 번역이 없는 두 영어 책을 번역하여 교재로 쓰기로 한 것입니다. 온라인 모임에서 공개요청을 한 결과 다행히도 6명이 기꺼이 자원을 하게 되었고 6월에서 8월 말까지 3개월 일정을 잡고 신속하게 팀워크로 초벌 번역을 완성하게 되었습니다. 그 두 책은 『통찰과 행동insight and action』과 『인터비전intervision』입니다.

『통찰과 행동』과의 오랜 인연도 있습니다. 이 책은 제가 박사과정 마지막 학기에 거했던 펜실베니아 월링포드에 있는 퀘이커 영성센터인 펜들힐Pendle Hill에서 두 책을 구입해 가져왔는 데 그 하나는 피터 우드로의 쪽책자인 『동료분별Clearness』과 이번에 번역하게 된 『통찰과 행동』입니다. 서클진행에 대한 본격적인 소개를 하면서 동료분별 쪽책자는 제가 평화서클교회 개척후 7년 지나 내부에서 실습모임을 진행하게 되었습니다. 그만큼 서클에 대한 개인진행자만 아니라 아예 서클 문화가 형성되지 않으면 시도하기 어려워 시간이 걸렸던 것입니다. 내 수중에서 20여 년간 방치된 『통찰과 행동』도 이웃대화모임이 시작되면서 그 활용의 기회가 온 것으로 느껴져서 이제 번역에 착수하게 되었습니다.

서클을 모임의 앉은 형태로 사용해 온 단체는 더러 있었지만, 서클 자체의 작동원리에 자각하며 수많은 삶의 과제나 도전적인 현실에 서클로 다가가는 것을 의식적으로 일관성을 가지고 성찰한 사람은 그동안 제 앞에서는 없었고 저희 단체 이외는 없었다고 감히 말할 수 있습니다.

저는 9.11 비극사건 때 펜들힐에서의 서클경험과 그후 필리핀 민다나오 섬 산지인토착민의 서클경험을 통해 그 당시엔 몰랐으나 뒤늦게 그 경험이 매우 소중한 사건이었고, 이는 신의 인도에 의한 경험으로 자각하게 되어서 서클에 헌신하게 되었습니다. 『인터비전』도 그러한 자각속에서 수년 전에 우연히 내게 다가온 책입니다.

저는 미주통일운동가이자 통일운동 대부였던 함석헌 선생 제자이자 퀘이커교도인 고 이행우 선생을 통해 미국유학 중에 퀘이커의 국제 평화증언운동을 알게 되었습니다. 그래서 펜들힐에도 그분의 도움으로 한학기 경험할 수 있었고 그후 꾸준히 퀘이커의 비폭력실천

모델들과 지금의 단체도 저에게 인연으로 다가오게 되었습니다. 좀 더 세상에서 구체적인 실천 운동으로 소시오크라시가 네덜란드 퀘이커 교도인 부커부부와 엔덴뷔르흐에 의해 창시되었다는 것을 알게 되었고, 그런 이해가 발전해서 그 주변에 기업과 단체에 공헌하는 『인터비전』의 방식이 있다는 것을 깨닫게 되었습니다. 하나는 미국에서 또 하나는 네덜란드에서의 실험이지만 둘 다 퀘이커의 이상향인 지배없는 동료간 파트너십 사회로의 이상을 구체적으로 실천하는 방식입니다. 그래도 차일피일 프로그램 세팅에는 미루어오고 있다가 금년에 여러 계기로 인해 서클 거버넌스의 중요 학습내용으로 선택하게 되었습니다.

금년도 처음 시작한 '서클 거버넌스' 온라인 인문학 모임은 3~4년 전에 여러 곳에서 말한 '서클의 통합적 비전'에서 여러 동심원 이미지로 각 서클의 위치를 나타낸 도형중에서 가장 외각에 있는 서클 실천입니다. 그동안 다른 서클 진행 모델들을 각각 진행자 리더십과 현장을 세우기 위해 미루었던 부분인데 마지막으로 손놓고 있던 부분을 시도해서 내 나이 70세 이전에 현장에서 리더십이 나오기를 바래서 시작하게 되었습니다.

이 과정은 그동안 서클진행 단체들에 대한 관찰과 내가 속한 단체의 여러 성공과 실패의 경험을 성찰하면서 앞으로 나가기 위한 비전을 모색하기 위해 1년을 한시적으로 집중하게 된 탐구과정입니다. 서클은 단순히 동그랗게 모여서 진행하는 간단한 기술을 습득하는 것으로 끝나는 것이 아니라 인간의 의식 발전과 공동체의 성장에 따른 성숙함이 서클의 진정성, 그 지혜와 힘을 발휘할 수 있게 합니다. 서클 거버넌스에서 탐구했던 관계로서 자율적 통치, 영혼참자아에 기반한 리더십의 방향감각과 선택, 그리고 외부 전문가가 아닌 동료로서 서로의 고통과 활동역량의 미숙함 지원 등은 향후 서클문화가 가정, 모임, 단체, 마을, 공동체에 확산되는 데 중요한 과제가 될 것입니다.

무엇보다 서클이 이상적으로 추구하는 각자의 '진정성'이 들려지기와 서로를 '돌보기'가 어떻게 질적인 의미에서 향상될 수 있는가에 관련하여 서클의 질적인 상호돌봄의 시스템이 개인역량을 넘어 필요했었습니다. 물론 서클진행자의 내적인 의식고양의 절실한 필요성도 새롭게 제기되고 있습니다. 그래서 비폭력 성장그룹을 활성화시키고, 서로 부족한 전문역량을 스스로 지원하는 이 두 책은 여러 영감어린 지혜와 구체적인 실천 방식을 제공해 줄 것이라 기대합니다. 서클 활동가라면 누구나 점차 깨닫고 있듯이 서클은 단순히 커뮤니케이션의 진정성만 아니라 권력·힘의 분배에도 민감합니다. 특히, 힘에 있어서도 강제하는 힘보다 연결하고 역량을 부여하는empowering에 대한 힘의 중요성을 알게 됩니다. 이 책들은 그런 과제에 정말 알맞은 용도의 책입니다.

한 가지 언급할 것은 퀘이커의 오랜 전통인 각자 내적인 빛에 근거한 친우회퀘이커교도를 지칭함 회원들의 지원을 목적으로 진행해 온 'clearness'에 대한 국내의 활동을 약간 소개하여 혼란을 덜어드리고자 합니다. 교육센터「마음의 씨앗」에서는 10여년 전부터 퀘이커 사상가 파커 파머의 '가르칠 수 있는 용기CTT'의 자매 프로그램인 '마음비추기 사계절피정'을 진행해 오고 있고 그 프로그램 안에 중요한 내용 하나가 '명료화모임clearness meeting'입니다. 저도 이 사계절 피정의 진행자 모임에 속해 있으며, 파커 파머는 10여년 동안 펜들힐에서 퀘이커의 전통을 리트릿 형태로 개발하여 사회에 퀘이커전통에 낯선 이들에게 기여해 왔습니다.

또 하나의 흐름은 펜들힐이 있는 월링포드보다 더 퀘이커 교도들이 많이 살고 있는 필라델피아 시내에서 퀘이커가 운영하는 '필라델피아 라이프 센터'에서 지역활동가들을 대상으로 피터 우드로와 그의 동료들이 비폭력평화활동 분별을 위한 'clearness'의 적용입니다. 저는 사계절피정의 '명료화모임'의 특성을 침해하지 않으면서, 피터 우드로가 활동가들과 연결하여 도전받는 것들에 대해 지원했던 그 전통에 입각하여 clearness meeting을 따로 동료분별모임으로 번역하여 소개합니다. 내가 알기에는 전자는 명료화모임이 삶의 문제를 직접 다루기보다는 내면의 빛에 따른 자기 소명 확인과 자기 정체성 발견에 좀더 초점을 두고 피정 형태로 고요한 분위기에서 진행되는 것이라면 필라델피아라이프센터에서 진행된 것은 약간 다릅니다. 도시 생활 한 가운데서 지역활동가로서 경험하는 폭력과 도전들에 마주하며 나타나는 문제들을 직접 다룬다는 점과 축하와 노래, 편견 확인, 지지와 확언 그리고 필요시 지속적인 돌봄지원 등의 분위기와 과정이 그 목적에 맞게 차이점을 둔다는 것입니다. 따라서 후자의 경우 피정 형태를 취하지 않고 문제가 있을 때 신청자의 요청에 따라 동료분별모임이 구성됩니다.

우리의 취약한 삶을 지원하기 위한 목적으로 상호 보완의 책으로 나온 『통찰과 행동』과 『인터비전』이 나오기까지 번역팀으로 활동해 준 김영범, 김향숙, 이맹기, 이선영, 전하늬, 최희자 등 서클활동 동료들께 감사드립니다. 활동가로서 그리고 대부분 현직 교사로서 학교의 바쁜 일정에도 불구하고 함께 기일내에 마무리할 수 있도록 값진 수고와 시간을 내어주었습니다. 본인들 이름이 표지에 나오는 것을 주저해서 번역위원회 이름으로 모셨습니다.

바라건대 이 쌍둥이 번역 책은 서클활동가들이 모임과 단체활동을 통해 스스로 자조 그룹self-help groups을 만들어 개인의 성장과 사회의 변화에 실질적인 아이디어를 제공하는 영감어린 효소 역할을 하기를 기원합니다. 그래서 자신의 주변과 동네가 좀더 따스해지고, 살만한 정감어린 파트너십 세상으로 바뀌어 가는 데 도움되기를 간절히 바라고 있습니다. 앞으로도 이런 기회가 있어서 번역팀들이 꾸려져서 비폭력 실천의 여러 아이디어들이 세상에 제공되길 기대하고 있습니다.

그 첫 걸음의 결실에 신의 은총이 함께 하시길 마음모아 빕니다.

사회가 2022년 11월 챗지피티의 등장으로 급격히 변화되고 있고 그 변화의 가속도는 어지러울 지경입니다. 지식이 외장하드처럼 생성형 AI가 담당할 급격한 변동의 시대에 이 두 권의 책은 변화의 주체성을 개인의 가치와 열정 그리고 이를 지원하는 탈지배적인 상호돌봄의 메커니즘을 통해 변화의 도전을 긍정적인 학습의 기회로 제공하는 안전한 경험적 학습과 상호돌봄 그리고 함께 성장하는 경청동반자의 문화를 제공합니다.

첫 인쇄가 나가고 온라인 실습 워크숍과 참여자들의 재학습 모임이 자발적으로 진행될 만큼 이 두 책은 서클진행 활동가들의 주목을 받아왔습니다. 특히 이 과정이 끝나자마자 12.3내란사태가 터지면서 여전히 장해가 되는 권위와 권력 시스템에 대안적인 풀뿌리부터 근원적인 민주역량 구축에 대한 방법론이 긴급히 필요해졌습니다. 이제는 당분간 이 두 권의 통찰을 시민사회와 정치권에서 자기-조직화에서 깊이 나눌 시점이 되었습니다. 저는 2025년 가을부터 이에 대한 권역별 워크숍을 진행하여 활동가, 조직가, 실천가들에게 이 두 권이 담고 있는 경청과 열린 질문의 대화 방식을 제공할 예정입니다.

    출판사에서는 처음에 합본으로 계획했던 것을 휴대하기 좋게 책 크기를 줄이고 글자의 크기를 키우면서 책의 분량이 많아졌기 때문에 부득불 두 권으로 출판하게 되었습니다. 언제나 판매 수익이 없는 평화 훈련 책 출판에 고민하지 않고 기꺼이 도움을 주는 도서출판 대장간 배용하님의 후원에 깊이 감사드립니다. 본격적인 출판은 2025년이지만 그 첫 출판을 기억하기 위해 날짜는 첫 인쇄 날짜 그대로 합니다. 모든 단체, 그룹, 공동체, 종교기관, 정치나 성장그룹에 이 책의 비전이 큰 도움이 되리라 확신합니다.

2024. 9. 1.

박성용 대표Ph.D in Religion/비폭력평화물결

머리말: 기러기에 관한 진실[1]

박물학자 밀턴 올슨Milton Olsen은 특히 기러기들에게서 우리가 집단에 대해 배울 게 많다는 사실이 참 흥미롭다고 말했다.

기러기에 관한 사실 1: 각 새가 날개를 퍼덕일 때마다 뒤따르는 새들에게 상승 기류를 만들어 준다. V자 형태로 비행하면 무리 전체가 혼자 날 때보다 비행 거리가 71% 더 늘어난다. 많은 토착문화는 혼자서 할 수 있는 일도 많고, 파트너와 함께 할 수 있는 일도 많지만, 집단과 함께 할 수 있는 일의 힘은 아주 획기적이고 엄청나다고 인식한다. 이는 거대한 발걸음이자 거대한 움직임이다. 이 사실이 주는 교훈은 공통의 방향과 공동체 감각을 공유하는 사람들은 서로의 힘으로 여행하기 때문에 가고 있는 곳에 더 빠르고 쉽게 도달할 수 있다는 것이다. 그것은 보편적인 공동체 수업이다.

사실 2: 기러기는 대열에서 떨어질 때마다 갑자기 혼자 날게 되어 저항을 느끼기 때문에 바로 앞에 있는 새의 상승기류를 이용하기 위

---

[1] Angeles Arrien의 '조직 개발 네트워크(the Organization Development Network)'에 대한 강연, 1992.

해 재빨리 대열로 돌아온다. 이 사실이 주는 교훈은 우리가 기러기만큼 감각이 있다면 같은 목표를 향하여 가고자 하는 사람들과 기꺼이 함께 머물며 타인을 도울 뿐만 아니라 그들의 도움도 받아줄 것이라는 것이다.

사실 3: 선두에 있던 기러기가 지치면, 조용히 대열 뒤로 물러나고 다른 기러기가 앞으로 나와 그 자리를 대신해 날아간다. 모든 그룹 작업에 적용할 수 있는 귀중한 교훈이다. 어려운 일을 번갈아 수행하고 리더십을 공유하는 것은 유익하다. 기러기와 마찬가지로 우리 모두는 서로의 능력과 기술, 그리고 각 사람마다 다르게 조합된 특별한 소질과 재능 그리고 자원에 상호 의존하며 살아간다. 토착 사회는 이를 '좋고, 진실하고, 아름다운 것'이라고 부른다.

사실 4: 대형을 이루어 비행하는 기러기들은 앞서가는 기러기들이 속도를 유지할 수 있도록 뒤에서 울음소리를 낸다. 이 사실이 주는 교훈은 뒤에서 경적을 울려주는 것이 격려가 되도록 해야 한다는 것이다. 다른 것이 아니다. 큰 어려움에 대해 격려가 많은 그룹일수록 생산성이 훨씬 더 크다. 즉, 격려의 힘이다. 나는 '용기'라는 단어를 좋아하는데, 이 말은 '자신의 마음을 지킨다, 핵심을 지킨다'는 의미이기 때문이다. 다른 사람의 핵심, 즉 다른 사람의 마음을 격려한다는 것은 바로 그 울음소리의 품질이다.

사실 5: 기러기가 아프거나, 다치거나, 총에 맞으면, 두 마리의 기러기가 대형에서 이탈하여 그 기러기를 따라 내려가 도와주고 보호한다. 그 기러기가 다시 날 수 있을 때까지 혹은 죽을 때까지 함께 있다. 그런 다음 그들은 다른 대형을 이루어 스스로 날아가거나 무리와 합류한다. 이 사실이 주는 교훈은 우리가 기러기만큼의 지혜를 가지고 있다면, 우리도 어려운 시기와 강할 때 서로를 지켜줄 것이다. 그리고 토착 문화가 오랜 세월 동안 해온 중요한 일 중 하나는 자연을 자신의 내면의 거울로 바라보는 것이다. 따라서 우리가 동물 집단과 그들의 패턴에 대해 배우기 시작하면서, 아마도 우리는 공동체와 집단 작업, 그룹 작업에 대한 도구, 기술, 방법론을 가지게 된 셈이다.

소개

당신은 혼자가 아니다. 당신은 인생에서 가장 중요한 결정을 혼자 내릴 필요가 없다. 우리에게는 더 정의롭고, 안전하며, 지속 가능한 세상을 만든다는 어려운 과제를 수행하는 과정에서 모두를 함께 지탱하게 해줄 자원이 있다.

"나는 학교 폭력을 막는 일에 관심이 있어요. 이 일은 감정적으로 부담되고 육체적으로 위협적인 일이 될 겁니다. 제가 이 일을 시작할 때 저를 지지해 주시겠습니까? 당신의 일에 제가 지원할 방법이 있을까요?"

"예술적 재능을 활용하여 남성과 여성 간의 관계에 대해 사람들이 새로운 방식으로 생각해보도록 자극하는 일을 하고 싶어요. 이것은 저에게 큰 직업적 변화가 될 것입니다. 이 결정을 신중하게 생각해보도록 도와주시겠습니까?"

"사람이나 환경을 해치지 않고, 사회적 책임을 다하는

새로운 사업 운영 방식을 개발하고 싶습니다. 이 일을 지속하도록 도와주시겠습니까?"

저자들은 이 책에 『통찰과 행동』이라는 제목을 붙였다. 우리는 더 큰 자기 이해, 성장과 변화의 씨앗, 우리에게 맞는 올바른 길에 대한 느낌을 찾기 위해 우리 내면을 탐구하면서 통찰력을 얻는다. 우리는 그 길을 따라 나아가면서 행동을 취하고, 그곳에서 발견한 경험을 흡수하고, 그것들이 우리를 어떻게 변화시키는지 주목하고, 우리 자신과 주변 세상에 대한 새로운 통찰력을 모은다.

변화를 위한 작업은 끊임없이 진화하는 과정이다. 우리가 행동할 때, 우리는 배울 수 있다. 주의를 기울이면, 행동은 통찰력을 낳고, 그로부터 더 정확하고 효과적인 행동에 대한 아이디어가 나온다. 행동은 때로 우리가 성찰하고, 새로운 결심을 하며, 에너지를 재조정해야 하는 지점으로 안내한다. 더 나은 세상을 위한 우리의 작업을 지속하고, 점점 더 효과적으로 만들기 위해서는 지지, 동정 어린 비판, 도전적인 관점이 필요하다.

『통찰과 행동』은 우리가 바라는 세상을 만들기 위해 노력할 때 그 헌신을 어떻게 지속할 수 있는지에 대한 것이다.

이러한 작업에 참여하는 모든 사람들은 때때로 의심이 들거나 결정을 내리지 못하거나, 좌절하거나 실망하는 순간을 겪는다. 이 책의 주된 메시지는 이러한 순간에 혼자서 힘겹게 버티지 않아도 된다는 것이다. 공동체, 친구들, 동료들, 종교 단체의 구성원들, 그리고 가족들로부터 도움을 받을 수 있다.

이 책은 우리가 세상을 더 나은 곳으로 만들기 위해 일할 때, 어떻게 결정을 내리고, 서로를 지원하고 책임감을 가질 수 있는 구조를 만드는지에 대한 구체적인 세 가지 과정process을 제시한다.

지원 그룹 Support Groups: 친구나 동료들로부터 지속적이고 정기적인 상호 격려와 도전을 제공하는 그룹.

동료분별그룹Clearness Groups: 중요한 결정을 앞둔 개인에게 집중적인 관심을 제공하고, 그들이 자신의 지혜와 진실성을 발견할 수 있도록 돕는 그룹.

전략적 질문 Strategic Questioning: 깊은 성찰과 변화를 촉진하고, 두려움과 무력함 속에 묻혀 있던 행동, 꿈, 전략을 발견하는 데 도움을 주는 과정.

세 가지 방식은 각각 오랜 시간 동안 그 유효성을 인정받았다. 미국 전역을 비롯하여 많은 다른 나라에서 지금까지 지속적으로 이를 사용해 왔다. 이 세 가지 과정은 다양한 상황에서, 그리고 다양한 조합으로 사용할 수 있다.

세 가지 과정의 상호작용

지원그룹이 행동에 대한 결단과 개인 성장을 도운 후에 중요한 결정을 내리기 위해 추가 시간이 더 필요해지면, 동료분별그룹을 통해 이 문제에 대해 더 깊이 있고 집중적인 논의와 지원을 받을 수 있다. 특히 지원그룹에서 한 사람에게 할애되는 시간이 모든 문제를 충분히 고려하기에는 제한적일 때 그렇다. 한 번 또는 두 번 진행되는 동료분별모임은 지원그룹 외에도 직장동료, 신앙 공동체, 또는 다른 친구들을 포함할 수 있다. 물론, 지원그룹에 속하지 않아도 동료분별모임을 열 수 있다!

테리는 '더갱The Gang' 지원그룹의 일원이 된 지 약 1년이 되었을 때, 직장을 잃을지도 모른다는 말을 들었다. 그녀는 가족과 함께 계속해서 베이지역the Bay Area에 살 것인지 아니면 더 작은 도시로 이사할 것인지 등 많은 고민을 하고 있었다. 그녀는 더갱 모임에서 그녀에게 주어진 시간동안 이러한 고민에 대해 이야기한 후 가족과 친구, 지원 그룹 동료들을 초대하여 동료분별모임을 열기로 결정했다.

동료분별모임에서 활용되는 일종의 집중 작업은 지원그룹을 통해 지속적으로 개발될 수 있다. 동료분별 위원회는 중요한 결정 시점에만 도움을 제공하는 반면, 지원그룹은 시간이 지나면서 지속적인 지원을 제공한다.

패트와 그의 파트너는 동료분별 과정을 통해 멋진 경험을 했다. 그들은 각자의 경력에 희생이 따르더라도 아이를 갖기로 결정했다. 이제 곧 부모가 될 날이 다가오자, 팻은 어떻게 아버지로서의 역할을 해내면서도 사회 변화를 위한 경력에 헌신을 유지할 수 있을지에 대하여 두려움에 사로잡혔다. 그는 자신이 아는 다른 초보 아버지들과 함께 지원그룹을 만들기로 결정했다.

전략적 질문은 대화와 사고를 위한 기법이다. 이는 지원그룹과 동료분별모임, 그리고 다양한 사회 변화 활동에 활력을 불어넣고 창의적인 에너지를 제공하며, 때때로 놀라운 행동 전략을 제공해줄 것이다.

로빈은 몇 주 동안 지원그룹에서 자신의 분노를 표현하며 고민하고 있었다. 그녀는 '왜 내 조직의 사람들이 고용 과정에서 일어나는 인종차별을 제대로 보지 못하는 걸까? 그들은 긍정적 차별에 관해 이야기하지만, 같은 중산층 백인들만 계속 고용하고 있어. 이 시스템을 이해하고 싶어!'라고 계속 걱정했다. 데일이 마침내 물었다.

"로빈, 이 문제에 대해 조직에서 강력한 변화의 힘을 발휘하려면 어떻게 해야 할까요?"

애슐리는 "당신이 원하는 변화의 결과는 어떤 모습일까요? 조직이 그곳에 도달하려면 어떻게 해야 할까요?"라고 덧붙였다.

이 세 가지 과정은 모두 사람들이 개인적으로 그리고 그룹이나 조직에서 어떻게 생각하고, 느끼고, 행동하는지에 관한 것이다. 사람들이 모여 형성된 모든 그룹은 부분 존재들의 합 이상이며, 저자들은 이 책이 세 가지 개별적이지만 상호 연결된 부분들의 단순한 합 이상이 되기를 바라고 있다.

이 책이 쓰인 배경

1부 지원그룹 내용의 초기 버전은 1986년 '새로운 사회를 위한 상호지원 운동Interhelp and Movement for a New Society'의 공동 출판물인 『우리를 계속 나아가게 하는 것 *Keeping Us Going*』으로 처음 등장했다. 그 매뉴얼은 당시 보스턴 지역의 사라 콘, 토바 그린, 낸시 무어헤드, 앤 슬레피안, 피터 우드로우의 협력적 집필 작업이었다. 이는 주로 조안나 메이시가 주도하는 '절망과 권한 부여Despair and Empowerment 워크숍'과 '인터헬프 네트워크Interhelp Network'를 통해 복사 배포되었다. 앤 슬레피안과 크리스토퍼 모길은 토바에게 매뉴얼을 확장하고 업데이트하도록 격려했다.

동료분별 과정에 관한 매뉴얼은 피터 우드로우가 작성하였고, 1976년 MNS 그룹, 집단, 협동 주택에서 주로 사용하기 위해 『동료분별: 개인과 그룹의 의사 결정 지원을 위한 과정들*Clearness: Processes for Supporting Individuals and Groups in Decision-Making*』로 '뉴소사이어티New Society'에 의해 출판되었다. 그 이후로 동료분별 과정은 여러 분야에서 관심을 받았다. 일부 사회 변화 공동체에서는 이를 적극적으로 사용하고 있다. 많은 퀘이커 모임은 영적 분별을 위해 그 사용을 부활시키고 확장했다. 몇몇 가톨릭 수도회도 그들의 공동체 생활의 일부로 동료분별 과정을 채택했다. 이 책의 2부는 이전 매뉴얼의 개정판으로, 사회 변화 활동가들과 종교 공동체 모두를 대상으로 하며, 인간의 창의력에 따라 여러 가지로 적응할 수 있는 여지를 남겨둔다.

　3부, '전략적 질문'은 프란 피비가 수년간 개발해 온 아이디어와 기술에 대한 최신 기록이다. 호주, 인도, 뉴질랜드, 미국에서 프란이 이끄는 전략적 질문 워크숍의 학생들이 이 분야에서 그녀의 작업에 기여해 주었다. 전략적 질문에 관한 부분은 프란 피비의 책, 『삶의 은총으로By Life's Grace' New Society Publishers, 1994』에도 실려 있다.

　우리는 지원그룹, 동료분별모임, 전략적 질문이 독자인 당신의 일과 삶에 어떻게 변화를 가져오는지에 대한 의견과 이야기를 환영한다. New Society Publishers를 통해 우리 중 누구에게든지 편지를 써 주기를 원한다.

감사의 글

　토바 그린 Tova Green: 이 책은 많은 사람들의 지원으로 작성되었습니다! 저는 앤 슬레피안과 크리스토퍼 모길에게 '우리를 계속 나아가게 하는 것Keeping Us Going' 매뉴얼을 개정하도록 격려해주신 것에 감사드립니다. 프란 피비는 그녀의 글과 사랑 어린 지원을 통해 이 책에 많은 기여를 해 주었습니다. 저의 지원그룹인 '더 갱The Gang'의 모든 사람들은 이 프로젝트에 관심을 가졌습니다. 프란 피비, 리타 아치발드, 버네 와이스에게는 소품을, 베브 램지에게는 그룹 사진을, 캐롤 샤인, 캐롤 로스만, 리타 아치발드, 버네 와이스에게는 초안을 읽어주신 것에 대해 특별히 감사드립니다. 덧붙여, 동해안에 있는 그녀의 지원그룹 회의의 녹음을 해 주신 에이미 마에게도 감사드립니다. 에이미의 동해안 그룹, 시애틀의 아힘사에서 온 제인 클라센, 보스턴의 파파즈 그룹Papa's group의 니콜라스 헤롤드에게도 소품을 제공해주신 것에 감사합니다. 인터헬프Interhel의 조앤 선샤워에게도 관심과 지원에 감사드립니다.

피터 우드로우 Peter Woodrow: 저는 『동료분별 매뉴얼 Clearness Manual』의 초판을 계속 인쇄해주신 New Society Publishers의 끈기에 감사드립니다. 이는 작은 작품이었지만 꾸준한 독자를 가졌으며, 그들에게 큰 수익을 가져다주지는 못했습니다! 현재 버젼을 준비하면서, 저는 퀘이커들 사이에서 동료분별 프로세스를 계속 발전시켜온 잔 호프만, 파커 파머, 패트리샤 로링의 작업에서 영감을 받았습니다. 초안을 검토해주신 스티브 체이스, 잔 호프만, 메리 링크에게 감사드리며, 퀘이커 역사를 알려주신 휴 바버에게도 감사합니다. 잔 호프만, 잔 우드, 퀘이커 힐 컨퍼런스 센터는 그들의 자료를 재인쇄할 수 있도록 허락해주셨습니다.

프란 피비 Fran Peavey: 많은 사람들이 전략적 질문의 사회적 기술 개발과 조직에 기여해주었습니다. 비비안 허친슨, 리타 아치발드, 캐롤 페리, 스튜어트 앤더슨, 캐스 피셔, 바바라 허시코위츠가 특별한 기여를 해주었습니다.

우리는 이 프로젝트를 위해 전화, 팩스, 특급 우편을 통해 협력하며 즐거움을 느꼈습니다. 우리는 모두 New Society Publishers의 바바라 허시코위츠에 대해서, 관심이 많고, 잘 알고 있으며, 열정적인 편집자임을 발견했습니다.

토바 그린 / 캘리포니아 오클랜드

프란 피비 / 캘리포니아 샌프란시스코

피터 우드로우 / 매사추세츠 케임브리지

1994년 1월

1부 / 지원 그룹

토바 그린

지원 그룹은 우리 삶의 모든 차원을 고려하여 각자의 사회 변화 활동에 정기적 관심을 기울일 수 있게 돕는 한 방법이다. 지원 그룹은 방향과 목표, 영향과 거친 상황들, 그리고 성장 지점 등에 대해 성찰하고 서로에게 도전할 수 있도록 돕는다.

소개

　1982년 3월, 나는 조안나 메이시와 함께 주말에 진행된 '절망과 권한 부여Despair and Empowerment' 워크숍에 참석했다. 나는 핵미사일 확산을 막기 위해 무언가를 해야겠다는 열정을 계속 이어가기로 했다. 혼자서는 할 수 없다는 것을 알았고, 단체에 가입하는 것만으로는 충분하지 않다고 느꼈다. 워크숍에는 평소 알고 지내지 못했던 미카라는 이웃도 참석하고 있었다. 나는 그녀에게 지원 그룹을 결성하는 데 관심이 있는지 물었다. 그녀는 좋다고 했고, 우리 건물에 살던 모나를 초대하기로 했다. 모나는 워크숍에 참석하지는 않았으나 대화를 통해 그녀가 국제 이슈에 관심이 많다는 것을 알게 되었다.

　우리는 2주에 한 번씩 아침마다 차와 머핀을 먹으며 아파트를 돌며 모임을 가졌다. 그해에 모나는 '절망과 권한 부여' 워크숍에 참석했다. 그리고 헌신적으로 활동하는 활동가들에 대한 박사 학위 논문을 써야겠다고 생각했다. 나는 지역의 여러 평화 단체를 찾아다니면서 스타일과 목표가 나와 일치하는 단체를 찾았다. 그런 다음 두 번째 '절망과 권한 부여' 워크숍에 참석했고, 조안나 메이시의 네트워크인 '인터헬프Interhelp'에 더 깊이 참여하기로 결심했다. 나는 '절망과 권한 부여' 워크숍을 이끌기 위한 교육을 받았고, 이 단체의 전국 모임에 참석하여 미국 각지에서 온 여러 사람을 만났다. 그해에 미카는 음식 조달하는 일을 그만두고 보스턴 근처의 대형 명상 센터의 스태프로 합류하기로 했다.

미카는 우리 그룹을 떠났고, 모나와 나는 다른 사람들을 초대했다. 우리 그룹은 5년 동안 지속되었다. 가장 많을 때는 모나, 수지, 크리스, 개빈, 그리고 나 이렇게 다섯 명이었다. 우리는 모두 '인터헬프'에 참여하고 있었다. 그 시간이 없었다면 우리의 삶은 매우 달랐을 것이다. 모나는 심리학 박사 학위를 위해 매주 뉴욕으로 출퇴근하며 심리학자로 파트 타임으로 일했다. 크리스는 평화 단체 연합에서 일했고, 그곳에서 소장director이 되었다. 개빈은 명상에 대한 강한 열정을 가지고 회계사로 일했다. 십 대 자녀를 둔 수지는 평화 단체의 기금 모금 활동가로 다시 일하게 되었다. 나는 심리 치료 및 상담 업무를 담당했다. 우리는 나이, 성별, 성적 취향, 종교, 계층 배경이 모두 달랐다.

우리는 2주에 한 번씩 차와 머핀을 먹는 일상을 유지했다. 업무와 개인 생활에서 많은 변화를 겪으면서도 서로를 도왔고 서로를 사랑하게 되었다. 간단하게 서로 일상을 나누는 '체크인check-in'으로 항상 시작해서, 시간을 균등하게 나누었다. 목표 설정, 아이디어에 대한 피드백, 정서적 지원, 도전에 대한 격려 등 각자 원하는 것이 있으면 무엇이든 요청할 수 있었다. 함께 수행한 프로젝트는 거의 없었어도, 우리는 서로의 개인적인 방향을 격려했다. 케이프 코드에 있는 친구 집에서 하룻밤을 보낸 후 '인터헬프'를 위한 기금 모금 행사인 '평화를 위한 파자마 파티Slumber for Peace'를 열었다. 캠프파이어와 노래, 하룻밤 숙박, 일요일 브런치를 제공했다. 재미있었고 재정적으로도 만족스러웠다.

이즈음 나는 캐나다와 유럽에서 '인터헬프' 워크숍을 진행하기 위해 여행을 다니기 시작했다. 어느 한 워크숍이 마무리될 무렵, 내게 일본에서 '절망과 권한 부여' 워크숍을 해야겠다는 놀라운 목표가 떠올랐다. 그 목표를 달성하는 데 1년이 걸렸다. 나의 지원 그룹은 정서적으로나 실질적으로나 여러모로 도움을 주었다. 나는 일본에 가 본 적도 없고 아는 사람도 한 명뿐이었지만 일본의 영화, 예술, 문학에 매료되어 있었다. 히로시마와 나가사키를 방문해 일본 평화운동을 하는 사람들을 만나고 싶었다. 일본에도 페미니스트가 있는지, 가부장적인 사회에서 페미니스트의 삶은 어떤지 궁금했다. 지원 그룹은 내가 자기 의심과 싸우면서, 일본에 가기 위해 해야 할 일들의 일정표를 구상하고, 모금을 위한 후원 편지를 쓰고, 우리 워크숍이나 강연에 뜻을 같이하는 일본 내 후원 단체에 보낼 전단지를 만드는 일들을 도와 주었다. 떠날 무렵에는 평화 단체 및 여성 단체와의 강연, 워크숍, 모임 일정이 꽉 차 있었고, 필요한 자금도 모두 모금했다.

캘리포니아로 이주한 후 나는 1980년대 초부터 모임을 이어온 지원 그룹에 가입했다. 이 그룹은 현재 10명의 여성으로 구성되어 있으며 한 달에 한 번 일요일 아침에 모인다. 이 그룹은 나에게 새로 이사 온 도시에서 집과 같은 편안함을 느끼게 해 주었고, 다른 활동가들과 관계를 맺는 데도 도움을 주었다. 걸프전이 벌어지는 동안 내가 느꼈던 절망과 걱정이 혼자만의 일이 아니라는 것도 알게 해 주었다. 또한 이 책 1부를 집필하는 일과 그동안 내가 수행한 여러 프로젝트에도 도움이 되었다.

이제 나는 지원 그룹 없이 정치적으로 활동하는 것을 상상하기 어렵다. 지난 10년 동안 나에게 희망을 준 한 가지는 나와 내 지원 그룹이 생명과 지구에 깊은 관심을 가진 전 세계 사람들의 거대한 네트워크의 일부라는 사실을 알게 된 것이다. 우리 중 누구도 혼자서는 할 수 없는 일을 우리는 함께 할 수 있다.

당신을 위한 지원 그룹이 있나?

내 이야기가 당신의 경험을 떠올리게 했을 수도 있다. 혹시 다음과 같은 문제나 어려움을 겪고 있는 사회 변화 활동가가 있는가?

- 시간 관리
- 절망/희망 없음
- 개인 리더십 개발하기 또는 개선하기
- 중요한 독서/공부에 대한 동기 부여하기
- '소진burnout' 또는 과도한 헌신 피하기
- 동료 활동가와의 갈등에 대처하기
- 정치 활동의 우선순위 선택하기
- 성차별, 인종차별, 계급 차별, 동성애 혐오에 맞서기
- 미루기
- 변화를 위한 장단기 전략 파악하기
- 가족/연인, 직장, 정치 활동의 요구에 대처하기
- 정치 활동에 '고착되어' 있거나 지루함을 느낌
- 업무에 대한 장기적인 계획이 필요함

- 어려운 단계를 수행하는 데 필요한 도움 받기
- 필요한 자원 찾기
- 영감inspiration 찾기

이 항목들은 사회 변화를 위해 일하는 사람들이 대부분 함께 겪는 어려움이다. 우리는 글쓰기, 음악, 춤 또는 기타 예술 활동, 평화, 정의 또는 환경 단체에서의 유급 또는 자원봉사 활동, 교육, 사회사업, 건강 증진 또는 법률 활동, 윤리적으로 돈을 투자하거나 정치 활동을 통해 다양한 방식으로 행동을 취할 수 있다. 행동주의activism는 그 뜻이 광범위하고 포괄적이다. 행동주의는 히브리어로 세상의 치유를 의미하는 '티쿤 올람tikkun olam'의 정신을 따른다. 이는 잘못된 것을 고치는 것뿐만 아니라, 우리가 살고 싶은 세상에 대한 비전을 창조하는 일도 포함한다.

지원 그룹에 대한 이 글 나머지 부분은 장기적으로 사회 변화에 헌신하면서 그 일을 어떻게 지속할지 방법을 찾고 있는 사람들과 이제 막 그 길에 들어서려고 하는 사람들을 위해 제공되는 '어떻게 할 것인가how-to-do-it'에 대한 매뉴얼이다.

우리 사회에는 '단호한 개인주의'와 '경쟁심'이라는 문화적 편견이 존재한다. 하지만 역사적으로 이민자와 개척공동체에서 아메리카 원주민 사회로까지 거슬러 올라가 보면, 협력과 상호의존의 문화도 존재한다. "우리 개개인이 고유하게 창조되었다는 것은 진리다." "그러나 실재는 우리가 필연적으로 사회가 빚은 피조물이며, 단지 지속을 위해서만이 아니라 어떤 의미에서든 서로를 절실히 필요로 한다."[2]고 스캇 펙은 말했다. 사회 변화 활동에서 협력은 필수적이며 사람들에게 힘을 부여한다. 개인의 행위가 변화를 일으킬 수도 있지만, 대부분의 문제는 한 사람이 변화시키기에는 너무 크다. 우리는 각자 자기 맡은 부분만 다룰 수 있다. 혼자서는 큰 카펫의 한 귀퉁이밖에 들어 올리지 못하지만, 함께하면 그 카펫을 들어 옮길 수도 있다.

  이 글은 실무 매뉴얼로 작성되었다. 아직 지원 그룹에 속해 있지 않다면 지원 그룹을 구성할 때 이글에서 제안하는 내용을 활용할 수 있다. 이미 지원 그룹을 운영하는 중이라면 지원 그룹에 대한 이 글의 논의를 통해 새로운 아이디어를 얻고, 유발되는 문제를 예방하거나 해결하고, 그룹을 지속하는 데도 도움을 얻을 수 있을 것이다.

---

[2] Peck, M. Scott. "The Fallacy of Rugged Individualism" In Whitmyer, ed. *In The Company of Others*. New York: Tarcher/Perigree, 1993, p. 14.

왜 지원 그룹인가?

요즘은 우리 사회와 전 세계의 근본적인 변화를 위해 헌신하는 사람들, 즉 안전하고 정의롭고 평화로운 세상과 환경을 만들고자 하는 사람들에게 결코 쉽지 않은 시기다. 우리 중 대부분에게 이 일은 평생을 바쳐야 하는 일이기도 하다. 피할 수 없는 힘든 시기를 어떻게 견뎌낼 수 있을지, 어떻게 하면 우리의 믿음과 결의를 유지할 수 있을까? 어디서 재충전해서 새롭게 헌신할 수 있을까? 자원은 어떻게 찾을 수 있을까? 누가 우리를 도와줄 수 있을까?

우리 대부분은 체계적인 지원 그룹 없이도 평화와 정의를 위한 활동을 지속해 왔다. 그러나 변화를 위해 지속적이고 효과적으로 일하려 할 때 필수 요소인 성찰, 도전, 긍정을 정기적으로 공급받을 수 있는 원천과 연결하지 않은 채, 그 일에 계속 헌신할 수 있는 사람이 몇이나 있을까? 우리는 종종 긴밀하게 협력하는 사람들로부터조차 고립감을 느끼는 경우가 많다.

어느 지원 그룹 구성원은 "이 지원 그룹은 한 달에 한 번씩 사회적/정치적 관심사에 대해 집중하고 자기 성찰을 할 수 있도록 도와준다."고 했다. 또 다른 구성원은 "세상에서 일어나는 일에 대해 감정을 표현할 수 있는 안전한 장소이며, 그렇게 감정을 느끼고 치유할 수 있는 시간이 도움이 된다. 그렇게 하면 기분이 좋아지고 세상을 위해 계속 일할 수 있게 된다."고 한다. 또 다른 이는 "내가 생각하지 못했던 새로운 관점을 얻게 된다."고 덧붙였다.

지원 그룹은 우리 삶의 모든 차원을 고려하여 각자의 사회 변화 활동에 정기적 관심을 기울일 수 있게 돕는 한 방법이다. 지원 그룹은 방향과 목표, 영향과 거친 상황들, 그리고 성장 지점 등에 대해 성찰하고 서로에게 도전할 수 있도록 돕는다.

지원 그룹은 공동체를 창조하는 방법이기도 하다. 대부분의 사람들은 솔직하고 열린 대화를 나누면서 실질적인 도움을 받을 수 있는 정기적인 기회를 갈망한다. 대부분 가족, 친구, 교회 또는 이웃과의 관계에서 이런 기회를 충분히 찾지 못한다. 사람들은 종종 비슷한 삶의 변화나 상황을 겪고 있는 사람들을 찾는다. 예를 들어, 보스턴의 몇몇 남성은 자녀를 낳은 후 아버지 지원 그룹을 결성했다. 보스턴 지역에 기반을 둔 '임팩트 프로젝트Impact Project'는 상속받은 부를 가진 사람들을 돕는다. 여성 암환자를 위한 지원 그룹이 참가자들의 수명을 연장하는 것으로 입증되었다.

지원 그룹은 다른 유형의 그룹과 어떻게 다른가?

지난 20년 동안 다양한 목적을 가진 그룹이 급증했다. 예를 들어, 여성 의식 향상 그룹은 여성들이 사회가 어떻게 구조화되어 있는지 이해하고, 부조리함이나 분노를 느끼는 것이 혼자가 아니라는 것을 이해하도록 돕는 데 유용하다는 것이 입증되었다. 다른 목적을 위한 소그룹이 성공하면서 사회 변화 활동가들에게도 도움이 될 수 있다는 사실을 알게 되었다. 그렇다면 사회 변화 지원 그룹은 의식 함양 그룹, 치료 그룹, 친목 그룹과 어떻게 다를까?

의식 함양 그룹Consciousness-raising groups은 우리가 살고 있는 세상의 요소와 특정 집단예: 여성과 남성이 상호 작용하는 방식을 더 잘 이해하도록 도와준다. 이 그룹은 사회적 관계와 억압의 역학 관계에 대한 개인적인 감각을 키우지만, 반드시 사회 변화를 위한 개인의 행동을 지원하기 위해 조직된 것은 아니다.

대다수 치료 그룹Therapy groups은 중독이나 학대로부터의 회복을 위한 지원 그룹도 마찬가지지만, 개인의 변화를 지향하며, 느낌을 다룰 때, 변화시켜야 할 사회 시스템의 관점이 아니라, 개인의 문제로 다룬다. 어떤 치료 학파특히 페미니즘 치료는 치료 과정의 일부로 억압에 대해 분석해 볼 것을 장려하지만, 여전히 개인에 초점을 맞추고 있다.

동조 그룹Affinity Groups은 비폭력 직접 행동때로는 시민 불복종 포함을 계획하는 사람들 사이에서 가장 자주 형성된다. 이들은 의사 결정을 위한 구조와 '안전기지home base'를 제공함으로써 잠재적 위험 상황에서 발생할 수 있는 두려움이나 여러 가지 우려를 다룰 수 있게 한다. 이들은 분명 행동과 사회 변화를 지향하지만, 각 개인이 업무를 수행하면서 성장하도록 꾸준히 정기적으로 관심을 가지고 돌볼 수 있는 구조로 되어 있는 경우는 드물다. 80년대에 친목 모임으로 시작된 일부 그룹은 지원 그룹이 되었거나 현재는 두 가지 목적을 모두 충족하는 지원 그룹이 되었다.

지원이란 무엇인가?

누군가가 "지원이란 친구가 앞으로 나아갈 수 있도록 그 뒤편에 바싹 붙어 서 있는 것이다."고 말한 적이 있다.

지원이란 "조지, 넌 바르게 가고 있고, 네 일에 대해 잘 생각하고 있어. 계속해!"라고 말하는 것이다.

지원이란 "낸시, 질문의 이 측면에 대해 생각해 봤니? 이 관점으로 생각해 봐."라고 말하는 것이다.

지원이란 "짐, 내가 보기에 넌 이 일에 대해 기본 목적을 잃어버린 것 같아. 또 스스로 너무 무리하게 몰아세워서 소진의 지경에 까지 이른 것 같아."라고 말하는 것이다.

지원에 대한 일반적인 통념 중 하나는 지원이 무조건적 긍정만을 의미하는 것으로 보는 것이다. 하지만 효과적인 지원은 종종 사랑에 기반한 도전의 형태로 나타나는데, 상대방과 그의 삶을 명확하게 바라보고, 그 사람에 대해 깊이 생각하는 것을 바탕으로 한다. 이런 식의 깊은 고려는 응원이나 비판보다 더 큰 도움이 된다. 우리 대부분은 지원에 대해 배운 적이 없어서, 어떻게 효과적으로 지원을 주고받을지 다시 공부해야 한다.

우리는 서로에게 이런 종류의 따뜻한 관심을 주고받는 것이 우리 삶의 자연스러운 일부가 되어 특별한 시간과 장소에 구애받지 않게 되는 때를 꿈꾼다. 하지만 지금으로서는 배려의 기술을 배우고 실천하기 위해서 어느 정도 일상적이고 구조화된 형태의 지원이 필요하다는 것을 알게 되었다.

개인과 세상의 우려 사이의 연결

우리가 사회 변화 작업에 참여할 때, 개인의 성장은 고통과 더불어 변화를 위한 작업에서 중요한 부분이며 서로 긴밀하게 얽혀 있다. 많은 사람이 알아냈듯이, 더 큰 그림에 관심을 기울이면 개인의 성장이 일어나는 맥락이 확장된다. 개인적인 열광이라고 치부했던 이슈가 사회 변화의 길로 가는 또 다른 이정표가 되기도 한다. "세상을 위해 고통을 겪음으로써 우리는 힘을 낼 수 있으며, 이 힘은 우리 것만이 아니라 다른 사람에게 속한 것이기도 하다. 이는 인류의 진화evolution와도 관련이 있다. 이는 사회의식이 새로운 수준으로 전환하는 것이거나 일반적 각성의 일부분이다."*

프란 피비의 이야기를 통해 이를 잘 알 수 있다. 구 유고슬라비아에서 여성들이 대규모로 강간당했다는 소식을 들은 프란은 큰 슬픔과 우려를 느꼈다. 프란은 여성들을 위해 무언가를 해야겠다는 충동을 느꼈고, 무엇을 해야 할지 며칠 동안 고민한 끝에 간단한 아이디어가 떠올랐다. 친구들에게 구 유고슬라비아 여성들을 위한 연결과 지지를 전달할 수 있는, 몇 가지 간단한 물품으로 구성된 작은 꾸러미를 만들어 달라고 부탁하는 것이었다. 그녀는 좋은 생각인지 확신이 들지 않아 몇몇 친구들과 함께, 그리고 연설 투어를 위해 미국에 온 구 유고슬라비아 출신 여성 두 명과 함께 이 아이디어가 어떤지 확인했다. 그들은 '정말 멋진 아이디어'라고 말했다. 프란은 70여 명의 친구들에게 편지를 보내서 구 유고슬라비아의 여성들에게 전달할 꾸러미를 만들어 보내달라고 부탁했다. 수천 개의 꾸러미를 받았을 때, 그녀는 자신이 대다수 사람들이 느끼고 있는 아픔을 건드렸다는 것을 깨

달았다.[3]

활동가 지원 그룹(Activist Support Group)이란 무엇인가?

활동가 지원 그룹은 정기적으로 만나 서로의 삶과 활동에 대한 피드백을 주고받는 소수의 사람들로 구성된 그룹이다. 이번 논의에서는 사람들이 사회 변화를 위해 더 효과적으로 일할 수 있도록 돕는 활동가 지원 그룹에 초점을 맞출 것이다. 때로는 그 주제가 개인들에게 어떤 영향을 미치는지에 대해 다루기 위해 도움이 필요하다. 때로는 행동을 취하기 위해 지원이 필요하기도 하다. 따라서 지원 그룹은 삶의 한 차원만 보지 않고 정서적, 정치적, 영적, 물질적 측면에 두루 관심을 기울인다. 대부분의 지원 그룹은 정서적 지원, 행동 지원, 교육 지원이라는 세 가지 기본 요소 중 하나 이상에 초점을 맞춘다.

정서적 지원

여기서 말하는 정서적 지원은 경청하고 감정을 끌어내는 일부 치료적 방법을 포함하지만, 치료는 아니다. 지원 그룹은 특히 효과적인 사회 변화 활동을 방해하는 감정과 어려움, 또는 두려움, 분노, 좌절감, 기쁨과 같이 그러한 활동의 자연스러운 일부로 발생하는 감정에 초점을 맞출 수 있다. 개인적 관계, 가족생활 또는 직업과 관련된 정서적 문제는 사회 변화 업무에 영향을 미치기 때문에 다룬다. 물론 개인의 삶은 사회 변화 활동에 큰 영향을 미치며, 사회 변화 활동과 분리될

---

[3] Macy, Joanna. *Despair and Personal Power in the Nuclear Age*. Philadelphia: New Society Publishers, 1983, P.34.

수도 없고, 분리되어서도 안 된다. 하지만 활동가 지원 그룹의 경우 변화를 위한 일에 중점을 둔다.

엘렌은 지역 핵무기 군비축소 단체에서 일하면서 겪은 문제를 가지고 지원 그룹에 왔다. 그녀는 그 단체 사람들이 자신이 제공하는 기술과 경험을 인정하지 않는다고 느꼈다. 지원 그룹은 그녀의 가족에게서도 비슷한 패턴이 일어나고 있음을 확인할 수 있었다. 엘렌은 최근 1년 넘게 만나지 못했던 형제자매들을 만나러 가는 여행에 대해 양가감정을 표현했다. 7남매 중 맏이인 엘렌은 부모님이 돌아가신 후 혼자서 동생들을 '돌보는' 역할을 도맡았지만, 그녀는 그 일에 대해서도 형제들에게 제대로 인정받지 못하고 있다고 느꼈다. 지원 그룹은 그녀가 어떻게 하면 가족에 대한 무거운 책임감 없이 홀가분하게 가족과 함께할 수 있는지 알아내는 데 도움을 주었다. 지원 그룹 모임이 끝난 후, 그녀는 좀 더 편안하게 동생들을 만나러 갈 수 있었다. 이후 그녀는 군비축소 단체에도 더 효과적으로 참여할 수 있게 되었다. 자기 혼자 너무 많은 일을 도맡으려 했고, 다른 사람들이 각자의 일을 잘해 낼 것이라는 사실을 믿지 못하는 자신의 경향성을 볼 수 있었기 때문이다.

행동 지원

지원 그룹은 목표를 명확히 하고, 방향을 설정하고, 행동을 취하는 데 도움을 준다. 또한 특정 곤란 상황에서의 문제를 해결하도록 돕는다. 사람들이 좀 더 장기적인 전략에 대해 질문을 하도록 장려한다. 각 개인의 기술 및 리더십 개발 영역에 초점을 맞춘다. 지원 그룹은 또한 함께 행동 프로젝트를 수행하기로 정한다.

낸시는 최근 중앙아메리카의 한 행동 그룹과 함께 일하기 시작했다. 그들은 대규모 시민 불복종을 포함한 직접 행동을 계획 중이었는데, 그중 대다수는 시민 불복종에 나설 가능성도 있었다. 이 도시의 경찰은 사람들을 매우 거칠게 대하는 것으로 정평이 나 있었다. 낸시는 시민 불복종에 참여하려는 사람들을 위한 교육이나 준비 활동이 전혀 제공되지 않는다고 생각했다. 그녀는 수년 전부터 비폭력 행동 트레이너로 활동해 왔지만, 행동에 필요한 훈련 워크숍을 직접 진행하는 것에 대해 자신감이 떨어지고 불안한 상태였다. 지원 그룹은 그녀가 함께 일할 수 있는 다른 트레이너를 찾는 데 도움을 주었다. 또한 중앙아메리카 액션 그룹에서 훈련 프로그램에 대한 승인을 얻기 위한 전략을 수립하는 데 도움을 주었다.

교육 지원

일부 지원 그룹은 배움을 주된 목표로 삼는다. 이 그룹은 워크숍이나 세미나에 함께 참석하거나, 함께 책을 읽고 토론하거나, 그룹 구성원에게 특별한 지식이나 전문 지식을 나누도록 한다. 사람들은 대부분 자기 주도적으로 배우는 힘을 좀처럼 느껴보지 못한 채 공교육 시스템을 떠난다. 점점 복잡해지고, 기술이 지배하는 세상에 대해 정확한 정보와 이해를 얻도록 지원하는 일은 지원 그룹 생활의 결정적인 요소가 된다.

> 백인으로만 구성된 '브리지 Bridge' 지원 그룹의 구성원들은 인종차별과 유색인종에 대해 더 많이 배우고 싶어 했다. 이들은 각자 다른 인종의 소설이나 책을 읽고, 지원 그룹 모임에 와서 새로운 통찰을 공유하는 것으로 시작했다. 때때로 그들은 모두 같은 책을 읽고 토론하기도 했다. 한두 번은 아프리카계 미국인 예술가들의 문화 행사에 가기도 했다. 나중에 그들은 백인 인종차별에 대응하기 위한 전략을 함께 고민했고, 이 전략을 실행에 옮기기 위해 조치를 했다.

걸프전 중에는 대중 언론과 텔레비전 뉴스에서 접할 수 있는 것 이상의 전쟁 정보를 서로 나누는 것을 주요 목표로 하는 지원 그룹이 결성되었다. 이 그룹은 매주 평일 오후 5시부터 6시까지 모였다. 사람들은 대안 잡지에서 스크랩한 기사, 다른 나라에 사는 친구나 가족이 보낸 편지를 가져왔다. 어떤 사람들은 전쟁에 대한 자기 생각과 느낌을 글로 써서 큰 소리로 읽기 시작했다. 이 지원 그룹은 그동안 모은 전쟁에 관한 글과 그래픽 아트를 엮어서 출판하려고 준비하였다. 하지만 전쟁이 끝나자, 출판사를 찾지 못해 이 프로젝트를 포기해야 했다. 이 그룹은 한동안 계속 만나 서로의 관점을 공유한 후 해산했다.

지원 그룹 구성원의 역할은 무엇인가?

지원 그룹 구성원이 전문가일 필요는 없다. 즉, 심리 치료사나 조직 컨설턴트 역할을 할 필요는 없다.

이들이 해야 할 일은 다음과 같다.

- 주의 깊게 듣기
- 질문하기이 책 뒷부분의 '전략적 질문' 참조
- 감사하기
- 도전하기
- 제안하기
- 자원 식별하기

지원 그룹 구성원은 다음 사항은 할 필요가 없다.

- 요청하지 않아도 조언하기
- 모든 것을 해결할 수 있다고 생각하기
- 자신을 과신하기

- 누군가가 잘못된 방향으로 가고 있다고 생각될 때 침묵하기

시간이 지남에 따라 지원 그룹 구성원은 감사하기와 격려하기, 투명하고 깨끗하게 도전하기 사이에서 균형을 맞추는 방법을 배운다. 가장 중요한 기술은 경청하기와 사람들이 스스로 생각하도록 격려하는 것이며, 모두가 참여하는 자기 주도적인 성장과 배움을 통한 변화의 과정을 지원하는 것이다.

때때로 지원 그룹 회원들은 도움이 필요한 회원에게 구체적인 지원을 제공할 수 있다. '더 갱The Gang'은 에이미가 남편과 별거 후 이사할 때 여러 구성원이 에이미를 도왔다. 베브가 호지킨병 진단을 받았을 때 그룹 구성원들은 교대로 베브를 병원으로 데려가 치료를 받도록 도왔다. 그룹은 캐롤의 결혼식, 주차, 공동 식사 준비 등을 도왔다.

책임감은 다른 곳에서는 찾아볼 수 없는 지원 그룹의 또 다른 특별한 요소이다. 특히 자원봉사자로서 사회 변화 활동을 하는 사람들에게는 더욱 그렇다. 지원 그룹은 격려하고 도전할 뿐만 아니라 사람들이 그룹에서 설정한 목표를 계속 점검하기에 좋은 위치에 있다. 지원 그룹은 목표와 개인을 진지하게 다룬다.

지원 그룹은 최소 몇 달 동안 지속되며, 몇 년 동안 지속되는 경우도 있다. 그래서 그룹 구성원들이 서로를 잘 알게 되고 서로의 변화에 동참할 수 있다. 대부분의 다른 설정settings과 달리, 지원 그룹은 우리의 영적, 심리적, 정치적 자아를 그룹의 구성원에게 정확하게 맞추어진 조합이나 강조점을 중심으로 결합하여 연결한다.

활동가 지원 그룹을 시작하는 방법

지원 그룹을 시작하려고 한다. 어떻게 해야 할까? 이 장에서는 잠재적 구성원 초대에서부터 첫 모임을 위한 의제 샘플에 이르기까지 단계별로 안내한다.

구성원에 대해 생각하기

지원 그룹을 구성하는 첫 번째 단계는 지원 그룹에 누구를 포함시킬 지 결정하는 것이다. 이는 오랜 우정을 쌓아 가거나, 지인을 동맹으로 만들 수 있는 기회이다. 다음 사항을 고려한다.

그룹에서 마음에 드는 사람을 찾을 때는 그 사람이 나와 정치적 관점과 활동성을 공유하고 있는지, 내가 그 사람을 좋아하는지, 그들의 생각을 존중하는지 확인한다.
어느 정도의 다양성과 이질성을 원하는지 균형점을 고려한다.

아이린은 처음부터 여성 지원 그룹을 원한다는 뜻을 분명히 했다.
후아니타는 라틴계 레즈비언 그룹을 원했고, 라틴계

로서 고립감을 느끼는 여러 조직에서 일하는 여성들을 알고 있었으며, 그런 그룹이 각자에게 힘을 줄 것이라고 생각했다.

흑인인 존은 다양한 인종, 남녀 환경 활동가들의 지원 그룹을 원했고, 백인 여성인 애나에게 함께하자고 요청하고, 초대할 만한 사람들을 생각해 달라고 부탁했다.

원하는 것을 추구하라. 마음에 드는 지원 그룹을 확보하는 가장 좋은 방법은 주도적으로 지원 그룹을 구성하는 것이다. 각각의 잠재적 구성원이 어떤 관점이나 경험을 가져다 줄 수 있는지 생각해 보라.

공통의 관심사, 공통의 가치관, 비슷한 경험, 같은 정치적 견해, 심지어 인종차별이나 성차별과 같은 억압에 대한 공통의 경험 등 그룹을 하나로 묶어주는 몇 가지 요소로 그룹을 구성해라. 그룹이 활성화되면 이런 요소는 그다지 중요하게 여겨지지 않지만, 처음에는 사람들 사이를 묶어주는 분명한 유대감이 있어야 한다. 남성 그룹, 여성 그룹, 학부모 그룹, 상속받은 부를 가진 사람들을 위한 그룹, 교사, 반핵 운동가 등이 있다.

니콜라스와 에릭은 영아의 주 양육자 또는 파트 타임 양육자가 될, 새롭게 아빠가 된 그룹을 결성했다.

그룹에 속한 다른 사람들에 대해 명확하게 생각할 수 있고, 각 사람의 어려움에 대해 통찰하는 힘이 있다고 판단되는 사람을 선택하라. 장기적 관점에서 볼 때, 모두에게 힘든 시기가 있더라도 각 구성원은 생각하는 사람/경청하는 사람으로서 자신의 역할을 다할 수 있어야 한다. 이를 보장하는 한 가지 방법은 동료들 사이의 상대적 동등성, 즉 '동료감'을 찾는 것이다이는 나이와는 관련이 없다. 구성원들 간에 기술이나 경험이 차이가 많은 그룹은 거의 잘 작동되지 못한다.

그룹이 얼마나 자주, 얼마나 오래 모일지에 대한 기대치를 포함하여 그룹에 대한 기본 목표, 기대치 또는 요구 사항이 같은 사람들을 찾는다. 그룹을 시작할 때와 그룹이 운영되는 동안 주기적으로 이를 확인한다. 목표와 기대치가 어긋나면 그룹이 오래 지속되지 못한다.

처음 몇 사람이 거절한다고 해서 낙심하지 마라. 거절당한 느낌이 들더라도 그 경험을 바탕으로 생각을 가다듬는다.

주저하거나 양면적인 태도를 보이는 사람을 설득하려고 하지 마라. 상대방의 의사를 경청하고 생각할 시간을 주라. 말로는 예라고 하지만 실제로는 아니오 하는 사람은 지원 그룹에 온전히 참여할 수 없다.

그룹 시작하기

이제 그룹에 누가 포함될지 생각해 보았으니 시작할 준비가 되었다. 먼저 초대하고 싶은 사람 한 명을 지정하는 것부터 시작해라. 요청한 첫 사람이 관심이 없다면 다른 사람을 생각해 보라. 인내심이 필요할 수 있으며 몇 번 실패할 수도 있다. 두 사람이 그룹을 만들고 싶다는 의사를 밝힐 때까지 계속 물어보라. 그런 다음 초대하고 싶은 다른 몇 명을 함께 생각하고 모임 시간과 장소를 찾는다. 서너 명으로 시작한 그룹이 성공한 사례도 있다. 어떤 그룹은 10~15명 정도의 대규모 지원 그룹이다. 경험상 3~10명이 가장 좋다고 생각한다.

크리스토퍼와 앤은 지금 현재 몸담고 있는 지원 그룹을 결성할 때 다른 한 커플과 3명을 더 추가하여 초대했다. 바쁜 일정으로 인해 한두 명이 빠지더라도 나머지 사람들끼리 모임을 가져서 지원 그룹으로서의 의미를 유지할 수 있을 것 같았기 때문이다.

1988년 '인터헬프' 워크숍을 마치고 여성 지원 그룹을 만들기로 한 아이린은 같은 워크숍에 참석했던 조안에게 다가갔다. 두 사람은 매뉴얼의 초판을 함께 읽었고, 그것이 이 책의 이 부분으로 발전하게 되었다. 두 사람은 마음에 드는 여성들의 명단을 만들었고, 그중 몇몇은 워크숍에 참여하기도 했다. 그들은 첫 모임에 온 여섯 명보다 더 많은 여성을 초대했다. 첫 모임에서 그들은 그룹에서 얻고자 하는 것에 대해 '돌아가며 말하기'를 했다. 돌아가며 말하기를 통해 참여자는 방해받지 않고 말할 기회를 얻는다. 각각이 동등한 시간을 갖도록 시간이 정해져 있는 경우가 많다. 그들은 지원 그룹에서 얻고자 하는 것에 대한 목록을 기록해 두었다가, 때때로 다시 참고한다. 그들은 서로의 목표가 양립할 수 있고, 화요일 밤에 모두 모일 수 있으며, 그룹의 규모가 마음에 드는 것을 알게 되었다. 회원 가입을 끝내기로 했다. 이 글을 쓰는 시점으로부터 5년이 지난 지금까지 이 지원 그룹은 계속해서 모임을 이어가고 있다.

모든 그룹 구성원이 목표와 요구 사항에 쉽게 동의한 것은 매우 이례적인 일이다. 목표에 대한 이견이 있거나, 모두에게 적합한 시간을 찾는 데 어려움을 겪거나, 얼마나 자주 만나고 싶은지에 대한 의견이 일치하지 않는 경우가 더 흔하다.

첫 모임

지원 그룹의 첫 모임은 그룹에서 가능한 일에 대한 사람들의 기대에 영향을 미치기에 중요하다. 그룹의 첫 활동 목표를 다음과 같이 세우는 것이 좋다.

- 서로에 대해 더 잘 알아간다.
- 그룹의 목적을 명확히 한다.
- 각자의 목표와 그룹에 대한 기대치를 공유한다.
- 사람들의 욕구를 충족시킬 수 있는 프로세스에 동의한다.

일부 그룹에서는 아래의 의제 개요가 첫 모임에 유용할 것이다. 그룹에 따라서는 좀 더 자유로운 방식을 선호할 수도 있다. 어떤 경우든 충분한 시간을 두고 서두르지 않는 것이 중요하다. 편안한 장소에서 모인다. 누군가의 집에서 모인다면, 동거인이나 가족의 협조를 구해 방해받지 않도록 한다. 그룹 구성원들이 편안하게 함께 할 수 있는 노래, 묵념, 짧은 의식으로 시작하거나 마무리하면, 그룹 내 유대감을 형성하고 특별한 분위기를 조성할 수 있다.

첫 모임을 위한 의제 제안

소개
각 약 2분

서로 어떻게 알게 되었는지, 어디에 살고 있는지, 어떤 일을 하는지, 사회 변화를 위해 어떤 활동에 참여했는지에 대해 나눈다.

의제 검토 및 기록
약 5분

모임을 계획한 사람이 계획을 설명한다. 큰 종이에 의제를 적거나 복사본을 나눠주면 모든 사람이 계획된 내용을 확인하면서 프로세스에 대한 의견을 더 쉽게 제시할 수 있다. 기획자는 원래 의제를 수정해야 할 수도 있다. 의제에 대해 동의를 얻는다.

합의된 결정, 주소 목록, 그룹이 공유하고 있는 책, 기사, 동영상 등의 자원들에 대한 기록을 계속 유지해 나갈 수 있다.

왜 활동가 지원 그룹인가?
각 약 10분

지원 그룹으로부터 원하는 것은 무엇인가? 이전에 이와 비슷한 그룹에 참여한 적이 있나? 최근 사회 변화 활동가로 활동하면서 어려웠던 점은 무엇인가? 그 일에 대해 앞으로 이루어질 세션을 통해 지원 그룹과 논의하고 싶은 것이 있는가?

브레인스톰 Brainstorm

5~10분

기록자가 큰 종이에 기록하는 동안 다른 사람들은 그룹이 함께 할 수 있는 일에 대한 기대나 아이디어 또는 소망을 말한다. 이것은 단지 아이디어를 얻기 위한 것이지 계획을 세우기 위한 것이 아니다. 반드시 동의할 필요는 없다. 브레인스토밍에서는 정해진 시간 내에 가능한 한 많은 아이디어를 도출하는 것이 목표다. 창의적인 사고를 방해하는 일반적인 검열이나 판단을 피하기 위해서 브레인스토밍 중에 제시된 아이디어에 대해 아무도 의견을 제시하지 않는 것이 원칙이다. 아이디어는 나중에 평가할 수 있다.

합의를 만들고 기록하기

15분에서 30분 정도 토의한다.
함께 결정한다.

- 그룹이 함께 하고 싶은 일은 무엇일까? 위에서 함께 공유한 내용과 브레인스토밍한 내용을 바탕으로 정서적, 교육적, 행동적 지원의 조합을 선택한다.
- 얼마나 자주 만날까? 일 주일에 한 번에서 한 달에 한 번 정

도가 일반적이다.
- 각 세션은 얼마나 오래 진행할까? 1시간 30분에서 4시간 정도가 일반적이다. 음식 나누기는 필수 활동 과정으로 내장시켜 두어도 되고, 추가로 덧붙여도 좋다.
- 어디에서 모일까? 일부 그룹에서는 구성원이 번갈아 가며 자기 집을 제공하여 교통편과 집주인으로서 부담을 나누어진다. 늘 같은 장소에서 모이는 것을 선호하는 그룹도 있다.

대화 협약
예시는 부록 I을 참조하라.

약속 만들기
약 20~40분

임상 기간을 정하라. 임상 기간 동안 그룹은 활동을 평가하고, 사람들은 원한다면 품위 있게 탈퇴를 선택할 수 있다. 예를 들어, 지원 그룹은 격주 수요일 오후 7시부터 10시까지 5번의 모임을 한 후, 평가 회기를 가질 수 있다.

이 첫 번째 토론에서 한 사람 또는 그 이상은 여러 가지 이유로 이 그룹이 자신에게 적합하지 않다는 것을 깨달을 수 있다. 예를 들어, 모니카는 스터디 그룹을 원했지, 감정을 공유하는 자리를 원하지 않았다. 존은 매주 모이기를 원했고, 다른 사람들은 모두 매월 모이기를 원했다. 지원 그룹 안에 얀을 몹시 괴롭히는 사람이 있다. 모든 사람은 자유롭게 '아니요'라고 말할 수 있어야 한다. 흥미와 공동의 목표를 가지고 시작하는 것이 중요하다. 사람들이 체험 기간에 동의할 때, 함께 지킬 규약을 만들고, 자신의 필요를 솔직하게 표현하는 책임을 지도록 요청하라.

실행 계획 logistics
10분

장소, 시간, 다음 모임을 계획하고, 진행할 사람을 정해라. 향후 계속 같은 요일과 시간에 모임을 하게 되면, 일정 논의를 위한 시간을 단축할 수 있다. 이름과 전화번호를 교환하라.

평가
약 10분-충분한 여유 시간을 확보하기

이번 세션은 사람들에게 어떤 반응을 얻었나? 사람들이 무엇을 좋아했나? 다음에는 어떤 점이 개선될 수 있을까? 이러한 제안을 다음 모임에 반영하여 사람들의 아이디어를 검증하도록 하라.

닫기
선택 사항, 5분.

노래, 침묵, 그룹 포옹

두 번째 모임을 위한 의제 제안

열기
선택 사항, 5분.

체크인

약 10분

각 사람에게 같은 시간을 할애할지, 아니면 자유롭게 시간 안배를 할지 결정한다. 각 사람은 지난 미팅 이후 한 주 동안의 가장 흥미로웠던 일이나 자신의 하루와 현재 기분을 나눈다.

의제 검토

10분

모임을 계획한 사람은 그룹에서 다뤄야 할 이슈에 대해 미리 어떤 생각을 해 온다. 이 사람은 그룹에 제안된 안건을 제시하고, 추가 또는 변경 사항을 요청하여 안건에 반영하고, 그룹으로부터 진행에 대한 동의를 얻는다.

생활 이야기

1시간 정도

그룹 구성원들은 각자 10분 정도 시간을 내어 가정 환경, 사회나 환경 이슈에 대해 처음 인식하고 관심을 갖기 시작한 시기, 업무에서 성공하거나 어려움을 겪었던 한두 가지를 포함하여 자신의 인생에서 중요한 사건에 대해 이야기를 나눈다. 인생 이야기를 나누는 것은 서로를 알아가고, 공통된 경험과 서로 간의 차이를 인식하며, 이해와 신뢰를 쌓을 수 있는 좋은 방법이다.

우선순위 정하기

20분

그룹은 첫 번째 회의에서 생성된 목록을 바탕으로 그룹이 함께 할 수 있는 작업에 대한 목록을 작성하고, 다음 몇 차례의 모임을 위해서 중점 사항이나 형식을 선택한다.

예를 들어, 그룹은 이후 몇 회기의 회의에서 도시 독성 폐기물이나 세계 난민 상황과 같은 이슈에 대해 집중적으로 공부하기로 하고, 매번 30분씩 독서나 다른 출처를 통해 얻은 정보를 공유한 다음, 해당 이슈에 대해 각자 어떻게 느끼는지를 표현해 보는 시간을 가진다.

또는, 이후 몇 차례의 회의에서 구성원들에게 골고루 시간을 배분하여 각자가 향후 6개월 동안의 사회 변화 활동에 대한 목표를 정하도록 지원한다. 그룹 구성원들이 서로에 대해 더 잘 알아가고, 그룹으로서 더 효과적으로 일할 수 있도록 디자인된 훈련을 계속해 나간다. 이 책의 참고 문헌에 수록된 여러 책에서 아이디어를 얻을 수 있다.

다음 회의

5분

시간, 장소, 진행자를 선택하라.

평가

10분

이번 회의에서 가장 유용했던 점은 무엇인가? 가장 유용하지 않았던 점은 무엇인가? 무엇을 어떻게 바꿀 수 있을까?

닫기

선택 사항, 5분

지원 그룹 시간: 구조와 내용

이미 지원 그룹의 목적에 대해 논의하고, 시작하는 방법에 대해 몇 가지 제안을 했다. 이 장에서는 지원 그룹 회의의 구조와 내용에 대한 몇 가지 아이디어를 제공한다.

지원 그룹 모임의 기본 구성 요소

우리가 알고 있는 대부분의 지원 그룹은 몇 가지 기본 요소에 따라 모임을 진행한다. 열기, 첫 라운드 돌리기 혹은 '체크인', 의제 검토, 그룹 업무 관리 시간다음 모임 시간과 장소, 진행자, 공지 사항, 그룹에서 개인에게 집중하는 시간, 한 가지 이슈나 주제에 대한 그룹 토론이나 그룹 활동을 위한 시간, 마지막으로 평가 및 닫기이다.

그룹 체크인 예는 다음 장의 '체크인'에 나와 있다. 그룹 업무 관리를 위한 제안 사항은 '그룹이 작동하는 이유' 장에 나와 있다. 이 장에서는 그룹에서 개인에게 집중하는 시간individual time과 학습 시간study time 이용에 대해 설명한다.

개인에게 집중하는 시간 최대한 활용하기

이 장의 나머지 부분에서는 '개인에게 집중하는 시간individual time' 또는 '집중 시간focus time'에 대해 언급한다. 이 두 용어는 모두 한 구성원의 삶과 업무에 집중하기 위해 모임 중에 따로 할애된 시간을 의미한다.

'노력한 만큼 얻는 것'이라는 말은 누구나 들어봤을 것이다. 지원 그룹을 통해 자신에게 집중할 수 있는 시간과 관심을 받는 것은 흔하지 않은 소중한 경험이다. 어떻게 하면 시간을 잘 활용할 수 있을까를 놓고 최대한 고려하는 것이 좋다.

아이린의 그룹은 모임 때마다 각 사람에게 약 20분의 개인에게 집중하는 시간을 주기로 했다. 그 시간은 오롯이 그 사람만의 시간이다. 더 안전한 공간을 만들기 위해, 그 사람이 요청하지 않는다면 피드백은 하지 않는다. 누군가는 어루만져지고, 이야기하고, 울면서 안아 달라고 하며, 편지 쓰기와 같은 구체적인 작업을 도와 달라고 하기도 한다. 바바라는 니카라과로 장기 체류를 떠나기 전에 그 일에 대해 부모님께 말씀드리는 역할극을 함께 해달라고 지원 그룹에 요청했다.

주제를 선택하라

지원 그룹 모임을 준비할 때, 다음 그룹 모임에서 다룰 이슈나 주제가 예상되는 시간에 적절한지 살펴본다. 현재의 자기 삶과 업무에서 실제로 관심이 가는 분야를 선택한다. 경험상 넓고 모호한 주제보다는 구체적인 질문에 초점을 맞춘다면 더 만족스러운 시간이 될 것이다. 예를 들어, 리더십에 대한 광범위한 질문보다는 특정 현장 행동 캠페인에서 리더십을 발휘할 방법에 초점을 맞추는 것이 낫다. 다루어야 할 더 넓은 범위의 질문이 있다고 판단되면 지원 그룹이 그 질문을 제기할 것이다.

그룹에서 원하는 것을 정하라

주제를 정한 후에는 그룹에서 원하는 것(아이디어, 피드백, 제안, 문제 해결, 감사, 감정에 대한 관심)이 무엇인지 파악한다. 예를 들어, 그룹에게 "처음 10분 동안은 우리 캠페인 그룹의 흥미로운 갈등에 대해 설명한 다음 남은 시간 동안 여러분의 아이디어와 제안을 듣고 싶습니다."라고 말할 수 있다.

프레젠테이션

무슨 말을 할지 고민하느라 소중한 시간을 낭비하지 않도록 문제를 어떻게 발표할지 적어도 몇 분 동안 생각해 본다. 발표할 정보가 많으면 미리 원고를 작성하여 복사물을 제공하거나, 매직펜으로 큰 종이에 적어라.

어느 그룹이 해낸 방법

어느 지원 그룹 모임에서 조지는 정치 콘텐츠를 다루는 만족스러운 직업을 얻기 위한 전략을 세우도록 도와 달라고 했다. 그는 정치 업무에 대한 장기적인 목표와 자신이 원하는 직업의 구체적인 측면을 제시했다. 그룹은 그의 강점과 성장 영역에 대한 피드백을 제공하고 현실적인 직업 목표를 설정하는 데 도움을 주었다.

낸시는 업무상 어려운 상황에 놓여 있었다. "나는 5분 동안 소리를 지르고, 10분 동안 큰 소리로 생각한 다음, 15분 동안 그룹에서 아이디어와 제안을 받고 싶어요."라고 말하며 시간을 시작했다.

짐은 명시적으로 리더십을 발휘해야 하는 집단 안에서 홀로 떨어져 있고 싶어 하는 자신의 성향에 대해 함께 생각해 달라고 지원 그룹에 요청했다. 그룹은 그에게 무슨 일이 있었는지 설명을 들은 다음, 자꾸만 불쑥 튀어나와 방해를 놓는 그의 감정과 행동을 정확하게 파악하도록 도움을 주었다. 끝으로, 지원 그룹은 새로운 접근법을 찾고, 이 접근법에 따라 시도해 보기 위해 어떻게 지원을 받을 수 있을지 알아보기 위해 그와 함께 노력했다.

피터는 이 지원 그룹을 통해 남아프리카공화국과 중앙아메리카에서 활동하는 단체들 사이에 연합을 구축하는 전략을 수립하는 데 도움을 받았다. 그는 자기 안에 낯선 사람들에게 다가가는 것에 대한 두려움이 있다고 말했다. 지원 그룹은 첫걸음을 떼기 위한 제안을 하였고, 낯선 사람들을 만나는 일이 이후의 회의들에서 어떻게 다가오는지에 대해 그와 함께 확인해 보는 위원회를 만들었다.

그룹의 대응 방법

낸시는 "… 그래서, TF팀과 도시 관리자들과의 예정된 모임에 대한 저의 딜레마에 대해 간략하게 설명했습니다. 이제 여러분의 반응과 제안을 원합니다."라고 말하며 자신의 상황에 대한 간단한 프레젠테이션을 마친다. 그룹은 다음과 같은 방식으로 반응할 수 있다.

공감과 긍정

"낸시, 정말 힘든 상황인 것 같네요! 아니, 당신은 미치지 않았어요. 누구나 힘든 상황이라고 생각해요. 회장님에 대한 당신의 관찰은 통찰력 있고 현명해 보입니다. 사람을 이해하는 것이 당신의 강점인 것 같아요.…"

선택을 통해 생각을 돕기

"낸시, 세 가지 가능한 행동 전략을 나열했지만, 저는 네 번째 전략이 생각났어요. 들어보시겠어요?"

개인 스타일 또는 패턴에 대한 관찰

"낸시, 당신이 TF 팀원에게 화를 낸 상황이 이번이 세 번째라고 말씀하신 것 같아요. 이 분노가 당신의 정치 업무에 정말 방해가 되는 것 같군요. 그 부분에 대해 얘기해 볼까요?"

개인에게 집중하는 시간의 내용

지원 그룹에서 개인에게 집중하는 시간은 개인적인 것과 정치적인 것의 교차점에 놓여 있다. 이 매뉴얼 전체에서 지원 그룹은 각 개인에게 정치적 업무를 효과적으로 수행하기 위한 싸움에 전념하라고 제안했다. 이러한 맥락에서 개인적인 문제는 정치적 활동을 촉진하거나 방해할 수 있으므로 특히 중요하다. 개인은 그룹에서 다음과 같은 다양한 목적으로 시간을 사용할 수 있다.

- 사회 변화 업무에서 발생하는 문제를 해결한다.
- 사회 변화를 위한 업무 대행자로서 장기적인 목표를 설정

한다.
- 가장 효과적인 업무 수행에 방해가 되는 개인적인 어려움을 파악하라. 항상 힘 있게 행동하려면 무엇이 필요할까?
- 기술과 지식을 평가하고 학습 목표를 설정하라.
- 리더십 기능의 강점과 약점을 평가한다.
- 리더십 개발을 위한 목표를 설정한다.
- 돈, 가족, 특정 억압(예: 여성, 유색인종, 동성애자 노동자 계층, 장애인이 겪는 억압과 같이 많은 사람에게 핵심 문제가 되는 이슈를 탐색한다.
- 비언어적 관심을 받는다. 안아주거나, 머리나 어깨를 주무르거나, 노래를 불러준다.

모임 형식(format) 스모가스보드(Smorgasboard 4)

아래에는 지원 그룹 모임을 위한 몇 가지 형식이 설명되어 있다. 풍미, 시기와 스타일에 있어서 매우 다양하다. 그중에서 골라 자신만의 형식을 만들거나 여러 가지 요소를 취하여 새로운 형식을 시도해 보라. 여러분의 그룹이다. 처음 여섯 가지 형식은 정서적 지원이나 문제 해결에 가장 적합하고, 그다음 두 가지는 학습과 토론에 중점을 두

---

4) 옮긴이 주: 스웨덴의 바이킹들은 다른 나라를 침략하기 위한 항해를 시작하면 오랫동안 배 안에서 생활하며 말리거나 소금에 절인 저장품만 먹어야 했다. 이 때문에 항해를 끝내고 돌아오면 침략한 마을이나 도시에서 빼앗은 고기, 채소, 과일 등의 음식을 널빤지에 푸짐하게 차려 놓고 먹고 싶은 음식을 골라 먹었다. 이 식사 방법을 'Smorgasboard'라고 했는데 이것이 뷔페 식사의 원조다. 단어에 이 이야기가 다 담겨있는데 Smorsms는 빵과 버터, gas는 가금류 구이, board는 널빤지를 의미한다. 바이킹족의 후예인 스웨덴 사람들은 지금도 크리스마스나 특별한 날에는 온 가족이 모여 바이킹식 뷔페로 식사한다. 출처: 화이트페이퍼(http://www.whitepaper.co.kr)

며, 마지막 두 가지는 어느 목적에나 적합하다.

균등한 시간

이 형식을 사용하면 지원 그룹이 모여 각 사람의 기분을 빠르게 확인하여 사람들이 다른 것에서 벗어나 그룹에 집중할 수 있도록 도와준다. 그런 다음 나머지 모임 시간을 그룹 구성원에게 균등하게 분배한다.

짧게와 길게 Shorts and Longs

이 지원 그룹은 모임 때마다 몇 명에게는 길게, 나머지 사람들에게는 짧게 시간을 주고, '긴 시간'을 받은 사람들과 더 깊이 있는 이야기를 나눈다. 보통의 모임에서 조지와 낸시에게는 각각 45분의 '개인에게 집중하는 시간'이들에게 집중하는 시간이 주어지고, 짐과 피터는 좀 더 제한된 주제에 대해 각각 20분을 할애받는다. 다음 모임에서는 짐과 피터는 '긴 시간', 조지와 낸시는 '짧은 시간'을 배정받는다.

한 사람에게만 집중

이 형식에서는 각 모임 때마다 '개인에게 집중하는 시간'이 한 개인에게만 할애된다. 이를 통해 지원 그룹은 해당 개인의 다양한 삶의 요소를 살펴보고 문제를 심도 있게 탐구한다. 다른 구성원들은 이전 모임에서 만든 합의, 과제 또는 약속에 대해 특별히 주의를 기울여 간단히 업데이트한다.

즉석에서 On the Spot

이 그룹은 미리 정해진 의제나 시간 구조를 사용하지 않고 그룹 구성원이 모일 때마다 그때그때의 필요에 따라 대응한다. 어떻게 지내고 있는지, 그룹에서 우려하거나 필요로 하는 것이 무엇인지 등의 간단한 확인으로 시작한다. 그런 다음, 모두의 요구 사항을 충족시킬 수 있는 의제를 만들기 위해 함께 노력한다.[5]

이 형식의 변형으로는 진행자가 모임 며칠 전에 그룹 구성원들에게 의제로 다루고 싶은 것이 무엇인지 확인하는 것이다. 이렇게 하면 주제는 새롭게 되고, 의제 시간을 할당하기 위한 그룹 시간은 줄어들며, 모임 사이에 '상기하기reminder'/체크인이 이루어진다.

문제 해결 시간 The Clinic

위의 '짧게와 길게'의 변형을 사용하는 그룹에 대해 들어본 적이 있다. 이 그룹은 공통의 업무 관심사를 중심으로 결성된다. 이들은 모임마다 그룹 구성원들이 직면한 한두 가지 특정 문제에 대해 '클리닉'을 하는 데 시간을 할애한다. 한 사람이 문제를 제시하면 다른 사람들이 제안을 하고, 먼저 문제를 처리할 수 있는 대안을 브레인스토밍한 다음 토론을 한다. 필요할 경우, 그룹은 역할극을 통해 몇 가지 제안을 시도해 본다.

예를 들어, 트레이너들을 지원하는 한 지원 그룹에서는 트레이너

---

5) 참고. 이 형식은 일부 그룹에서는 잘 작동할 수 있다. 그러나 자신의 필요를 더 분명하게 표현하는 사람이나, 더 깊은 '문제'를 가진 사람들이 그룹의 관심을 더 받을 수 있는 위험이 있다. 이 형식을 사용하는 경우, 시간이 지남에 따라 누가 그룹의 관심을 더 받고 있는지를 알아차리고, 균형을 잡아가는 것이 좋다.

가 서로 다른 인종, 민족 또는 계급 배경을 지닌 사람들을 훈련할 때 고려해야 할 사항에 초점을 맞추었다. 먼저 이 그룹은 가능한 모든 '잘못된 동작'을 브레인스토밍한 다음, 적절한 전략과 태도를 도출했다. 마지막으로 그룹 구성원들이 트레이너와 훈련 그룹 참가자의 역할을 맡아 일련의 역할극을 수행했다.

'실무상담consultation'이라는 변형된 방식은 도움이 되지 않는 조언을 하거나 다른 사람의 문제를 대신 '해결'해 주려는 것을 피할 수 있어 유용하다. 그룹은 집중 인물에게 질문오직 질문만을 하여 그 사람이 문제를 어떻게 해결하고 싶은지 명료화하도록 도와준다.

대규모 그룹: 소그룹으로 나누어 풍성하게 나누기 Divide and Prosper

15명 정도의 지원 그룹에 대해 들어본 적이 있다. 우리가 알고 있는 대부분의 지원 그룹은 3~10명이 성공적이다. 개인에 대한 관심이 지원 그룹의 중요한 요소이기 때문에 대부분의 대규모 그룹은 적어도 모임 시간의 일부를 3~5명또는 짝을 지어의 소규모 그룹에서 보낸다.

주제 나누기 시간

지원 그룹의 또 다른 일반적인 형식은 그룹 구성원 모두가 공통적으로 관심을 갖는 주제, 즉 각자 업무에서 직면하게 되는 문제를 선택하고, 이에 대해 토론하는 것이다. 이 그룹은 일반적으로 각 사람에게 주제에 대한 자신의 개인적인 경험과 비전모델을 생각해 볼 수 있는 시간을 제공한다. 일반적인 주제는 리더십, 계급 역학관계, 성차별 또는 기타 '-주의', 갈등 해결, 사회 변화 노력에 있어서의 전략 등이다.

심화 학습자learners Unlimited

최근에는 주로 공부와 토론을 목적으로 하는 많은 그룹이 결성되고 있다. 일부는 우트네 리더Utne Reader 6) 와 같은 저널에서 홍보하고, 일부는 스터디 서클과 같은 조직에서, 또 다른 일부는 성인 교육이나 종교 단체에서 홍보하고 있다. 스터디 서클은 스터디 그룹을 시작하는 데 관심이 있는 사람들을 위한 매뉴얼을 제공하고 있으며, 일부 주제에 대한 읽을거리와 질문이 포함된 교육과정 지도서를 개발했다. '우트네 리더' 살롱에서는 종종 저널의 기사를 중심으로 토론을 진행하기도 한다.

일부 그룹은 더 긴 세션을 선택하거나 리트릿을 떠나기도 한다.

> 모임 첫해에 아이린의 지원 그룹은 서로의 인생 이야기를 나누기 위해 리트릿7)을 떠나기로 했다. 그들은 그 시간이 너무 좋아서, 1년에 한 번씩 시골에서 주말을 함께 보내기로 했다. 나중에 아미가 캘리포니아로 이사를 했을 때도 그녀는 지원 그룹 리트릿에 참여하기 위해 동부지역으로 돌아왔다.

---

6) 옮긴이 주: Utne Reader는 일반적으로 저널, 뉴스레터, 주간지, 잡지, 음악, DVD 등의 대안 미디어 소스에서 정치, 문화, 환경에 관한 기사를 수집하고 재인쇄하는 디지털 다이제스트이다. 이 잡지의 작가와 편집자는 책, 영화, 음악 리뷰와 새로운 문화 트렌드에 초점을 맞춘 독창적인 기사를 기고한다. 잡지 웹사이트에서는 정치, 환경, 미디어, 영성, 과학 및 기술, 위대한 글쓰기, 예술을 다루는 10개의 블로그를 운영한다. 이 잡지의 이름은 설립자 에릭 우트네의 이름에서 따왔다. 에릭 우트네의 성은 노르웨이의 우트네 마을에서 유래한 것으로, '멀리 떨어진'이라는 뜻이다.

7) 옮긴이 주: 리트릿(Retreat)은 본래 '일상생활에서 벗어난 공간에 머무르며 쉼'을 의미한다. 정말 아무 것도 하지 않고 쉰다기보다는, '일상에서는 하기 어려운 다른 일에 집중'하는 시간을 갖는 것이 목적이다.

삶에서 어느 하루

생각과 도전으로 가득 찬 화려한 하루를 보내는 것이 이 그룹의 스타일이다. 모이는 횟수는 적지만 하루 종일 시간을 할애한다. 이 그룹의 형식은 다음과 같은 일련의 단계로 이루어진다. 첫째, 각 사람이 자신이 다루고 싶은 기본적인 이슈를 빠르게 설명한다. 둘째, 다른 구성원들은 그 이슈에 대한 관심, 질문 또는 고려 사항의 형태로 첫머리 '브레인스토밍' 피드백을 제공한다. 셋째, 각자 홀로 성찰할 시간을 갖는다. 이때 그룹에서 나온 관심 목록the list of concerns을 활용한다. 넷째, 그룹이 다시 모여 시간을 균등하게 나누고 각자의 문제에 대해 시간이 허락하는 만큼 깊이 있게 논의한다.

이틀간의 영적 여정

한 그룹은 3개월에 한 번씩 모여 이틀 동안 함께 예배하고, 명상하고, 지침을 찾으면서 영적이고 정치적인 사람으로서 각 그룹 구성원의 여정을 살펴보는 시간을 갖는다. 이 그룹의 구성원들은 서로 어느 정도 떨어진 곳에 살고 있지만 모두 종교 기관에서 비슷한 직업을 가지고 있다. 이들은 토론할 공통된 주제를 많이 찾는다.

체크인CHECKING-IN

돌아가며 말하기a go around나 체크인check in을 설명하는 가장 좋은 방법은 예를 들어 설명하는 것이다. 프란 피비Fran Peavey가 작성한 이 체크인 부분은 한동안 모임을 진행해온 그룹이 어떻게 작동하는지 보여주고, 간략한 역사를 제시한다.

보통 한 달에 한 번 3시간씩 모이지만 오늘은 온종일 각자의 문화와 문화적 감수성을 가지고 조직하는 방법에 대해 이야기를 나누기로 했다. 우리는 한 구성원의 집에서 만났다. 9명의 구성원이 제각각 문화적 배경이 담긴 요리를 가져왔다. 포트럭 점심을 먹기 위해 준비해온 음식을 들고 집에 들어서는 순간, 이미 이들의 삶과 일과 사랑이 서로 얽혀 있음을 느낄 수 있었다. 모임 시작 시간이 알려지고 10분이 지나자 우리는 자연스럽게 각자의 의자에 앉았다. 한 사람당 5분의 체크인 시간이 주어진다.

논니가 이번 달에 함께하지 못한다는 보고로 시작한다. 그녀는 아이다호에서 전날 밤 지원 그룹 구성원 몇 명에게 전화를 받았다. 그들은 그녀가 어떻게 지내고 있는지, 그녀의 연애 생활이 어떻게 무너졌는지, 그리고 그녀에게 진정할 시간이 필요했다고 보고했다. 그녀는 며칠간 휴식을 취하기로 했다. 지원 그룹은 그녀가 그리워지겠지만 스스로를 돌보라고 격려했다. 논니는 '젊은 층'에 속하는 신입 구성원 중 한 명이다. 참여 불교에 관심이 있으며 현재, 직업을 전환하는 중이다.

베브의 이야기가 시작된다. 그녀는 60세의 아르메니아계 미국인 1세대 여성으로 학습 장애 학생을 위한 대체 교사로 일하고 있다. 그녀는 잘 지내고 있다. 몇 년 전 그녀가 호지킨병 진단을 받았을 때 그룹은 교대로 그녀를 병원으로 이송해 처치를 받도록 하고, 필요한 다른 방법으로 그녀를 도왔다. 리타는 지원 그룹 구성원들과 베브와 가까운 사람들을 모아서 그 시기 베브에게 무엇이 필요하고 무엇이 도움이 될지에 대해 이야기 나누는 모임을 주선하는데 중요한 역할을 했다. 프란은 우선 병원을 갔고, 캐롤은 베브의 의료 수급 신청을 도왔으며, 여러 멤버가 동료 상담 세션을 제공했다. 베브는 완전히 회복되었다. 지금, 그녀는 최근 특이한 상황에 놓인 여성예를 들어, 마흔이 넘거나 임신 중인의 누드 사진집을 작업하고 있다고 한다. 그녀는 함께 스크래블 게임을 하는 일흔이 넘은 여성들이 이 책을 위해 포즈를 취하기로 동의했다는 사실에 감격해한다. 또한 그녀는 아들이 러시아에서 돌아와 몇 주 동안 집에 있었다고 말한다. 아들은 로이터 통신의 사진기자인데 최근 러시아에서 일어난 봉기로 인해 많은 스트레스를 받고 있었다고 한다. 베브는 아들이 보고 있는 일부분의 역사 분석에 대해 말하기 시작한다. 아들에 대한 그녀의 사랑이 분명히 보인다. 진행자는 베브에게 5분의 시간이 끝났다고 말하고 우리의 관심은 다른 곳으로 이동한다.

토바는 쉰세 살의 유대계 미국인 2세 여성이다. 그녀는 괜찮다고 느끼지만, 강간과 고문을 당한 난민 여성들과 함께 일했던 구 유고슬라비아 여행에서 돌아온 후 매우 지쳐 있다. 그녀는 본 것들에 대해 자신의 감정이 어떤지 궁금해한다. 여행에 대한 감정을 솔직하게 털어놓으면 다시 활력을 되찾을 수 있을 것 같다고 생각한다. 토바는 여행에 대한 이야기와 미국으로 돌아온 소감을 전하며, 자신과 프란이 첫 공식 보고를 하는 일요일에 지원 그룹 사람들이 도와줄 수 있는지 묻는다.

게르만계와 유럽계 혼혈인 서른네 살의 여성 테리는 이제 막 엄마가 된 초보 엄마다. 그녀는 남편과 함께 17개월 된 아기를 재우는 데 어려움을 겪고 있다고 이야기하며 이야기를 시작한다. 그녀는 옥스팜에서 일하고 있으며 일주일 뒤에는 '기아 연회The Hunger Banquet'라는 큰 행사를 준비해야 한다. 그녀는 이미 베브에게 행사 사진을 찍어달라고 부탁했다. 베르네는 그 행사일을 도와주겠다고 제안했고, 테리는 다른 사람들도 와서 도와주길 바라고 있다. 옥스팜이 생각하고 있는 홍보 동영상을 만들기 위해, 이 행사를 비디오로 찍어줄 사람이 있는지 있을까? 여러 사람이 제안을 해 주었고, 휴식 시간에 후속 조치를 할 예정이다. 테리는 가족들과 함께 에콰도르로 가족 휴가와 옥스팜 조사 여행을 겸해서 떠난다고 한다. 그녀는 어린 아기와 함께 여행하는 것이 걱정이다. 베브는 아기와 함께 여행할 때의 어려움에 대해 공감하며 고개를 끄덕이고, 휴식 시간에 모두가 더 편안하게 여행할 수 있는 방법에 대해 아이디어를 나누기로 한다.

다음은 리타가 이야기한다. 가톨릭 신자로 자랐으며 원래 시카고 출신이지만 수년 동안 베이 지역에 거주하고 있다. 리타는 마흔다섯 살이며 병원 정신과 병동에서 간호사로 일하고 있다. 리타는 이 그룹에 가입한 지 12년이 된 노장 중 한 명이다. 리타가 간염에 걸렸을 때 그룹은 리타가 먹을 음식을 구해서 친구들이 차례대로 음식을 가져다 주는 중요한 책임을 맡았다. 그녀는 고향에 다녀온 여행에 대해, 대가족의 몇 가지 이슈에 대해 보고한다. 그녀는 특히 문제가 있는 조카 중 한 명에 대해 걱정하고 있다. 병원에 돌아다니는 AIDS에 대한 소문 때문에 요즘 그녀의 업무는 더욱 강도가 높아졌다. 이웃에서 조직하는 일은 잘 진행되고 있지만, 한 여성이 그룹을 장악하고 다른 사람들이 힘을 공유하지 못하게 하고 있다. 우리 모두 이 문제에 대해 나중에 그녀와 함께 생각해 보기로 했다.

베른은 부다페스트에서 1년 동안 생활한 후 몇 달 만에 그룹에 복귀했다. 베른은 쉰 살, 유대인이며 커뮤니티 조직 개발에 대한 교육을 받았다. 얼마 전 그녀는 헝가리와 자유에 관한 책의 초고를 완성했고 또 다른 책 계약을 제안받았다. 그녀는 편집자가 주는 피드백에 들떠 있다. 그녀는 이전에 일하던 직장에서 일하게 될 것이고, 음식 프로그램의 커뮤니티 조직자로 일하게 될 것이다. 베른은 이탈리아에 유모로 일하러 간 딸이 그 일에 만족하지 못하고 있다며 어떻게 지내고 있는지 알려준다. 테리는 해외에 나간 젊은이들에게 기회를 주는 책을 제안한다. [사실 체크인할 때, 대화를 하지 않기로 합의했지만, 이 합의에서 자주 벗어나고 있으며, 조언을 하거나 긴 토론을 하지 않는 한 이 합의에 대해 유연하게 대처하고 있다.]

캐롤 R의 차례다. 그녀는 두 아들의 엄마이며, 유대인임을 자랑스럽게 여긴다. 남편이 새 직장을 구했다고 한다. 그 일은 좋은 점도 있지만 가족에게 새로운 긴장감을 주었다. 남편은 새 직장에서 느끼는 압박감이 커서 완전히 행복한 것은 아니고, 게다가 매일 정장을 입어야 한단다. 이번 주에는 클린턴 행정부의 누군가가 캐롤의 사무실에 가족 보호를 위한 접근 방법에 대해 연구하러 오기 때문에 사회복지사로서 캐롤은 특별한 업무 스트레스에 시달리고 있다. 캐롤은 연구원에게 정보를 제공하게 될 사람 중 한 명이다. 그녀는 그 자리에 서게 되어 매우 들떠 있는 상태다. 월요일에 오는 연구원으로 인해 아이들과 보내는 시간이 짧아져 정오에는 지원 그룹을 떠나야 하기 때문에 오후에 시간을 보충할 예정이다. 지원 그룹은 자녀와 함께 하려는 캐롤의 가치관을 지지하면서 그녀가 가장 관심을 두고 있는 의제에 참여할 수 있도록 그날 하루 일정을 어떻게 조정할 것인지에 대해 잠시 이야기를 나눈다.

시간 지킴이는 다음 사람에게로 넘어갈 시간임을 부드럽게 상기시켜 준다.

다음은 에이미다. 에이미는 서른 세 살의 중국계 미국인으로 기술 전문 작가technical writer [8]로 생계를 유지하고 있다. 에이미는 직장에서 연봉 인상을 받았다고 한다. 모두가 축하하며 손으로 승인의 제스처를 취한다. 그녀는 혼자 살 수 있는 곳으로 이사할 계획이다. 혼자 살아본 적이 없어서 정말 기대가 크다고 설명한다. 지난번에 여러 사람이 이사를

---

[8] 옮긴이 주: 정보 기기 또는 전자 기기에 관한 기술적인 내용을 일반적인 경향으로 알기 쉽게 설명하고, 과부족 없이 정보를 제공하기 위한 문서를 쓰는 사람이다. 좁은 의미로는 매뉴얼라이터(manual writer)로 볼 수 있다.

도와줬는데 왜 또 이렇게 빨리 이사하는지 의아해한다. 에이미가 이사에 대해 자세히 이야기한다. 그녀는 지난주 보스턴에서 열린 옛 지원 그룹 모임에 참석하기 위해 동부로 돌아갔다. 그 그룹의 구성원 중 한 명이 인생에서 특히 힘든 시기를 겪고 있어서 특별한 지원을 요청했고, 에이미는 그 친구를 위해 함께하고 싶었다.

캐롤의 차례다. 캐롤은 50대 초반의 유대인이다. 소규모 진보적 비영리단체의 모금 담당자로 일하고 있다. 그녀는 직장에서의 갈등과 그것이 자신의 삶에 어떤 영향을 미치고 있는지에 대해 말한다. 그녀의 어머니와 아버지는 늙어가고 있고, 사랑하는 손자가 새로 태어났기 때문에 세대에 대해 생각해 보게 된다고 한다.

내가 마지막으로 체크인한 사람이었고, 내가 무슨 말을 했는지 기억이 안 난다. 하지만 나는 52세이고 대부분 유럽계와 약간의 아메리카 원주민 혈통이 섞여 있다.

모임은 의제 검토로 넘어갔고 우리는 자리를 떴다. 멋진 하루였다.

그룹이 작동하게 만드는 요소

그룹이 효과적으로 운영되려면 명확한 목표와 구조, 신뢰의 분위기, 경청 능력, 완전한 참여가 필요하다. 이 장에서는 그룹 프로세스의 몇 가지 핵심 요소에 대해 간략하게 설명한다.

명확한 합의 세우기

모임의 빈도와 장소, 지각과 결석에 대한 처리, 구성원 추가 여부와 시기, 모임의 내용 등 여러 문제에 대해 그룹 구성원들이 합의하는 것이 중요하다. 이러한 문제에 대해 의견 차이를 논의하고 함께 결정을 내리는 시간을 가지면 서로의 희망 사항, 요구 사항 및 경계에 대해 더 많이 알게 될 것이다. 이 과정은 또한 서로에게 기대하는 바를 명확히 하고, 협상하기를 연습하는 데 도움이 된다.

'더 어스웜즈The Earthworms'는 7시에 모임을 시작하기로 약속했지만, 몇몇 구성원의 지각이 계속되었다. 다른 구성원들은 짜증스러운 마음으로 그들을 기다렸다. 마침내 캐시는 시간 문제를 의제로 삼았다. 피터와 메리는 출퇴근 시간대에 교통체증에 갇히는 경우가 많다며 시작하는 시간을 7시 30분으로 변경해 달라고 요청했다. 지원 그룹은 변경에 동의했고, 뒤늦게 오는 사람들을 기다리지 않고, 약속 시간이 되면 참석한 사람들끼리 먼저 시작하기로 합의했다.

그룹 의사 결정하기

그룹에서 의사 결정에 도달하는 방법에는 여러 가지가 있다. '평화 및 사회 정의 그룹'은 종종 구성원 모두가 동의할 수 있는 결정을 도출하기 위해 그룹 전체가 합의consensus하는 과정을 가진다. 일부 그룹은 다수결 원칙에 따라 투표하고 결정한다. 다른 그룹은 합의를 통해 결정하지만, 합리적인 시간 안에 결정을 내리지 못하는 경우 투표를 다시 요청할 수 있다.

합의 여부를 시각적으로 확인할 수 있는 한 가지 방법은 '엄지척' 방식이다. 진행자는 누군가의 명확한 제안에 대해 구성원들이 동의하면 엄지손가락을 들어 올리고, 동의하지 않으면 엄지손가락을 내리고, 질문이 있으면 엄지손가락을 옆으로 내밀어 표시하도록 요청한다. 엄지손가락이 모두 위로 올라가면 제안에 동의한 것이다. 그렇지 않으면 토론이 필요하다. 일반적으로 그룹 구성원 모두의 요구와 우려를 고려하여 기존 제안을 수정한 버전이 나온다. 중요한 사안이거나 원칙적인 이유로 한 사람이 합의를 막는 경우가 있을 수 있다. 그 사람은 다른 사람들이 간과하고 있는 중요한 우려를 표현하는 것일 수 있다.

이 방법은 일반적으로 다수결 투표보다 시간이 오래 걸리지만, 사람들이 서로의 생각과 감정을 들을 수 있는 장점이 있다. 빠른 투표로 다수가 만족하지 못하는 결정이 내려진다면, 합의를 통해 결정을 내리는 것보다 해결에 더 많은 시간이 소요될 수도 있고 스트레스가 생길 수도 있다. 여러 유형의 의사 결정에 익숙하지 않은 경우, 참고 문헌에 다양한 책이 나와 있다. 그룹에서 시간을 내어 어떤 방법을 사용할지 선택하라.

신뢰의 분위기 조성하기

사람들이 서로를 더 깊이 알아가고, 차이를 다루고 갈등을 해결하는 방법을 배우며, 그룹이 내린 결정을 존중할 때 그룹 내 신뢰가 커진다. 모임 초반에는 사람들이 어떤 식으로든 구조화된 방식으로 자신의 이야기를 할 수 있는 시간을 마련한다. 예를 들어, 그룹 구성원들이 각자 10분씩 활동가로서의 자신의 이력을 이야기하거나 자신을 두렵게 하는 것, 혹은 힘이 났던 순간에 대해 이야기하는 시간을 가질 수 있다.

모든 모임에서는 모임 초반에 시간을 내어 '체크인'을 하고 그날 각자의 기분에 대해 이야기하는 것이 도움이 된다. 이를 통해 각자의 삶에 어떤 일이 일어나고 있는지 파악할 수 있고, 구성원들이 모임의 나머지 시간 동안 더욱 집중할 수 있다.[9]

그룹 구성원들이 자신이 말한 사적인 이야기가 그룹 외부로 유출되지 않을 것이라고 확신하지 못한다면 신뢰가 약해진다. 이러한 '비밀 유지'에 대한 합의는 그룹 초반에 확립하는 것이 중요하다.[10]

---

[9] 이 방법은 지원 그룹뿐만 아니라 위원회, TF팀 또는 이사회와 같은 비즈니스 모임을 시작할 때에도 사용할 수 있다.

[10] Schaffer, Carolyn, R., and Kristin Anundsen. *Creating Community Anywhere*. New

비밀 유지는 그룹에서 고려해야 하는 대화를 위한 여러 약속 중 하나이다. 브레인스토밍을 통해 목록을 작성하여 보관하고, 참조할 수 있도록 적어두는 것이 좋다. 두 가지 예시 자료는 〈부록 I〉에 있다. 그룹 프로세스 자원들 중 하나는 캐롤린 R. 셰퍼와 크리스틴 아눈드슨이 커뮤니티를 위해 작성한 것이고, 다른 하나, 그룹 대화를 위한 '십계명'은 1980년대에 '평화 서클'이라는 지원 그룹을 개발한 엘리사 멜라무드가 고안한 것이다.

신뢰 구축을 위해 고려해 보아야 할 또 다른 측면은 그룹에 대한 기대감을 형성하도록 하는 것이다. 합의가 깨지면 처리될 것이고, 의견 충돌이나 갈등이 발생하면 해결될 것이다. 대부분 갈등을 환영하거나 포용하는 데 어려움을 겪고 갈등을 피하려는 경향이 있어서, 이는 쉽지 않은 일이다. 다음 장에서는 합의가 깨졌을 때 대처하는 방안과 갈등 해결을 위한 몇 가지 제안을 제공한다.

그룹 참여 기술

그룹에 정해진 진행자가 있더라도, 모든 참가자가 그룹 진행에 대해 어느 정도 책임감을 가질수록, 더 만족스럽고 효과적인 모임이 될 수 있다. 다음은 지원 그룹 프로세스를 개선하는 몇 가지 기술이다.

직접적으로 개인적으로 말하라.
논의 중인 이슈에 대해 당신이 생각하고 느끼는 바를 말하라. 일반화, 비난하기, 고발하는 언어, 전문 용어는 피하라. 구체적으로 예

York: Tarcher/Perigree, 1993, p. 252

를 들어 설명하라. 가정이 아닌 관찰한 내용을 서술하는 '나-언어 I language'를 사용하라. 다음은 효과적인 언어와 비효과적인 언어의 예다.

> **효과적**: "모임이 10시를 넘기면 답답하고 분통이 터집니다. 10시까지 끝내기로 한 약속을 지켰으면 좋겠어요."
> **비효율적**: "사람들이 시간을 지키는 것에 대해 정말 무책임하게 행동하고 있습니다. 모임이 계속 늦어지고 있고 모두가 이에 대해 화가 나 있지만 아무도 조치하지 않습니다."

그룹에 메시지가 전달되는 방식은 그룹이 어떻게 반응하는지를 결정하는 데 큰 영향을 미친다.

침묵을 허용하라

토론이 깊어지거나 감정이 격해질 때는 잠시 침묵의 시간을 갖는 것이 도움이 된다. 토론이 진행될 때 발언과 발언 사이에 짧게 침묵하는 것도 방해 요소를 줄이고 사람들이 각자의 의견을 충분히 받아들일 수 있게 한다.

표현의 다양성 허용하라

사람들은 생각과 감정을 표현하는 방식이 각기 다르다. 각자의 스타일을 존중하라. 예를 들어, 어떤 사람들은 말하기 전에 생각할 시간이 필요하다. 좀 더 신중한 사람은 사람들이 빠르게 움직이는 그룹 안에 있을 때 자신이 뒤처지고 소외된다고 느낄 수 있다.

서로 감사하고 도전하는 일에 균형을 맞추라

특히 정치적인 업무에서 감사와 인정을 넘치게 받기는 너무나 어렵다. 대부분 자신이 충분히 하지 못하고 있고, 충분한 감사와 보상을 받지 못한다고 느껴서 고통받는다. 개개인이 자신이 하는 일에 대해 명시적인 말로 감사를 받을 수 있도록 하라. 또한 각 사람은 다음 단계로 나아가거나 새로운 것을 시도하기 위한 도전이 필요하다.

느낌 존중하기

사회 변화 활동이나 사적인 경험을 이야기하다 보면 분노, 슬픔 또는 다른 느낌이 떠오를 수 있다. 그룹에 따라 어떤 느낌은 다른 느낌에 비해 훨씬 덜 편안하게 느낄 수 있다. 대부분은 느낌에 대한 강한 메시지를 가지고 있다. '남자는 울지 않는다'가 한 예다. 당신은 '그룹에서 아무도 쓰러지거나 신체적으로 다치지 않는 한 분노를 표현해도 괜찮다'와 같은, 느낌에 대한 대화의 약속을 포함시키고 싶을 수 있다.

현재의 어려움에 대해 이야기를 나누다 보면, 가족, 직장, 과거의 성공과 실패에 대한 오래된 느낌이 떠오르기도 하고, 현재 상황과 무관해 보이는 느낌이 포함되기도 한다. 그룹은 이러한 느낌에 대해 이야기하는 시간을 갖거나, 구성원들이 그룹 바깥에서 이러한 느낌을 어떻게 다룰지 도울 수 있다. 우리는 치료자가 아니라는 점을 기억하면서 과거와 현재의 느낌을 다룸으로써, 서로가 더욱 효과적인 활동가가 될 수 있도록 돕는다. 지원 그룹은 필요한 경우 전문가의 도움을 대체할 수는 없다.

그룹 구성원을 존중하고 무시하지 않기

우리가 사용하는 언어는 중요하다. 다른 사람의 의견에 동의하지 않는 것은 괜찮지만, 이는 그 사람에 대한 배려와 존중을 전달하면서 할 수 있다.

> 조지가 피터에게 짜증을 내며 "바보야, 어떻게 그런 생각을 할 수 있어?"라고 말했다. 그룹의 막내인 피터는 불쾌한 표정을 지었다. 낸시가 끼어들었다. "조지, 당신은 피터에게 동의하지 않을 권리가 있습니다. 그를 무시하지 않고, 다시 한번 말해주실래요?"

계속 따라가기

토론이 다른 방향으로 흘러가고 있다고 생각되면 그렇다고 말하고, 사람들에게 토론 주제를 상기시켜 주라.

시간을 존중하라

그룹이 다양한 의제 항목에 얼마나 많은 시간을 할애할지 합의했다면, 각 그룹 구성원은 진행자에게만 진행을 떠넘기지 않고, 시간에 주의를 기울이는 일에 책임감 있게 참여할 수 있다.

그룹이 원활하게 기능하는 데 도움이 되는 역할

그룹 구성원에게 필요한 것이 무엇인지, 그룹에서 어떤 일이 일어나고 있는지(구성원 간의 상호 작용), 일을 진행하기 위해 어떤 조치를 취해야 하는지에 대해 체계적으로 생각하는 사람이 있을 때 그룹이 더 잘 작동한다는 사실을 발견했다. 이 역할은 그룹의 모든 구성원이 공유할 수 있지만, 특정 모임에 대해 특정 역할을 지정하는 것도 유용하다. 모든 구성원에게 역할을 돌아가면서 맡기면 각자가 그룹의 생존과 건강함을 책임지는 연습을 할 수 있다.

그룹 구성원이 수행할 수 있는 몇 가지 역할은 다음과 같다. 모든 회의에서 모든 역할이 필요한 것은 아니지만, 그룹이 어려움을 겪고 있는 경우라면, 이러한 역할들은 더 결정적으로 된다.

모임진행자facilitator

모임진행자의 임무는 그룹이 집중력을 유지하고 의제를 진행하며, 회의의 시작과 끝, 전환에 주의를 기울일 수 있도록 돕는 것이다. 모임진행자는 회의 전 또는 회의 시작 시, 그룹과 함께 의제를 계획하고, 모임이 진행되는 동안 각 그룹 구성원에게 주의를 기울여 모든 사람의 말이 잘 들리도록 하며, 모임이 계속 진행되도록 한다. 한 사람이 감당하기에는 많은 일이므로 그룹에서는 한 사람을 '분위기 지킴이Vibes Watcher'로, 다른 사람을 시간 관리자로 지정할 수 있다. 또한, 그룹은 회의 내용을 기록할 서기를 지정할 수도 있다.

사람들은 대부분 모임을 진행하는 데 필요한 기술을 개발할 수 있다. 각 그룹은 진행하는 역할을 돌아가면서 맡을지, 매번 같은 사람이 진행할지, 아니면 지정된 진행자 없이 그룹을 운영할지 결정해야 한다.

아이린의 그룹은 몇 년 동안 모임을 이어오고 있다. 여섯 명의 구성원은 서로를 잘 알고 있으며, 모두 훌륭한 소통 능력을 갖추고 있다. 그들은 지정된 진행자를 두지 않고 각 모임에서 어떤 일이 일어나야 하는지 모두가 알아차리기로 했다.

'더 갱'은 모임마다 공동 진행자를 돌아가며 맡는다. 모두가 차례대로 진행한다. 신입 구성원은 기존 구성원과 공동으로 진행하면서 자신감을 키운다. 공동 진행자들은 함께 진행하면서 서로를 더 잘 알게 되고, 서로의 강점strengths과 균형을 맞추며 책임을 분담하게 된다.

'분위기 지킴이 Vibes Watcher'

'분위기 지킴이'의 역할은 무슨 일이 일어나고 있는지 알아차리고, 그 일에 대해 그룹의 주의를 환기시킬지 여부를 결정하고, 무슨 일이 일어나고 있는지 설명하고, 이에 대해 어떻게 하고 싶은지 물어보고, 특정 구성원에게 주의를 주목시키는 일이다.

'분위기 지킴이'였던 짐은 다음과 같은 사실을 발견했다. 모임을 진행하던 낸시는 피터와의 토론에 몰두하면서 그룹 전체에 대한 집중력을 잃고 있었다. 그룹의 다른 두 구성원은 졸리고 불안해 보였다. 짐의 언급 후 그룹은 토론을 계속 진행하기로 했지만, 낸시가 다른 사람에게 그 부분의 진행을 부탁하는 바람에 어려움을 겪었다.

사라는 모임이 시작되고 한 시간이 지나자 구성원 모두가 졸려 보인다는 사실을 깨달았다. 휴식 시간이 아니었음에도 불구하고, 그녀는 그룹 스트레칭을 제안했고, 다른 팀원들은 모두 즐겁게 참여했다.

시간 지킴이

시간 지킴이는 주제에 허용된 시간이 거의 다 되었을 때와 할당된 시간이 모두 사용되었을 때 그룹에 알려준다. 그러면 그룹은 다음 주제로 넘어갈지, 현재 주제에 좀 더 머무를지 결정할 수 있다. 이 역할은 그룹이 집중력을 유지하도록 하는 데 도움을 준다. 공동 진행자가 있는 경우, 한 사람은 시간을 지키고, 다른 사람이 진행을 맡는다. 그룹의 다른 구성원이 시간 지킴이 역할을 맡을 수도 있다.

서기

서기는 중요한 결정을 메모한다. 그룹은 이러한 메모, 단체 사진,

그림, 편지 또는 기타 기념 물품을 보관할 수 있는 노트북이나 폴더를 갖출 수 있다.

그룹 업무 돌보기

그룹 업무는 보통 회의 시작과 끝 무렵에 진행되며 의제 검토, 실무 실행logistics, 공지 사항, 모임 평가 등을 포함한다.

의제 준비 및 검토

가능하면 회의 전에 의제를 계획해라. 이 작업은 보통 진행자가 그룹 구성원들의 의견을 수렴하여 수행한다.

> 두 명의 공동 진행자는 '더 갱'의 월례 모임이 열리기 일주일 전에 구성원들에게 전화를 걸어 개인에게 집중하는 시간focus time을 원하는지 확인하고, 지원 그룹이 탐구할 안건에 대한 제안을 받는다. 이 전화를 바탕으로 각 항목에 얼마의 시간이 걸릴지를 포함하여 의제를 계획하고, 이 모든 것을 서류로 작성하여 그룹에 발표한다.

이러한 종류의 계획을 세운 후에도 그룹과 함께 의제를 검토하고 변경을 허용하는 것이 중요하다. 진행자는 의제를 발표할 때 어떤 내용을 어떻게 다룰 것인지에 대한 간략한 아이디어를 제공하고 의제 순서에 대한 근거를 설명한다. 누군가 변경을 제안하는 경우, 변경하기 전에 그룹에 확인한다. 진행자는 그룹 전체에 대한 책임이 있다.

의제를 제시하고 변경한 후에는 구성원들에게 의제를 수락할 의향이 있는지 물어보라. 그러면 회의 구조에 대한 공유된 합의가 이루어진 것이다.

실행 계획 Logistics

그룹 업무가 최소한이더라도, 반드시 시간을 할애해라. 모임 날짜와 장소가 다를 경우 이를 정하고, 역할이 바뀔 경우 누가 진행을 맡을지 정하고, 모임에서 나온 작업에 대한 후속 조치를 취하고, 부재 중인 구성원에게 전화를 거는 것 등이 포함될 수 있다.

평가

모임을 평가하는 것은 무슨 일이 있었는지 되돌아볼 수 있는 시간을 제공한다. 이를 통해 있었던 일에 대한 후회나 감사를 표현하지 못한 채 마치기보다는, 마무리하는 마음으로 모임을 마칠 수 있게 된다. 평가는 좋았던 점과 개선할 점에 대해 간단하게 브레인스토밍하는 형식이거나, 모임이 어떠했는지에 대해 논평하는 한 라운드 돌리기 형태로 이루어질 수 있다. 유용한 제안은 향후 회의에 반영할 수 있다.

그룹 축하하기

지원 그룹을 운영할 때, 업무나 어려운 문제에만 집중하지 마라. 서로 즐겁게 시간을 보내고, 정기 모임 때도 좀 더 가벼운 활동을 포함해라. 몇 가지 제안하면 다음과 같다.

함께 빵을 떼라

음식은 커뮤니티를 형성하는 훌륭한 도구다. 많은 지원 그룹에서는 모임 시간에 식사나 간식 시간을 가지거나, 음식을 가져와서 함께 나누거나, 몇몇 구성원이 음식을 준비하기도 한다.

기념일을 축하하라

생일이나 그룹 자체의 기념일은 좀 더 가벼운 활동을 할 수 있는 좋은 기회다. 즐거운 시간을 보내라.

성공을 확인하라

열심히 일하는 지원 그룹의 구성원들은 사회 변화를 위해 도전적이고 장기적인 투쟁에 전념하고 있다. 여러분 각자가 어떻게 변화를 만들어 가고 있는지 지원 그룹 안에서 서로 인정하라. 대부분 자신의 성공을 인정하기 어렵고, 다른 사람의 성취를 축하하는 것의 가치를 알지 못하거나, 다른 사람에게 인정받을 때 부끄러움을 느낀다. 성공을 인정하는 것이 왜 중요한지 알려주라. 일단 참여하게 되면 그 가치를 깨닫게 될 것이다.

명시적으로 말해라. 특별한 이벤트캠페인이 성공했다거나, 누군가 완벽한 직장에 취직했다거나…가 생기면 이를 축하해라. 그 여정이 매우 길어질수록, 일반적으로 우리가 이룬 진전의 진정한 한 걸음을 확언해줄 계속되는 길ongoing way 필요하다.

'더 갱'은 다른 사람들의 성공을 축하한다. 이 그룹은 홀륭한 일을 한 사람에 대한 소식을 들을 때마다 인류에 대한 봉사상을 수여한다. 그들은 모든 구성원이 스탬프를 찍어 보내는 인증서를 인쇄했다.

그룹 해체도 괜찮다: 감사를 나누고 평가하라

아무리 좋은 지원 그룹이라도 언젠가는 종료될 때가 있다. 그룹 구성원들은 삶의 변화에 직면할 수 있다. 그들은 이사를 가기도 한다. 또한 그룹이 한동안 잘 운영되다가 구성원들의 관심도가 떨어질 수도 있다. 또는 해결되지 않는 내부 갈등으로 인해 그룹이 해체를 결정할 수도 있다.

그룹이 종료된 원인이 무엇이든, 신중한 평가를 통해 얻을 수 있는 것은 많다. 마무리 특별 모임을 계획해라. 사람들이 그룹에서 배운 것을 되돌아보고, 그룹이 자신에게 도움이 되었던 몇 가지 방법에 대해 공유하는 시간을 포함한다. 나쁜 감정을 품어서가 아니라 배움을 다른 그룹과 상황에 적용해 보기 위해서, 지원 그룹이 잘 기능하지 못했던 점과 그 이유도 살펴보라. 서로에게 감사하는 시간을 갖는다.

전형적인 어려움과 해결 방법

그룹은 출발이 좋다가도 무너질 수 있다. 목표, 합의 파기, 이합집산, 미처 다루지 못한 차이 또는 갈등, 개인 스타일, 신뢰 위반, 하위 그룹 등의 영역에서 종종 어려움이 발생한다.

목표

그룹이 명확한 목표를 가지고 시작했더라도, 구성원들의 삶과 관심사가 바뀌기도 하고, 지역 및 세계 이벤트가 그룹에 영향을 미치기도 한다. 모임이 더 이상 참가자들의 요구를 충족시키지 못할 수도 있다.

'더 어스웜즈'는 도시의 독성 폐기물에 초점을 맞춘 스터디 그룹으로 시작했다. 6개월 후, 이 그룹은 동네 공터에 있는 공동체 정원에 참여하기로 했다. 빌은 그룹이 스터디에서 실천 그룹으로 초점을 바꾸고 있다고 우려를 제기했다. 그룹 구성원들은 정원 프로젝트에 열의를 보였지만 독성 폐기물에 대해 계속 배우고 싶어 했다. 그들은 한 달에 한 번 스터디 그룹으로 만나고, 한 달에 세 번 아침에 정원에서 일하기로 했다. 이 합의는 빌을 만족시켰고 그는 그룹에 계속 남아있었다.

빌이 이러한 변화를 받아들이지 않았을 수도 있다. 그는 그룹을 탈퇴하거나 스터디 그룹 세션에만 참여하기로 할 수도 있었다.

가장 좋은 길은, 그룹을 시작할 때뿐만 아니라, 나중에 그룹의 목표가 불분명해지거나 일부 그룹 구성원의 요구 사항을 더 이상 충족시키지 못하게 될 때도, 시간을 내어 그룹의 목표를 명확히 세우는 작업을 하는 것이다. 목표를 명확히 세우는 이 작업을 6개월 또는 1년에 한 번씩 정기적으로 갖는 것이 좋다.

합의 유지하기

그룹 구성원 모두가 정기적으로 출석하고, 정시에 참여하고, 대화를 위한 합의에 따르기로 했음에도 불구하고 사람들은 이를 잊거나 부주의해지거나 서로 다르게 해석하기도 한다. 이는 분노를 불러일으킬 수밖에 없다.

불규칙한 출석은 그룹에 대한 참여도가 낮다는 신호로 볼 수 있다. 그룹에서 공유해야 할 합의 사항 중 하나로 출석률, 구성원이 불참할 수 있는 회의 횟수, 결석한 구성원에게 연락을 취할지의 여부에 대한 이해가 필요하다.

린다는 지원 그룹 회의에 빠지게 되었고, 그룹 구성원에게 미리 전화하는 것을 잊어버렸다. 조지가 왜 참석하지 않았냐고 전화했을 때,

그녀는 더 이상 그룹에 속하고 싶지 않다는 것을 깨닫고 탈퇴하기로 결심했다.

'더 어스웜즈' 그룹에서, 체크인 시간에 방해받지 않기로 서로 합의했음에도 불구하고, 한 구성원이 체크인 중에 자주 의견을 말하거나 질문을 던졌다. 낸시가 이 문제를 제기했다. 그 구성원은 사과하고 그 빈도를 줄이기 시작했지만, 여전히 가끔은 알림이 필요했다.

브리짓은 이번에도 그룹이 30분이나 늦게 시작한다고 불평했다. 조쉬는 "오, 처음 30분은 그냥 도착 후 가지는 비공식적인 시간인 줄 알았어요."라고 말했다. 그룹은 예정된 시간 15분 후에 곧바로 시작하기로 했다.

가입과 탈퇴

사람들은 그룹을 탈퇴하거나, 그룹이 이미 진행 중인 중간에 참여하고 싶을 수 있다. 누군가가 그룹을 떠나고 싶거나 실제로 떠나게 되면 시간을 들여서 마무리를 지어라. 작별 인사를 할 시간을 갖고 그 사람이 그룹에 기여한 바에 대해 이야기를 나눠라. 함께 하던 구성원이 떠나는 것은 그룹에는 손실이며 감정적 정서를 불러일으킬 수 있다.

리즈는 이타카로 이사하면서 몇 년 동안 소속되어 있

던 '더 갱'을 떠나야 했다. 그녀가 떠나기 전에 그룹은 리즈에게 집중하는 모임을 계획했다. 그들은 리즈에게 이사에 대한 설렘과 두려움, 새로운 직장에 대한 걱정, 자녀를 위한 아파트와 좋은 학교를 찾는 것에 대한 염려에 대해 이야기할 시간을 주었다. 그런 다음 각 구성원은 리즈에게 감사한 점을 나누고, 그룹 활동에서 그녀가 얼마나 중요한 역할을 해왔는지 이야기했다.

그룹에 새 구성원을 가입시키는 것을 고려할 때는 그룹의 적정 규모와 새 구성원이 그룹에 가져올 수 있는 자질 중 기존 구성원들의 자질과 균형을 맞출 수 있는 자질이 있는지 등을 고려하라. 신규회원 가입에 대해 구성원들이 가지고 있는 거부감을 드러내어 다루도록 한다. 새로 가입하는 사람을 진심으로 환영할 수 있도록 그룹의 합의를 만들어라.

에이미가 시골로 이사했을 때, 그녀의 그룹은 새 구성원을 받지 않기로 했다. 이 그룹은 서로를 대가족이라고 생각할 정도로 많은 신뢰를 쌓아왔기 때문이다. 1년에 한 번씩 주말 수련회를 가졌고, 에이미는 가능하면 언제든 그들과 함께하기 위해 비행기를 타고 돌아왔다.

반면, 리즈가 이타카로 이사했을 때 그룹은 새로운 사

람을 추가했다. 그들은 누가 그룹에 합류하고 싶어 하고, 그룹에 새로운 것을 가져다줄 수 있는지 생각했다. 그룹이 논니를 초대하는 데 동의했을 때, 그녀를 가장 잘 아는 리타는 논니에게 지원 그룹의 초점과 역사에 대해 간단하게 설명하고 모임에 참석해 달라고 요청했다. 그 만남 후, 리타는 모두를 소집했고, 그룹은 만장일치로 논니를 신규회원으로 초대하는 데 동의했다.

그룹이 새로운 구성원을 선택, 초대 및 통합하는 프로세스를 마련하는 것이 중요하다. 예를 들어, 한 구성원에게 그룹에 초대하고 싶은 친구가 있는데, 다른 구성원이 그 사람과 그룹에 함께 속하고 싶지 않다면 어떻게 할 것인가?

차이점 다루기

모든 그룹에는 차이가 있는 사람들이 포함될 수밖에 없다. 나이, 성별, 성적 취향, 계급 배경, 인종이나 종교, 부모의 지위 등 다양한 차이를 인정하고 존중하라. 서로의 배경을 알아가는 등 서로에 대해 더 많이 알아갈수록 서로를 더 높이 평가하고 신뢰할 수 있게 된다. 이런 차이들 대부분은 과거에 또는 현재에 억압의 경험을 이끌었다. 그룹 모임을 통해 억압에 대한 자신의 경험과 이를 어떻게 알아차리고 대처할지에 대해 그룹 모임을 통해 읽거나 공유하고 싶을 수 있다. 스토리텔링은 유용한 도구이다.

샘의 지원 그룹이 반나절 동안 각자의 문화적 배경을 이야기하는 시간을 갖기로 했을 때, 샘은 자신의 시간을 동성애자로서 커밍아웃한 이야기를 나누는 데 사용하기로 했다. 그는 자신의 여정이 쉽지 않았다고 했다. 또한 자신이 게이로서 어떤 점을 좋아하는지 들려주고 싶었다. 그리고 이성애자 구성원의 관계처럼 자신의 파트너와의 관계도 존중해 주길 바랐다.

개인 스타일

어떤 사람은 말이 너무 많거나 횡설수설할 수 있다. 다른 사람은 감정표현에 어려움을 겪으며 항상 '모든 것이 괜찮다'고 할 수 있다. 또 다른 누군가는 심각하게 우울할 수 있다. 이러한 행동 중 하나라도 신경 쓰인다면, 그룹 내에서 주의를 기울여 존중하면서 이야기할 수 있다. 성가시고 변할 것 같지 않은 성격적 특성과 삶의 현재 상황에 대한 반응으로 괴로워하는 것 사이를 구별하는 것이 중요하다. 전자의 경우, 그 사람이 약속을 어기지 않는 한, 그의 행동을 받아들이거나, 아니면 그룹을 떠나야 한다. 상황에 따른 괴로움의 예는 다음과 같다.

제레미는 지원 그룹 초기 모임을 할 때, 래리가 그룹 내 누군가가 강한 감정을 표현할 때마다 농담을 던지거나, 그룹의 관심을 자신에게로 집중시킨다는 사실에 주목했다. 제레미는 래리에게 점점 더 짜증이 나기 시작했고, 그룹에서 이 문제를 제기하기로 했다. 그가 문제를 제기했을 때, 다른 사람들 역시 그 상황이 짜증이 나 있고, 그들도 래리를 걱정하고 있다는 사실을 알게 되었다. 래리는 최근에 아버지가 암에 걸려 수술이 필요하다는 소식을 접하게 되었고, 그 걱정 때문에 그룹에 있는 다른 사람들의 말을 잘 듣지 못했다고 털어놓았다. 그룹은 래리에게 그룹에서 시간을 내어 자신의 상황에 대해 이야기하고 자신의 감정을 나누라고 권유했다. 그 후 래리는 다른 사람의 말을 더 쉽게 경청할 수 있게 되었다.

래리가 계속 농담을 하고, 제레미가 계속 짜증을 냈다면, 그룹 내 다른 사람들이 이 갈등을 해결해야 했을 것이다.

대인 관계 갈등 및 하위 그룹

그룹 내에서 대인 관계 갈등이 생길 때, 시간이 지나면 사라지기를 바라기보다는 갈등을 인정하는 것이 가장 좋다. 특히 갈등 해결에 대한 교육이나 경험이 있는 그룹 구성원은 중재자 역할을 할 수 있다. 이런 교육은 여러 도시의 지역사회 분쟁 해결 센터에서 받을 수 있다. 그룹이 자체적인 자원으로 갈등을 해결할 수 없는 경우, 외부의 전문가를 초청하여 한두 차례 모임을 진행하여 그룹의 갈등을 처리하고, 갈등 해결 기술을 배우는 데 도움을 받을 수 있다. 갈등 해결에 대해 더 자세히 알고 싶은 분들을 위해 참고 문헌에 이 주제에 관한 훌륭한 책을 많이 안내하였다.

하위 그룹은 두 명 이상의 멤버가 연인이나 전 애인 또는 오랜 연인이거나 다른 활동이나 친구를 공유하거나 다른 공통점이 있는 등 개인적인 관계가 깊을 때 나타날 수 있다.

세 명으로 구성된 한 그룹에서 조안과 앨리스는 레즈비언이고, 줄리아는 기혼자이자 이성애자였다. 줄리아는 남편과의 관계에 대해 이야기하는 것이 불편했고, 조안과 앨리스가 관심을 갖거나 공감하지 않을 것이라고 생각했다. 줄리아가 이 문제에 대한 불편함을 조안과 앨리스에게 이야기할 수 있게 되면서, 세 여성은 서로의 차이점에도 불구하고 서로를 좋아하고 인정하는 것에 대해 이야기를 나누게 되었다.

그룹 내에서 갈등을 피하지 않고 환영할 수 있다면, 자신과 서로에 대해 많은 것을 배울 수 있다. 서로에 대한 이해를 높일 뿐만 아니라 창의적인 결과를 촉진하는 방식으로 소통할 수 있다.

그룹을 지속하는 법

오랫동안 지속되는 지원 그룹에 소속되어 있으면 많은 이점이 있다. 약 8년 동안 '아힘사Ahimsa'의 회원으로 활동한 제인과 '더 갱'의 회원인 베른의 이야기를 통해 그 혜택을 살펴보자.

제인의 이야기

'아힘사'는 1984년 특정 반핵 행동을 중심으로 조직된 친목 단체로 시작되었다. 이 행동에는 시민 불복종과 철야 농성이 포함되었다. 높은 수준의 헌신과 참여가 있었다. 이 초기 그룹의 여성 4~5명이 여전히 아힘사의 회원으로 활동하고 있다.

나는 1985년에 이 지원 그룹에 가입했다. 반핵 활동이 줄어들고, 중앙아메리카로 초점이 옮겨가고 있을 때였다. 나는 '평화를 위한 증인Witness for Peace'과 함께 니카라과에 다녀온 적이 있었다. 이듬해인 1986년에는 아힘사가 온두라스와 엘살바도르로 떠나는 여행을 계획하는 것을 도왔다. 우리는 그곳의 여성 단체들과 연락을 취하고 돌아와서 슬라이드 쇼와 어린이 미술 전시회를 열었다. 그것이 그룹으로서의 마지막 주요 활동이었다.

여전히 강력한 활동가로 활동하는 구성원도 있고, 다른 곳에 집중하는 구성원도 있다. 나는 심리치료사로서 봉사 활동에 에너지를 쏟다가, 춤과 목소리 즉흥 연주를 통해 창의적인 표현을 탐구하는 인생의 또 다른 장으로 접어들었다. 지금은 공연을 통해 자신의 활동성을 표현하는 공연가들을 지원하는 단체에서 활동하고 있다.

초점을 전환하는 것은 나에게 고통스러운 과정이었다. '아힘사'의 다른 사람들도 비슷한 변화를 겪었지만 나는 처음에 그룹에서 가장 큰 목소리를 냈던 사람이다. 내가 판단을 받을까 봐, 내가 쾌락주의자가 될까 봐 두려웠다. 모든 것을 다 할 수 없다는 상실감도 느꼈다. 나는 '화해의 펠로우십The Fellowship of Reconciliation'에도 참여했었다. 그 사람들과 중앙아메리카 활동가들을 덜 보기 시작했다. 나는 '아힘사' 사람들로부터 분명한 지지를 받았고, 비판받지 않았으며, 우리를 더 끈끈하게 묶어주었다고 생각하는 하나의 과정을 받았다.

이제 '아힘사'의 대부분은 초점을 다른 곳으로 옮겼고, 이 그룹은 더 이상 공동 프로젝트를 위한 하나의 수단이 아니다. 그룹이 더 프로젝트 중심이 되기를 원했던 여성 몇 명이 탈퇴했다. 남아있는 사람들은 더 친밀해지고 더 개인적인 방식으로 서로를 알고 싶어 했다. 우리는 우리가 나아갈 과정 전반에 대해 충분히 논의하여 결정을 내리지 못했다. 우리는 엄청난 수용의 선례를 남겼는데, 이는 놀라웠지만, 우리의 성장이나 친밀감을 제한하는 진행 중인 갈등 영역에 대한 전형적인 회피라고 나는 생각한다.

이제는 개인이 그룹을 위해 할 일을 제안할 때도 있는데, 그 일을 우리는 어쩌다 할 때도 있지만 대부분은 하지 않는다. 매번 참석하지는 않더라도 모두 이 그룹에 계속 참여하고 싶어 한다. 우리는 가치관을 공유하고, 세계관을 공유하며, 공동체에 대한 갈망을 가지고 있다. 우리 대부분은 특정 공동체가 있는 것이 아니라 여기저기서 약간의 공동체를 형성하고 있다. '아힘사'는 우리에게 개인적, 사회적, 영적으로 상호 지원을 제공한다. 우리는 '아힘사'가 구성원의 삶의 변화를 축하해 줄 것을 알고 있다. 우리는 결혼식과 생일에 서로를 초대한다. 서로의 삶의 진화를 함께 지켜보며 꽤 오랜 세월을 보냈다. 우리의 중심은 안정적이다.

베른의 진술

이 그룹은 정말 힘든 시기와 최고의 순간을 함께한 나에게 든든한 지원군이었다. 내가 가장 감사하게 생각하는 것은 좋은 시기나 나쁜 시기나 변함없이 그룹 내에서 서로를 받아들이는 분위기다. 경쟁이나 야망을 위한 공간이 아니라는 점이 마음에 든다. 세상의 상황에 대한 염려를 공유하고, 모두가 긍정적으로 기여하고 싶어 한다고 느낀다. 의식하지 않은 채, 더 큰 계획에서 개인의 역할에 대해 생각할 수 있는 안전한 장소로 이 지원 그룹을 활용하게 되는 점이 마음에 든다. 어떤 식으로든, 이 특별한 사람들의 모임은 자신을 너무 심각하게 생각하지 않으면서도 이러한 것을 진지하게 받아들일 수 있게 한다.

구성원들의 변화하는 욕구

몇 년 이상 지속되는 그룹은 구성원들의 변화하는 욕구를 충족하고, 모임의 생동감과 흥미를 유지하기 위해 구조나 내용을 변경해야 하는 경우가 많다. 또한 국내 또는 국제적 상황 변화를 반영하기 위해 변화가 필요할 수도 있다. 아래에는 전환기를 맞거나 활력을 잃고 있는 그룹에 아이디어를 제공할 수 있는 일련의 단편들을 소개한 것이다.

개인적인 상황 파악

캐롤은 지원 그룹에 가입할 당시 미혼이었다. 몇 년 후 그녀는 스콧과 결혼했다. 그룹은 모두 그곳에 있었다. 교통편 조정을 돕고, 좁은 장소 주차 봉사를 담당하고, 포트럭을 조직하고, 청소를 도왔다. 나중에, 캐롤이 아이를 가졌다. 지원 그룹 모임 때, 스콧이 아기 돌봄을 할 수 없으면, 캐롤의 아기 돌봄을 위해 돈을 기부했다.

한동안 지원 그룹에 속해 있던 짐은 자신이 HIV 양성인 것을 알게 되었다. 그는 그룹원들이 자신과 거리를 둘까 염려하며 마지못해 그룹에 알렸다. 두 명의 회원은 HIV 양성인 사람들의 친구 및 가족을 위한 그룹에 가입하기로 했다. 다른 사람들은 HIV와 에이즈에 대해 읽었다. 이 그룹은 짐에게 어떤 지원이 필요한지 이야기하고, 짐과 함께 병원에 가고, 너무 피곤한 날에는 그의 개를 산책시키고, 정서적 지원을 제공하는 등 구체적인 도움을 제공할 수 있었다.

'더 갱'은 몇몇 멤버가 독립적으로 일하고 있다는 사실을 알게 되었다. 그들은 직원 모임과 같은 역할을 하는 하위 지원 그룹인 '먼데이 클럽Monday Club'을 만들기로 했다. 월요일 아침마다 모여 한 주 동안의 목표를 설정하고 그 전주에 설정한 목표를 점검했다.

국가별, 지역별 또는 국제적 이슈

최근 '아힘사' 그룹은 구 유고슬라비아의 전쟁 피해 여성들을 위한 패키지를 요청하는 프란 피비의 요청에 따라 함께 행동하기로 했다. 그들은 모임을 통해 패키지를 만들고, 폴라로이드 사진을 찍고, 여성을 위한 메시지를 작성했다. 초창기에는 많은 활동에 함께 참여했지만, 이 그룹은 좀 더 개인적인 활동으로 초점이 바뀌었다.

존의 지원 그룹, '데저트 라이프Desert Life'는, 걸프전 동안 시작되었다. 걸프전에 대해 다른 사람들과 터놓고 이야기하고 전쟁에 대해 더 많이 알고 싶어 하는 회원들의 욕구를 충족시키기 위해서였다. 그 후에도 계속 모임은 지속되었고 잘 알려지지 않은 다른 문제에 대해서도 배웠다. 그들은 500년간 지속된 유럽의 아메리카 대륙 식민지 정책에 대해서, 생태 문제에 대해서, 자유

무역 협정과 그 시사점에 대해서도 읽었다.

걸프전 당시에, '더 갱'은 미국 여성들의 평화 제스처의 일환으로 이라크 여성들을 위한 퀼트 만들기 위한 바느질 모임을 한 차례 가졌다.

그룹의 초점 맞추기

'더 블랙 스웨터The Black Sweaters' 지원 그룹은 잉글랜드 그린햄 커먼 지역의 여성들로부터 영감을 받아 시민 불복종 단체로 시작되었다. 그들은 많은 행동에 참여했고 저항의 서약에 참여하게 되었다. 활동과 포트럭을 통해 서로에 대해 더 잘 알게 된 여성들은 의미 있는 일을 찾거나, 가족에게 커밍아웃을 하거나, 어린 시절의 학대를 다루는 일에 서로를 지원하기 시작했다.

모임 내용 다양화하기

'더 갱'은 이야기 나누기에 특화되어 있다. 가끔 새로운 사이클을 시작하는데, 한 사람당 약 20분 동안 특정 주제에 대해 이야기할 수 있는 시간이 주어진다. 때로는 그룹이 질문을 하기도 하고 때로는 한 사람이 단순히 말하기도 한다. 이야기는 단편적일 수도 있고, 한두 가지 경험에 대해 더 깊이 있게 다룰 수도 있다. 주제에는 영적 이야기, 정치 이야기, 직장 이야기, 관계 이야기, 성 이야기, 돈 이야기, 집 이야기 등이 포함된다.

'더 어스웜즈' 지원 그룹은 스터디 세션, 아침 정원 가꾸기 외에 야외 체험을 추가하기로 했다. 이들은 정기적인 하이킹과 지역 야외 교육 센터에서 하루 종일 진행되는 로프 코스 챌린지를 계획했다. 이 경험을 통해 몇몇 구성원들은 말 그대로 목숨을 걸고 서로를 믿어야 하는 순간이 있었기 때문에, 그룹 내 다른 구성원들에 대한 신뢰가 더 커졌다고 했다.

의례

아이린의 지원 그룹은 모든 모임을 한두 곡의 노래로 마무리한다. 그룹원들이 둥글게 서서 서로 팔짱을 끼고 노래를 부른다.

'더 어스웜즈'는 5분간의 침묵 명상으로 모임을 시작한다. 그런 다음 진행을 맡은 사람이 그룹원들에게 시를 낭독하거나 지구를 위한 기도문을 읽는다.

요가 강사인 사라는 너무 오래 앉아 있는 것을 좋아하

지 않는다. 그녀는 '더 어스웜즈'의 모임 시간 중간에 스트레칭을 시작했다. 다른 구성원들이 번갈아 가며 스트레칭을 주도한다.

'더 갱'은 구성원들을 위한 '감사의 날'을 만들어 구성원들의 사회 변화 활동을 알고 있는 외부 친구들을 함께 초대해 감사의 마음을 전했다.

지원 그룹이 함께 할 방법에는 제한이 없다. 그룹이 식상하게 느껴지기 시작했다면 개인 또는 그룹 생활의 어떤 측면을 간과하고 있는 것은 아닌지 생각해 보는 것이 좋다. 주로 대화만 하는 그룹이라면 신체적 또는 정신적 활동을 하거나 음악이나 미술을 소개하는 것이 새로운 활력을 불어넣을 수 있다.

새 그룹 씨앗 뿌리기

한동안 함께 활동했던 그룹에서 친구나 동료가 그룹에 가입하고 싶다고 요청할 수 있다. 새 회원을 받지 않는 그룹이라면 그 동료가 새롭게 지원 그룹을 만들도록 도움을 줄 수 있다. 개별 회원이 컨설턴트가 되어 새 그룹을 시작하는 데 도움을 주거나, 그룹에서 공개 모임, 나들이 또는 기타 이벤트를 열어 그룹에 참여하고 싶어 하는 사람들을 모을 수 있다.

다양한 사회 변화 이슈를 다루는 워크숍의 리더는 워크숍이 끝난 후에도 일부 참가자들이 지원 그룹으로 계속 만나고 싶어 하는 것을 알게 되기도 한다. 이러한 모임은 참가자들이 함께 있는 동안 신속하게 만나 전화번호를 교환하고 후속 모임을 위한 시간을 정할 수 있다면 성공할 가능성이 가장 높다. 또는 리더가 참가자들에게 일정과 목표가 담긴 설문조사를 작성하도록 초대하고, 리더 또는 자원자가 하나 혹은 그 이상의 지원 그룹을 소집하여 차후에 모임을 가질 수 있다.

'더 갱'의 리타는 80년대에 사람들이 친목 모임을 찾을 수 있도록 돕는 코디네이터로 활동했다. 그녀는 사람들이 자신의 필요에 집중할 수 있도록 일련의 질문을 던졌다. 질문에는 사람들이 모임에 가기 위해 어느 정도 거리까지 갈 수 있는지, 얼마나 자주 만나고 싶은지, 행동에 집중하고 싶은지 교육에 집중하고 싶은지, 중요하다고 생각하는 공통 속성이 무엇인지 등이 포함되었다. 그녀는 선호도가 같은 사람들에게 다른 사람의 전화번호를 주었고, 그룹이 형성되도록 열 번의 상담 지원을 받을 수 있도록 했다.

지원 그룹 축복하기

지원 그룹의 삶이 충만한 원full circle이 되기를

자양분이 되기를

깊이 뿌리를 내려 그 잎이 푸르고 열매가 풍성하기를

그 해의 모든 시절을 충만하게 누리고 때가 되어 존엄하게 죽기를

더 갱(The Gang, Bev Ramsay 촬영)

2부 / 개인 결정을 위한 동료분별모임

피터 우드로우

> 동료분별은 개인과 공동체의
> 연결성을 가장 잘 표현하는 단어다.
> 이는 집단과 개인이 함께 동료분별을
> 추구한다는 생각을 표현한다.
> 가장 진실한 자기 자신이 되기 위해,
> 그리고 가장 깊은 진실성을 발견하기 위해 노력할 때
> 우리는 혼자가 아니다.

동료분별소개

동료분별에 대한 개인적인 이야기

지난 늦은 봄, 나는 내 일이 만족스럽지 않다고 느끼고 있었다. 비영리 단체들에게 조직 개발 자문을 제공하고, 때때로 갈등 해결에 관한 교육을 진행하던 중이었다. 비영리 단체들은 팀을 고용할 여력이 거의 없었기 때문에 모든 것이 나에게는 엉켜있는 듯 보였고, 대개 혼자 일하는 데 지치기 시작했다. 그동안 나는 한 학술 기관 내의 주요 연구소의 책임자로 지원했지만, 그와 같은 기관 내 직책에 대해 깊은 양면성을 느끼고 있었다. 거의 같은 시기에, 오랫동안 몸담았던 대형 사회변화조직이 조직개편을 진행하면서 여러 개의 고위직이 새로 만들어지고 있었는데 전무이사가 나에게 이 새로운 직책 중 하나에 지원할 의향이 있는지 물어왔다.

한참 고민한 끝에, 나는 스스로의 조언을 따르기로 결심하고 동료분별위원회clearness committee를 직접 소집하기로 했다. 그 이후 몇 주 만에 소규모 동료분별위원회 맴버들이 모일 수 있는 시간을 마련했다. 나 외에 세 명의 친구가 함께 했는데, 한 명은 오랜 정치적 동지이자 친구인 동시에 현재 동거인이며, 다른 한 명은 몇 년 동안 나와 함께 지원 그룹에 있었던 오랜 친구이고, 나머지 한 명은 퀘이커 서클 모임을 통해 만나 음악을 나누며 함께 알고 지내온 친구다.

회의를 준비하면서, 각 선택지의 다양한 긍정적인 면과 부정적인 면을 네 페이지에 걸쳐 서술하고, 내가 맡고 있는 여러 책임들을 목록으로 정리했다. 회의 전에 나는 위원들에게 이 문서를 보내주었다.

이 회의의 절차는 상당히 비공식적이었다. 나는 침묵 예배로 시작하자고 제안한 다음 설명서에서 이미 공유했던 내용에 몇 가지 추가할 말을 덧붙였다. 내게 부여된 세상에 대한 '사명'을 이해하고 실천하고 싶다고 말했을 때 나 자신도 놀랐고, 다른 사람들도 놀란 듯 보였다. 나에게 있어, 세상에서의 '사명'이란 영적인 영역과 생기넘치는 에너지를 느끼는 곳 즉, 소위 '마음의 일heart work'이라고 부르는 영역이 있다. 나는 수년 동안 국제무대에서 갈등을 해결하는 일에 매력을 느껴 왔고, 이것이 바로 '마음의 일'이다. 퀘이커교도로서 내가 하는 많은 일에는 항상 암묵적인 영적 차원이 존재했지만, 이제는 이러한 영성의 요소를 명확하고 분명하게 내 삶과 일에 반영해야 할 필요가 있다고 이야기 했다. 놀랍게도, 내가 이 말을 마치자, 그룹에 있던 몇 명이 눈물을 흘렸고, 이것을 통해 예상하지 못한 깊은 관심과 고통, 그리고 기쁨이 그들 안에 있다는 것을 느꼈다.

내가 제공한 정보와 내가 한 말에 그룹은 반응하기 시작했다. 비록 그 분야에서 급여를 받을 수 있는 직책을 찾기 어렵더라도 마음의 일을 할 수 있는 방법을 찾으라고 내게 권했다. 때때로 그룹 내에서 개인들이 빠르게 의견을 교환하고 논쟁을 벌이기 시작했다. 그런 순간이 오면 우리는 다시 좀 더 영적인 어조로 분위기를 환기하며 경청의 분위기로 전환했다. 이 시간을 통해 기관 직책을 더 많이 맡는 것에 대해 내면적으로 느꼈던 회의감을 살펴보았고, 그렇게 많은 직책을 맡게 되면 내가 진정으로 원했던 사회 기여를 하지 못할 수도 있다는 것도 확실해졌다. 또한 이 그룹은 지역의 다양한 갈등 해결팀과 조직 개발팀을 구축하여 장기적으로 일할 방법을 모색할 수 있도록 내게 용기를 주었다.

모임을 마치며 나는 그동안 깊이 관심을 두고 있던 일에 헌신할 수 있겠다는 느낌을 되찾았다. 이로써 신중한 방향 선택에 대한 지지를 받았으며, 나의 영적 삶과 성장에 정기적으로 신경을 써야 한다는 도전을 받았다.

동료분별이란 무엇인가?

간단히 말해서, 동료분별은 4~8명으로 구성된 소규모 그룹이 한데 모여, '분별탐구자focus person'라고 부르는 한 사람을 돕는 일인데 그 사람이 겪고 있는 현재의 현실을 명료하게 분별할 수 있도록 도와주거나, 진로, 관계, 가족, 사회변화작업, 종교적 소명 등[11]과 관련하여 미래의 방향을 결정하도록 돕는다.

동료분별과정이 필요하거나 중요한 이유가 무엇일까? 한때 많은 사람들이 공동체로 함께 살고, 일하고, 예배하고, 결혼하고, 아이를 낳고, 놀고 투쟁하던 시절이 있었다. 이러한 공동체는 서로 간의 경계를 알았고, 누가 들어오고 나가는지, 어떤 행동은 허용되고 어떤 행동은 하면 안 되는지 알고 있었다. 개인들은 모든 영역에서 연결되어 있

---

[11] 동료분별프로세스는 원래 퀘이커교가 개발한 것으로, 사회 변화운동가들과 다른 종교 공동체에서 적용하여 사용하였다. (부록 II의 '퀘이커교도 및 기타 종교 단체의 동료분별의 간략한 역사' 문서 참조)

었고, 그들은 자신이 가지는 사회적 위치와 기능을 알고 있었다. 그들이 혼란스러울 때는 규칙과 규범을 근거로 판단하거나, 공동체 안의 목사, 사제, 장로, 친척과 같은 개인들로부터 많은 자문을 얻을 수 있었다. 그러한 삶은 공동체 구성원을 교육하고 양성하여 성장을 돕고 지원 환경을 제공한다는 면에서는 훌륭한 측면도 있었고, 또는 어떤 사람들에게는 제약받고 경직된 느낌이 들게 했다.

현대 산업화 사회가 도래하면서 소외와 고립에 대한 많은 글이 나왔다. 한때는 공동체 안에 삶의 다양한 측면이 통합되어 있었지만, 현대 산업 사회에서는 삶의 각 측면으로 나누어지고 개별화되었다

지금은 한 개인이 학교와 대학에 진학하고, 결혼하고, 오랫동안 직장에서 일하고, 은퇴하고 사망하기까지 관심을 가지거나 제약을 주는 공동체와의 중요한 상호작용 없이도 지낼 수 있는 시대가 되었다. 완전히 소외된 삶을 사는 사람은 거의 없겠지만, 많은 사람들은 이러한 단절의 요소를 느낀다. 상당수가 돌봄 공동체와 다시 연결되고 싶어 하며, 그곳에서 그들의 삶과 행동에 대한 지원과 책임을 모두 찾고자 한다.

동료분별은 개인과 공동체가 교차하는 지점에서, 개인의 중요한 결정에 있어 공동체가 직접 개입하도록 하는 방식이다. 동료분별은 한 개인의 결정이 더 넓은 그룹에 영향을 미치며, 그 반대도 마찬가지라는 사실을 이해한다. 신앙 공동체에게 동료분별은 '우리 모두는 서로의 일부'라는 믿음을 실제로 실천하여 반영한 것이다. 동료분별은 개인의 영적 분별 과정을 어떻게 신앙 공동체의 도움으로 양육할 수 있는지를 보여준다. 사회 활동 그룹의 경우, 동료분별은 각자가 영적

비전을 향해 강력한 힘에 맞서며 장기적 투쟁을 벌일 때 혼자서 그것을 감당하기 어려울 수 있음을 상기시킨다. 더 큰 사회적 압력과 가장 가까운 사람들의 요구에 직면할 때, 스스로 자기 증언자로서 우리의 행동이나 신념의 진실성과 일관성을 유지하는 데 이 과정은 도움이 된다.

동료분별clearness은12) '승인clearance'을 의미하지 않는다. 동료분별 그룹의 역할은 분별탐구자의 결정에 대해 허가permission나 승인approval을 해주는 것이 아니라 함께 고민하고 탐색하여 상황이나 문제를 더 명료하고 분명하게 이해할 수 있도록 돕는 것이다. 다시 말해 이 그룹은 앞으로 나아갈 올바른 방법을 상호 탐색하는 과정에 참여한다. 제안된 행동이나 결정이 명료하게 이해되면서 '옳다'는 감각이 새롭게 일어나곤 하는데, 이러한 이해는 동료분별모임에서 얻어진 통찰에 기반한다. 집단 상호작용이라는 특별한 친밀함을 통해 한 그룹이 노력하여 얻는 혜택이지만, 어떤 결정을 내릴 것인가는 궁극적으로 딜레마나 문제를 그룹에 가져온 분별 탐구자의 몫이다.

동료분별모임은 판단의 요소를 포함하지만, 분별탐구자가 제안한

---

12) (옮긴이 주) '승인'으로 번역된 clearance는 '어떤 행동을 하기 위해 권한자에게 받는 허가나 승인을 의미한다. '동료분별'로 번역된 clearness는 상황이나 문제에 대해 더 명확하고 분명한 이해를 돕는다는 의미로 쓰이고 있다.
Clearance: "이 프로젝트를 시작해도 될까요?"라고 직원이 물으면 상사가 "네, 시작해도 됩니다"라고 답한다. 여기서 직원은 상사의 허가나 승인을 받는 것입니다.
Clearness: 직원이 명확성 그룹과 함께 프로젝트에 대해 논의하면서, "이 프로젝트를 왜 시작하려고 하나요?", "이 프로젝트가 회사에 어떤 이익을 줄 수 있나요?", "프로젝트를 성공적으로 완료하기 위해 필요한 자원은 무엇인가요?" 등의 질문에 대한 답을 찾는 과정이다. 이 과정에서 직원은 프로젝트의 목적, 필요성, 방법 등에 대해 더 명확하게 이해하게 된다. 여기서 중요한 것은 직원이 허가나 승인을 구하는 것이 아니라, 프로젝트에 대한 이해를 높이는 것이다.

새로운 방향이나 행동을 그룹 구성원들이 맹목적으로 승인하고 지지하도록 요구받는 것은 아니다. 오히려 그룹은 주의 깊게 경청하고 지혜와 통찰력을 모으고, 경우에 따라 강력하게 이의를 제기해도 된다. 우리가 당연하게 여겼던 가정들assumptions이 시험대에 올라 실제로는 유효하지 않거나 실패로 끝날 수도 있다. 스스로 부과한 기대나 다른 사람들이 분별탐구자에게 거는 기대가 근거 없는 것으로 판명될 수도 있다. 창의성은 예상치 못한 곳에서 나타날 수 있다.

동료분별은 개인과 공동체의 연결성을 가장 잘 표현하는 단어다. 이는 집단과 개인이 함께 동료분별을 추구한다는 생각을 표현한다. 가장 진실한 자기 자신이 되기 위해, 그리고 가장 깊은 진실성을 발견하기 위해 노력할 때 우리는 혼자가 아니다.

동료분별을 언제 사용하는가?

사회 변화 운동가들, 종교단체 협동조합 커뮤니티들은 다양한 목적으로 동료분별과정을 사용해왔다. 경력이나 개인 생활에서 중요한 선택의 기로에 서 있는 개인들도 그것을 사용해왔다. 직장에 그대로 남을지 이직을 해야 할지, 혹은 추가 교육을 받을지 일을 계속할지, 직업을 바꿀지 현재 직업을 활성화시킬지, 사회정의를 위해 헌신할지 돈을 버는 것에 집중할지, 관계를 떠날지 더 강한 결속을 향하여 나갈지, 자녀를 낳을지 말지를 결정할 때 등 다양한 용도로 이 동료분별과정을 사용했다.

개인은 다양한 측면에서 자극을 받으며 탐색을 시작할 수 있다. 직장에서 불만을 느끼거나 인정받지 못한다고 생각할 때, 혹은 오랜 꿈을 이루지 못했을 때도 그럴 수 있다. 정치적 사건이 새로운 도전이 될 수도 있다. 어떤 사람들에게는 매력적인 기회가 주어지기도 하고, 어떤 사람들은 앞으로 나아갈 올바른 길을 찾기 위해 신중한 탐색의 시기를 맞이하기도 한다. 우리 삶의 자연스러운 변화와 리듬은 새로운 관점과 도전을 가져다준다.

살아가다 보면, 한때 완벽하게 논리적이었던 길이 갑자기 불모지처럼 느껴지거나, 마치 거짓처럼 보일 때가 있다. 때로는 그 길이 막혀버려 어쩔 수 없이 새로운 방향을 찾아야 하는 고통을 겪게 된다. 그 순간, 우리는 갑자기 과거와 단절하고 새로운 모험을 시작해야 한다고 확신에 찰 수도 있다. 때로는 깊이 고민할 필요가 있는 새로운 가능성들이 우리 앞에 펼쳐지며, 우리는 그 가능성을 만족스럽게 받아들이고 한 걸음 더 나아간다. 우리가 잘 아는 사람들은 우리 안에서 새로운 면모를 발견하고 그것에 이름을 붙여, 그것이 중요하고 존중받아야 한다고 일깨워 줄 수도 있다. 또는 어느 날 아침, 우리는 미세하게 인식하던 과정들이 여러 의미와 함께 구체화된 것을 발견하며 놀라움을 느낄 수도 있다.[13]

---

[13] Loring, *Patricia, Spiritual Discernment: The Context and Goal of Clearness Committees*. Pendle Hill Pamplhlet 305, p. 12

신앙 공동체의 경우, 동료분별과정이 다른 식으로 일어날 수 있는데, 예배나 명상 또는 기도 중에 한 개인이 새로운 '소명call'을 받거나 또는 소위 퀘이커교에서 말하는 인도leading'[14]를 받을 때 그렇다. 이 경우 동료분별은, 그룹이 개인의 영적 인도를 깊이 탐구하고 그것이 실제로 적절한지 평가하며 그 인도가 공동체와 개인에게 미치는 영향을 함께 고려하는 방법이 된다. 동료분별과 영적 분별력에 관한 추가 퀘이커 자료는 부록 II에 나와 있다. 다른 자료들은 참고 문헌에 나와 있다.

동료분별이 모든 사람이나 모든 상황에 적합한 것은 아니다. 이 과정은 전문적인 상담이 필요한 사람에게는 적합하지 않다. 개인적 위기를 겪고 있더라도 본질적으로 온전하고 정서적으로 건강한 사람들을 위한 것이다. 동료분별은 또한 모든 결정에 필요한 것도 아니다. 일상적인 문제들은 이렇게 신중하고 시간이 많이 소요되는 과정을 필요로 하지 않는다.

일부 상황은 돌봄 공동체의 다른 대응이 필요할 수도 있다. 예를 들어, 개인이나 가족이 위기를 겪고 있거나 다른 사람의 도움이 필요한 경우, 공동체는 동료분별위원회보다는 일종의 지속적인 체제를 만들어 대응하는 것이 좋을 수 있다. 모든 구성원이 상호간에 지원을 해주는 것이 아니라, 개인이나 가족에 대한 일방적one-way 돌봄이라는 점에서 이 책의 다른 곳에서 설명하고 있는 지원 그룹과는 구분된다. 그러한 상황이라도 중요한 결정을 내려야 할 때 동료분별을 위해 특정 단계가 적용될 수도 있다.

---

14) 옮긴이 주: 퀘이커교에서 '인도(leading)'는 개인이나 공동체가 신성한 인도를 받아 특정 행동이나 결정을 내리는 과정에서 경험하는 신의 인도를 의미함.

지금까지 동료분별이 놀라울 정도로 다양한 의사결정 과정에 사용되어 왔다는 소식이 전해지고 있다.

한 청소년이 고등학교를 마칠지 고민하고 있었다. 동료분별위원회는 그가 선택지를 평가하고 필요한 추가 정보를 확인하는 데 도움을 주었다.

자녀들을 공립학교에 보낼지 사립학교에 보낼지 고민하던 한 부부가 분별그룹에게 만나달라고 요청했다.

한 독신 여성이 파트너 없이 아이를 가지는 문제를 결정하기 위해 지원을 요청했다.

한 레즈비언 커플이 결혼식을 올릴지 말지를 놓고 이를 결정할 수 있도록 공동체에게 도와달라고 요청했다. 이는 모든 결혼에 대하여 퀘이커교도들이 활용하는 절차와 비슷하다.

한 여성이 러시아로 가서 사람들에게 영적 지원을 제공하라는 소명을 어떻게 따라야 할지 동료분별을 사용하여 탐구했다.

부부들은 별거나 이혼과정에서 결정을 내리는 데 도움

이 되고자 동료분별과정을 사용해왔다.

한 나이 든 퀘이커 남성이 소명사역Vocal ministry15)에 대해 그 사역이 어디에서 비롯된 것인지, 즉 그 영감이나 동기가 신의 인도에 의한 것인지, 혹은 다른 어떤 개인적인 이유나 동기에서 나온 것인지를 확인하고 싶어한다.

근원source과 진정성을 놓고 염려하며 동료분별모임의 안내를 요청했다.

심각한 행동 문제를 보이는 아들을 아동 시설에 맡기라는 조언을 가족 치료사가 부부에게 했다. 어려운 결정을 내리고 더 나은 미래와 긍정적인 결과를 추구할 수 있도록, 동료 분별 그룹이 부모에게 필요한 도움을 제공했다.

사회 과학자가 개발 조직의 방법론에 도전하는 내용의 책을 집필하고 출판하기로 마음먹었다. 그는 자신의 아이디어를 동료 분별 그룹과 논의한 후, 원고를 읽어

---

15) 옮긴이 주: 소명사역(Vocal ministry)은 퀘이커 모임에서 누군가가 신의 인도(leading)에 따라 영감 받은 메시지를 말로 전달하는 것을 의미한다. 퀘이커 예배는 주로 침묵 속에서 진행되지만, 참석자 중 누군가가 신의 인도를 받아 메시지를 전해야 한다고 느끼면, 일어나서 그 메시지를 공유할 수 있다. 이를 vocal ministry라고 부른다.

보고 자신의 의도를 잘 유지할 수 있도록 도와달라고 부탁했다.

한 부부는 상속받은 재산을 자녀에게 남길지, 아니면 죽기 전에 모든 재산을 사회에 기부할지 결정하기 위해 동료분별과정을 사용했다.

한 청년이 생태학 분야에서 훈련을 마친 뒤, 마음속에 목사가 되고자 하는 갈망이 일어났다. 이로 인해 그는 큰 혼란에 빠졌다. 미래의 방향을 놓고 깊이 고민하던 중, 신앙 공동체에서 열린 동료 분별모임에 참석하게 되었다. 그 모임에서 그는 새로운 통찰을 얻었고, 결국 환경 보호 활동에 전념하기로 결심했다. 그 일은 그의 사명으로 자리 잡았고, 자신의 길을 확고히 하게 되었다

동료분별은 삶의 여러 중요한 결정에 적용할 수 있는 유연한 도구로, 도전과 기회에 직면할 때 공동체 구성원들이 함께 어깨를 나란히 할 수 있게 해준다.

동료분별형식 및 스타일: 세 가지 사례

동료분별이라는 개념 자체는 매우 단순하다. 이 과정을 달성하기 위해 고정된 규정을 만들 필요는 없다. 반면에 풍부한 경험을 바탕으로 향후에 이 유연한 동료분별과정을 사용하고 적용해 보면 된다.

다음에 제시되는 동료분별모임의 세 가지 예시는 동료분별과정에 있어 다양한 변형 가능성들을 보여준다. 분별탐구자와 모임진행자는 이 예시를 읽도록 초대되며, 그 범위를 파악하고 자신의 동료분별모임에서 원하는 것이 무엇인지 생각해 볼 수 있다. 각 예시에는 회의에서 사용되는 의제가 첨부되어 있다. 이 예시들이 실제 경험을 바탕으로 하고 있음에도, 각 사례는 부분적으로 허구이거나 여러 실제 사례를 조합한 것이다.

사례 1
브렌든(Brendan), 음악과 마주하다

브렌든은 중앙 아메리카 조직 활동에 여러 해 몸담아 왔다. 그는 여러 단체와 네트워크를 구축하고, 활동가들을 위한 훈련 프로그램과 스터디 그룹을 운영했다. 연속적으로 캠페인 활동successive action campaigns에 참여하고, 끝나지 않을 듯 보이는 일련의 회의에 참석하는 등 바쁜 나날을 보내고 있었다. 돈을 벌기 위하여, 웨이터로 아르바이트를 하기도 하고, 때로는 건설업자 친구의 보조 목수로 일을 했다. 틈틈이 시간이 날 때면, 음악을 연주하고 곡을 썼다. 종종 집회나 단체 모임에서 노래를 불러 달라는 요청을 받았으며, 이는 그가 사랑하는 사회 운동 활동의 일부였다.

3년차 되던 해, 브렌든은 일에 대한 원망과, 회의에 참석하는 것에 대한 두려움을 느끼고 있다는 것을 깨달았다. 지쳤다기보다는 영감이 없고 방향을 잃은 기분이었다. 그는 친구들 몇 명에게 자신의 기분에 대해 이야기 주었고 케이시에게 동료분별과정에 대해 물었다. 브렌든은 전에 그 과정에 대해 들어본 적은 있지만 경험한 적은 없었다. 친구 케이시가 여러 동료분별모임에 참석한 적이 있고, 직접 회의를 진행한 적도 있다는 것을 알고 있었다.

브렌든은 동료분별그룹의 좋은 멤버를 떠올려 보았다. 먼저 케이시에게 진행을 부탁했고, 그녀는 기꺼이 승낙했다. 그러고 나서 다섯 명을 더 초대하기로 했다.

첫 번째로 브렌든이 초대한 사람은 수잔나였다. 수잔나는 브렌든과 함께 다양한 캠페인을 진행했던 경험이 있는 동료였다. 그다음으로 초대한 사람은 계약직 친구인 그렉이었다. 그렉은 유능한 조언자이자 신뢰할 수 있는 동료였다. 또 다른 초대자는 몇 년간 동료 상담가로 지내왔던 질 III로, 최근에는 서로 둘러앉아 담소를 나누는 사이가 되었다. 브렌든이 초대한 마지막 인물은 제니였다. 제니는 고등학교 시절부터 가장 오랜 친구였고, 여유가 날 때마다 함께 곡을 연주하는 '음악 친구' 에버렛도 함께 초대되었다.

브렌든은 회의를 준비하며 미래의 여러 가능성에 대해 깊이 고민하고, 그 생각들을 글로 정리했다. 중앙아메리카 조직화에 대한 헌신과 죄책감이 엉켜 있는 복잡한 감정들을 언급했는데, 이는 그가 처리해야 할 일이 너무 많았기 때문이다. 그는 이제 다음과 같은 선택지를 제시한다.

1. 지금처럼 일과 조직 활동을 계속하기
2. 학교로 돌아가 정치학 석사 학위를 받고 고등학교 사회교사가 되기
3. 중앙아메리카로 가서 개발 프로젝트를 시작하기 아마 목공기술을 활용하기
4. 한동안 정규직으로 일하면서, '그냥 쉬어 보기'

그가 작성한 글의 마지막에는, "물론 음악은 어디에나 들어가야 한다."고 쓰여 있다.

동료분별그룹이 케이시의 집에 모였다. 각자 음식을 하나씩 가져와 포트락 저녁을 함께 나누었다. 식사 후, 모두 거실로 옮겨 앉아 브렌든과 에퍼렛의 선창으로 몇 곡을 함께 부르며 분위기를 돋웠다. 노래가 끝나자, 각자의 최근 일상과 소식을 나누는 간단한 체크인 시간이 이어졌다.

"브렌든은 현재 맡고 있는 역할에 대한 피드백을 받고 싶어 합니다. 동시에, 앞으로 장기적으로 지속 가능한 경력을 어떻게 쌓아갈 수

있을지에 대해서도 고민 중입니다."

설명을 마친 케이시는 회원들에게 혹시라도 가지고 있는 편견이 있다면 허심탄회하게 말해달라고 요청하였다. 수잔나는 장난스러운 말투로 입을 열었다.

"중앙아메리카 일을 그만둔다는 건 말도 안 돼요. 당신은 이 분야에서 없어서는 안 될 핵심 인물이라고요. 만약 떠난다면 우리 모두 당신을 몹시 그리워하게 될 거예요. 하지만 그전에 제정신으로 돌아와서 어떤 결정을 내리든 우리가 지지해 줄 거라는 걸 잊지 말아요."

그렉과 에버렛은 어깨를 으쓱하며 자신들은 특별한 편견을 가지고 있지 않다고 대답했다.

질이 말했다.

"장기적으로 무엇을 원하는지 결정하고, 그 결정을 진정으로 실행에 옮길 수 있기를 바랄 뿐이에요."

제니도 이었다.

"당신이 행복할 수만 있다면 어떤 일을 하든 저는 상관없어요. 하지만 개인적인 관계를 위한 여지도 남겨둔다면 더 좋지 않을까요?"

케이시는 브렌든에게 나눠준 유인물에 추가하고 싶은 내용이 있는지 물었다. 그는 잠시 생각에 잠기더니 이내 입을 열었다.

"저는 올해로 서른네 살이 되었지만 아직 안정적인 직장이나 가족을 이루지 못했어요. 지금까지 열심히 일하며 살아왔지만 모든 것이 흩어져 있는 것처럼 느껴지고, 때로는 모든 것이 비현실적으로 느껴져요. 중앙아메리카 사람들의 고통을 줄이기 위해 최선을 다하고 있지만 우리가 어떻게 변화를 일으키고 있는지 잘 모르겠어요. 제가 온전하다고 느끼는 유일한 시간은 새벽 1시에 혼자 노래를 부를 때뿐이에요."

그룹은 질문을 시작했다. 브렌든이 대학원 프로그램을 알아본 적이 있는지, 재정적 자원은 어떠한지, 일을 계속하면서 스트레스를 줄일 수 있는 방법은 없는지, 청소년과 교육에 대해 어떻게 생각하는지, 사회 운동에 참여하며 경험 기반 훈련 모델을 통해 학습하던 방식에서 벗어나 고등학교에서 가르치는 교사의 역할로 전환하는 것이 어떤 경험이 될지, 어떤 정규직 자리를 얻을 수 있을지 등을 물었다. 누군가가 중앙 아메리카에서 활동중인 개발 조직 두 곳을 추천했는데, 그 조직들이 브렌든의 능력을 유용하게 여기고 환영할 가능성이 있다고 말해주었다. 약 45분 후 케이시는 휴식을 요청했다.

휴식시간이 끝나자 제니가 발언권을 얻었다.

"브렌든, 회의 초반에 당신이 노래를 부를 때만 온전함을 느낀다고 했잖아요. 그 말이 계속 머릿속에 맴돌았어요. 우리가 고려하고 있는 선택지에는 포함되지 않은 것 같아서 망설였지만, 음악이 당신에게 어떤 의미인지, 그리고 다른 것들과 어떻게 어울릴 수 있는지 함께 살펴보고 싶다는 생각이 들었어요. 예전에 강력한 사회 운동을 위한 음악가가 되고 싶다는 꿈이 있었던 걸로 기억하는데, 그 꿈은 어떻게 됐나요??"

회의실 분위기가 바뀌었다. 모두가 브렌든의 대답을 기대하며 기다렸다. 옆에 앉아 있던 그렉은 브렌든이 힘들어하는 것을 눈치채고 팔로 그를 감싸 안았다. 마침내 브렌든이 눈물을 글썽이며 제니를 올려다보았다. 미소를 지으며 그가 말했다.

"헤이, 친구, 당신은 날 꼼짝 못 하게 하는군요."

그 순간을 기점으로 동료 분별 그룹은 브렌든과 함께 음악을 그의 삶의 중심으로 가져오는 방법에 대해 논의하기 시작했다. 사회 정의에 대한 그의 열정과 음악을 어떻게 연결할 수 있을지에 대해서도 탐구했다. 그들은 브렌든이 어떻게 생계를 유지할 수 있을지에 대해서도 고민했다. 그레그의 선원들과 함께 목공 일을 한 후, 나중에 가르치는 일을 하는 것도 생각해 보았다. 더불어 중앙아메리카 일을 다른 방식으로 계속해서 헌신할 수 있는 방법에 대해서도 의견을 나누었다.

케이시는 브렌든에게 지금까지 나눈 이야기에 대해 어떻게 생각하는지 물었다.

"솔직히 말씀드리면, 지금은 설레기도 하고 두렵기도 해요. 하지만 동시에 굉장한 일이라는 생각이 들어요. 정말 이루어 낼 수 있을 것 같고, 시도할 준비도 되어 있어요!"

케이시는 멤버들이 합의한 사항을 포함하여 지금까지 회의가 어디까지 진행되었는지 요약했다. 브렌든은 6개월 동안 음악을 본업으로 삼기 전의 준비기간으로 삼기로 했다. 그 중 3개월은 지금 하고 있는 여러 일들을 정리하고 빠져나오는 데 드는 시간이며, 나머지 3개월은 목수로서 풀타임으로 일하면서 대중 앞에서 공연할 기회를 찾아보는 시간이다.

동료분별그룹은 6개월 후 다시 모여 모든 것이 어떻게 진행되고 있는지 확인하기로 합의했다. 질은 브렌든에게 자신이 쓴 메모를 건네며, "다음 주가 되면 당신은 아마 이 메모를 보고, 그동안 당신의 내면에 어떤 변화들이 일어났는지 살펴보고 싶어질지도 모르겠군요."라고 말했다.

간단한 평가 후, 브렌든이 다같이 '나는 해방될 것이다.'라고 힘차게 외치며 회의를 마치자고 했다.

안건 개요:
- 오프닝 노래, 체크인 등
- 의제 검토: 의제, 목표, 그룹의 역할, 메모 기록자
- 개인적 편견 확인
- 분별탐구자로부터 코멘트/배경
- 질문/ 토론
- 휴식
- 더 많은 질문과 토론
- 결론 요약, 다음 단계, 메모 수집
- 평가
- 마무리 노래, 서클, 침묵, 다과

사례 2
캐시가 떠날 뻔하다

캐시는 샌프란시스코로 이주하여 '겟 스마트Get Smart'[16]'라는 대규모 지역 청소년 프로그램에서 인턴으로 일하고 있다. 이 프로그램은 도심 지역의 다양한 인종과 민족에 속한 청소년들과 함께 작업하며, 학업적인 지원을 제공하고, 알코올 및 약물 문제를 극복하며, 지역 사회에서의 역할을 강화하고, 사회적 분석 능력을 키울 수 있도록 돕고 있다. 경우에 따라 겟 스마트는 다른 단체 및 서비스 기관과 협력하여 지역사회의 특정 이슈에 대한 캠페인을 진행하기도 한다. 이러한 캠페인을 통해 젊은이들이 조직 경험을 많이 쌓는다.

아시아계 미국인인 캐시의 가족은 그녀가 일곱 살 때 대만에서 보스턴의 가난한 동네로 이주했다. 캐시가 성장하는 동안 그들은 경제적으로 어려움을 겪다가 캐시가 고등학교 다닐 무렵 아버지가 컴퓨터 사업을 시작했다. 가족에게는 여전히 어려움이 있었지만, 캐시는 고등학교 마지막 2년 동안 사립학교에 다니며 장학금을 받아 웨슬리 대학에 진학할 수 있었다. 사회학 학위를 받고 대학을 졸업한 후, 대학원 진학을 앞두고, 그녀는 실질적인 조직 관리 및 상담 경험을 쌓기를 원했다. 겟 스마트 인턴십은 그녀에게 딱 맞는 기회처럼 보였다.

겟 스마트는 인턴을 위한 공식적인 교육 프로그램을 제공하지는

---

[16] 옮긴이 주: Get Smart라는 프로그램은 여러 지역과 기관에서 운영하는 청소년 교육 프로그램이다. 이 프로그램은 주로 청소년들에게 중요한 생활 기술, 건강, 안전, 그리고 학업에 대한 정보를 제공하는 데 초점을 맞추고 있다. 구체적으로 어떤 내용을 다루는지는 프로그램의 운영 주체와 목표에 따라 달라질 수 있다.

않지만, 모든 신입 직원이 조직운영자 교육 프로그램을 비롯하여 모든 프로그램에 참여하도록 권하고 있었고, 게다가 모든 직원은 지원 그룹support group이 되도록 요청받았다. 인턴 5명과 신입 직원 3명이 두 개의 지원 그룹을 구성했는데, 간혹 경험이 많은 직원 중 한 명이 참여하기도 했다.

1년 과정인 인턴십에 참여한 지 5개월이 지났을 무렵 캐시는 비참한 심정이 들었다. 자신이 무엇을 하는지 알고 있다는 느낌이 들지 않았다. 업무 과제도 모호했고, 프로그램에 참여한 다른 사람들로부터 소외감을 느꼈고, 지원 그룹에 좌절감을 느꼈으며, 상사의 관심 부족에 화가 나기도 했다. 겟 스마트에 참여한 대부분의 청년은 라틴계 남성과, 아프리카계 미국인, 그리고 백인이었다. 이 단체에 아시아계 미국인은 회계 담당자 한 명뿐이었다. 캐시는 일부 청년들과 심지어 다른 직원들로부터 '모범 소수민족model minority'이라며 은밀히 수군대는 것을 들었다. 캐시는 젊은 여성들로 구성된 스터디 그룹을 만들어 만족스럽게 지금까지 일을 해오고 있다. 이들은 지역 사회에서 여성의 역할에 대해 연구하고, 지역사회 단체와 정치계에서 리더십을 발휘하는 여성들과의 인터뷰를 함께 진행했다. 하지만 학교 예산을 둘러싼 대규모 캠페인이 시작되었을 때 이 그룹 활동이 흐지부지됐다.

캐시는 회사를 그만두고 보스턴으로 돌아갈지에 대해 진지하게 생각해 보았다. 좌절감이 극에 달한 순간 친하게 지내고 있던 지마라는 인턴에게 이 모든 사실을 털어놓았다. 지마는 그저 듣기만 했고 고개를 끄덕이며 가끔씩, "흠!"이라고 대답했다. 캐시가 고민을 다 털어놓자, 지마는 "그럼 어떻게 하고 싶으세요?"라고 물었다. 캐시는 어리

둥절했다. 지마가 이어갔다.

"들어보니 여러 가지 문제가 얽혀 있고 중요한 결정을 내려야 할 것 같네요. 제가 한 때 그런 문제를 고민하는 사람들을 돕는 그룹에 속해 있었는데, 그러한 그룹을 동료분별위원회라고 불렀어요. 지원 그룹과 비슷하게 운영되지만, 여기에서는 한 사람에게 초점을 맞추고 그가 내려야 할 의사결정에 집중해요. 당신에게도 효과가 있지 않을까요?"

캐시는 생각할 시간을 달라고 했지만, 바로 다음 날 지마에게 동료분별과정을 시도해보겠다고 말했다.

지마는 예전에 참여했던 동료분별모임에서 받은 오래된 유인물을 발견했다. 지마와 캐시는 동료분별그룹에 누구를 포함시키면 좋을지 고민한 끝에 여성만 초대하기로 결정했다. 그들이 지원 그룹에서 뽑은 여성은 아프리카계 미국인 여성 제이디, 겟 스마트의 회계 담당자 엘레나, 백인 노동자 계급 여성이자 겟 스마트의 오래된 조직원 중 한 명인 로라, 근처에 살던 오랜 가족 친구인 장 부인, 캐시의 룸메이트 티나였고, 지마와 캐시를 포함하여 총 7명으로 팀이 구성되었다.

지마는 캐시가 느끼고 있는 좌절감에 대해 정리하고 고민 중인 선택 목록들을 간단히 정리하여 적을 수 있도록 도움을 주었다.

1. 겟 스마트 인턴십을 계속하는 것
2. 샌프란시스코에서 다른 직장을 구하는 것
3. 보스턴으로 다시 이사하는 것

위 내용이 적힌 문서는 회의를 시작하기 전 동료분별그룹 맴버들에게 전달되었다.

그들은 일요일 겟 스마트의 빈 회의실에서 모였다. 모임진행자인 지마가 참석자들에게 자신을 소개하고 모임에 참석한 이유를 말해달라고 부탁하며 회의를 시작했다. 대부분은 캐시의 생각을 돕기 위해 참석했다고 말했다.

"네. 저는 캐시를 돕기를 원해요. 내가 캐시의 이야기를 들었을 때 우리 중에도 같은 문제를 겪는 사람이 있다는 걸 알게 되었어요. 나 자신을 위해서도 여기 있는 셈이죠." 라고 조디가 말했다. 티나는 행복한 룸메이트를 원한다며 농담을 던졌다. "제 아파트에 돌아다니는 유령을 없애고 싶어요. 이건 엑소시즘이잖아요?"

지마는 나머지 의제에 대해 설명했고 그들의 역할은 캐시의 결정과정을 돕는 것이지 상담치료를 하는 것이 아니라는 점을 분명히 했다. 지마는 먼저 티나에게 기록을 시작해달라고 했고, 시간이 어느 정도 지나고 나서 다른 사람에게로 메모지를 넘겨주기를 요청했다. 지마는 캐시에게도 유인물에 적혀있는 내용 외에 추가하고 싶은 것이 있는지 물었다. 캐시는 추가할 내용이 많지는 않지만 부모님과 이야기를 나누었다는 사실을 말해주었다. 부모님은 그녀가 샌프란시스코에서 일할 방법을 찾기를 원했고, 사실상 그녀가 집으로 돌아오는 것을 더 바라고 있었다.

몇 분간 이 여성들은 캐시가 느끼는 감정과 문서에 나열된 목록들과 관련하여 동료분별을 위한 질문을 했다. 그 다음 지마는 그들에게 캐시의 강점으로 보이는 것들을 브레인스토밍해 보라고 요청했다. 지마는 먼저 캐시에게 자신의 강점 중 세 가지를 제시해달라고 요청했다. 다른 사람들이 긍정적인 강점들을 부르자, '캐시가 잘 볼 수 있도록' 지마가 그 내용들을 큰 용지에 적었다. 많은 대답들이 나왔는데, 그 중에는 캐시가 똑똑하고, 헌신적이며, 섬세하고, 활기차고, 예쁘고, "아니, 솔직히 말해서 멋지죠!", 잘 정리하고, 분석적이라고 참석한 여성들은 정리했다.

다음으로 지마가 그룹원들에게 잠시동안 캐시를 위한 소원을 생각해보라고 했다. 몇 분간 침묵이 흐른 후 모두가 생각해 본 '소원'을 꺼내었다.

"캐시가 겟 스마트를 완전히 집처럼 느끼며 편안해졌으면 좋겠습니다."

"캐시가 온전히 자신만의 프로젝트를 했으면 좋겠습니다."

"캐시가 멋진 연인gorgeous lover이 되었으면 좋겠습니다." 웃음

"캐시가 5개월 전의 흥분과 에너지를 모두 되찾았으면 좋겠습니다."

"캐시가 아시아계 미국인 청년 단체의 여왕이 되기를 바랍니다."

"캐시가 매일 연결과 지지를 느끼기를 바랍니다."

"캐시가 도전적이고 현실적인 학습 목표를 세우길 바랍니다."

"캐시가 아시아 커뮤니티에 튼튼한 뿌리를 내리기를 바랍니다."

한 사람씩 돌아가며 말하기를 끝냈을 때 살짝 환호와 박수를 보냈다. 누군가는, "와우! 여기서 그만해도 되겠어요!" 라고 말하기도 했다.

지마는 차분하게 미소를 지으며, 분위기를 조용히 가라앉힌 후, 캐

시에게 물었다.

"좋아요. 캐시, 그렇다면 지금까지 당신의 반응은 어땠나요? 제시된 소원들 중 하나를 선택해서 살펴보시겠어요? 어떤 소원에 머무르게 되나요?"

캐시는 동료들이 지금까지 말한 내용을 흡수할 시간을 달라고 요청했다. 그녀는 몇분간 앉아서 지마가 기록한 용지를 바라보다가,

"여러 소원을 관통하는 주제가 보이네요. 바로 아시아의 유산을 되찾아 그것을 제 일의 일부로 만드는 것입니다. 다른 사람들과 그들의 문화를 이해하려고 너무 열심히 애쓰다 보니 제 자신을 잃어버린 것 같아요. 그리고 겟 스마트는 모든 부류의 사람들을 한 데 모으는 것이 목적이잖아요? 조디가 처음에 말한 것처럼 다른 사람들도 느끼기에 지원이 얼마나 잘 이루어지고 있는지 궁금해졌어요. 아마 저뿐만이 아닐 거예요. 특히, 아시아인으로서의 뿌리를 되새기며 다른 사람들에게 더 많이 다가갈 수 있는 방법에 대해 이야기해보겠습니다."

그룹원들은 몇 분동안 캐시가 느껴왔던 소외감에 대해 탐구했고, 새로 온 이민자이자 늦게 고등학교에 들어온 그녀의 경험을 더 깊이 들여다보면서 그 경험이 겟 스마트라는 환경적 맥락에서 다른 사람들과 소통함에 있어 어떤 영향을 미치는지 궁금해했다. 지마는 토론

이 잠시동안 진행되는 것을 지켜 보았다가 요점을 파악한 후 이것은 치료가 아니며 캐시가 이러한 문제를 어떻게 다룰지 알아낼 것이라고 그룹에게 상기시켜 주었다.

그 유명한 장Chang여사의 에그롤과 로라의 브라우니가 준비된 가운데 휴식을 취한 후 그룹은 다시 모였고, 아시아계 미국인 청년을 겟 스마트 프로그램에 참여시키는 문제를 비롯하여, 직원 및 청년 토론에서 아시아 커뮤니티에 대한 고정관념과 오해에 대한 문제, 그리고 인턴들 간의 학습 지원을 개선하는 문제에 대하여 캐시와 함께 작업했다.

장 여사는 아시아 커뮤니티의 주요 중심지인 자신의 교회에 캐시를 소개해주겠다고 제안했고, 그것을 듣고 누군가가, "네. 멋진 연인the gorgeous lover을 위한 훌륭한 제안입니다."라고 농담을 했다. 엘레나는 아시아 비즈니스 커뮤니티에 몇몇 인맥이 있어서, 그 인맥들이 아시아 청년들과 다른 배경을 가진 청년들 간의 교차 문화 작업을 위해 재정 지원을 제공할 수 있을 것이라고 말했다. 보다 더 나은 지원과 자문, 그리고 학습 시스템에 대한 문제 제기를 위해 모든 인턴을 대상으로 당장 회의를 열자고 조디가 제안했다. 로라는 아시아 커뮤니티에 대한 겟 스마트의 지원 범위를 넓힐 수 있다는 전망에 기대가 크다며 캐시에게 프로젝트 계획 수립을 돕겠다고 했다.

회의가 끝날 즈음, 지마가 캐시에게 자신의 방향에 대해 더 명확해졌는지 물었다. 캐시는

"글쎄요, 저는 이런 일에 대해 조금 느린 편이예요. 이건 사고의 대전환입니다. 며칠, 어쩌면 일주일 정도는 이 문제를 숙고해 보고 여러

분 한분 한분께 다시 연락을 드린 다음 어떻게 할 것인지 말씀드리고 싶어요. 지금 새로운 설렘이 느껴집니다. 이 만남 자체로 여기 계신 모든 분들과 더 가까워질 수 있었어요. 저 자신과의 단절을 경험할 때 돌봄과 지원을 받은 느낌입니다. 정말 감사드려요."

조디는 조용히 회의실을 돌고 있던 메모지를 캐시에게 건네주었다. 지마는 그룹에게 회의에 대한 평가를 부탁했다.

긍정적인 점	개선해야 할 점
진행이 훌륭했다!	캐시의 강점에 대해 더 많이 작업할 수 있었으면 좋겠다.
캐시는 용감했다.	이 회의실은 인간미가 없고, 관공서 같다.
훌륭한 협력과 사고력!	더 많은 이슈에 대해 이야기할 시간이 더 필요했다.
캐시의 사고 전환이 흥미롭다.	이 회의의 맥락적 이해를 위해 캐시의 장기적 목표에 대해 더 듣고 싶다
음식이 훌륭하다!	
나는 언제 동료분별모임을 가질 수 있을까?	

지마는 회의를 마치면서 자신은 항상 치어리더가 되고 싶었는데 지금이 바로 그 기회라고 '고백'했다. 그러고는 모두 다 같이 둥글게 서서 '캐시 팀'을 위한 구호를 외치게 했다.

의제 개요:

- 소개 필요한 경우 및 간단한 공유
- 의제 검토: 그룹의 역할, 목적, 의제, 기록자
- 분별탐구자로부터 상황 공유 서면 내용에 덧붙여 추가할 사항
- 동료분별질문
- 분별탐구자의 강점에 대한 브레인스토밍
- 분별탐구자를 위한 그룹원들의 '소원' 제안
- 토론: 그룹이 제안한 소원들 중에서 분별탐구자가 추가로 작업해 보고 싶은 한 가지 또는 여러 개의 소원을 선택함.
- 휴식
- 계속되는 논의
- 요약 및 다음 단계, 기록된 메모 수집
- 평가
- 마무리 노래, 환호, 포옹, 음식 추가

사례 3
안나, 소진(Burnout)과 싸우다[17]

퀘이커 여성인 안나는 전 세계에 회원이 분산되어 있는 비폭력 행동 단체의 국제 코디네이터로 4년 동안 일해왔다. 이 단체는 아시아와 중앙아메리카의 분쟁이 심각한 지역에서 까다롭고 위험한 프로젝트를 수행하고 있다. 고된 시간을 보낸 안나는 결국 육체적, 정신적, 영적으로 한계에 다다른 것 같았지만 어떤 이유에서인지 직장을 그만두고 이직을 원하는 것은 아니었다. 마침내 친한 친구들과 대화를 나누다가 그녀가 과거에 몇 번 참여해 본 적이 있어 매우 익숙한 동료분별모임을 요청해보기로 했다.

안나는 동거 중인 동료 짐Jim, 직장 동료 주디, 활동가인 연인 칼, 그리고 명상과 비공식적인 교류를 위해 자주 만나는 영적 동반자 루이사까지 총 네 명을 동료 분별 모임에 초대했다. 안나는 루이사에게 서기나 모임진행자 역할을 맡아달라고 부탁했다. 그룹 구성원들은 모두 안나를 잘 알고 있었고, 그녀의 고민에 대해 충분히 이해하고 있었기 때문에 회의에 앞서 서면 진술은 필요하지 않다고 판단했다.

그들은 2월의 어느 저녁, 지역 수련 센터에 마련된 장작 난로가 있는 조용하고 아늑한 방에 모였다. 루이사는 이 특별한 모임의 진행 절차에 대해 간단한 설명을 하며 회의를 시작했다. 이후 그룹은 침묵 예배 시간을 가졌다. 침묵이 끝나고 안나는 자신이 열정적으로 이끌어

---

[17] 이 동료분별프로세스에 사용된 형식은 부록 11에 있는 잔 호프만(Jan Hoffman)의 글에서 설명한 프로세스를 기반으로 한다.

온 조직에 대한 책임감, 다음 단계에 대한 불확실함, 개인적인 삶을 위한 시간을 더 갖고 싶은 마음, 평화를 위해 일하겠다는 강한 의지, 불안정한 재정 상황 등 자신이 마주한 딜레마에 대해 이야기했다. 그녀는 조직의 미래에 대한 요구와 자신의 미래에 대한 욕구를 구분하는 데 어려움을 겪고 있다고 토로했다.

다음에 이어진 과정 동안, 그룹의 구성원들은 철저하게 안나에게 질문만 해야 한다는 규정을 잘 지켰다. 그들은 자신의 의견이나 조언을 자제하고, 안나가 스스로의 방향 감각을 명확히 할 수 있도록 탐색적인 질문을 던졌다. 질문과 질문 사이에 많은 침묵이 있었고, 안나는 대답하기 전에 조용히 멈춰서 각 질문을 생각했다. 짐은 안나가 인생에서 진정으로 원하는 것이 무엇인지 물었다. 주디는 안나가 활동 조직을 고수하는 이유와 그 의무감이 어디에서 비롯된 것인지 자세히 물었다. 칼은, "안나, 넝쿨을 타고 이리저리 그네를 타면서도 다음 넝쿨을 잡기 위해 넝쿨을 놓지 못하는 당신의 모습이 떠오르네요. 당신이 그 활동 그룹을 떠난다는 생각을 하면 어떤 기분이 드나요? 가장 두려운 것은 무엇인가요?"라고 물었다.

루이자는, "눈을 감고 미래를 상상해 보세요. 뭐가 보이나요?"라고 말했다. 안나는 몸을 뒤로 젖히고 눈을 감았다. 약 1분 후 그녀는 미소를 지으며, "이것이 무엇을 의미하는지 모르겠지만 날개가 있는 어떤 생명체 위에 타고 날아가는 모습이 보여요."라고 말했다.

"좋아요. 그것에 조금 더 머물러 계세요. 조금만 더 시간을 보내세요. 어떤 느낌이 드나요?" 루이스가 제안했다.

안나는 자신이 몸담고 있는 활동 조직의 일정과 떠날 시기에 대해 고민하고 있었다. 9월로 예정되어 있던 다음 총회까지 그녀가 그만두더라도 새로운 코디네이터를 교체하기에 충분한 시간이 있을 것으로 생각했다. 하지만 예산상의 이유로 총회 날짜가 최소 6개월 이상 연기되면서 그녀는 이 일을 1년 이상 계속할지 고민하게 되었고, 그럴 때마다 배 속에 큰 덩어리가 느껴졌다. 그녀가 생각하기에, 9월까지는 버틸 수 있을 것 같았지만 그 이상은 어려웠다.

칼이 물었다.

"당신의 타임라인은 어떤가요? 조직의 요구만큼이나 자신의 요구도 소중하다고 생각하고 있나요? 6월 안에 퇴사하고 싶은 것 같은데, 안 될 이유가 있나요?"

안나는 잠시 멈칫하더니 어깨를 움츠렸다.

"정말요? 제가 6월 안에 이 일을 그만두는 것이 가능할까요? 제가 정말 원하는 것이긴 한데, 그런 생각까지는 미처 하지 못했어요."

심사숙고 끝에 안나는 6월부로 조직을 그만두기로 했다. 그녀는 비록 자신이 앞으로 어떤 길로 가게 될지 확실하지도 않으며, 취약한 재정적 상황과 저임금에도 불구하고 이 불가능해 보이는 일을 해줄 사람을 조직이 찾을 수 있을지도 확신할 수 없지만, 그녀는 다음 단계로 나아갈 준비가 되었다고 말했다. 동료분별그룹은 이러한 '신뢰faith의 도약'의 차원에서 안나를 지원했고, 그녀가 다음 '인도leading'영적 인도에서 비롯되는 방향 감각을 일컬음를 발견해 낼 방법을 생각해 내도록 도움을 주었다.

회의가 끝날 무렵 루이자는 안나에게 남은 시간을 어떻게 사용하고 싶은지 물었다. 안나는 더 많은 질문을 받는 대신 열린 성찰의 시간을 갖는 것이 좋겠다고 했고, 그 후 이미지화 과정을 진행하기로 했다. 이어진 열린 성찰의 시간에 구성원들은 안나가 밟게 될 다음 단계에서 어떻게 생계를 유지할 수 있을지를 논의했고, 어떻게 일을 그만둔다고 발표할지, 그리고 거의 탈진 상태에 이른 안나가 어떻게 휴식을 취하고 회복할 수 있을지 찾는 데 도움을 주었다. 나중에 동료분별그룹 구성원들과 그녀의 친구 및 동료들 몇몇이 모금을 해서 안나가 액션 조직을 떠날 때 이별 선물로 2주간 피정센터에서 지낼 수 있도록 도왔다.

루이자는 이미징 프로세스imaging process에 관해 설명했다.

"이 과정은 지성과 말을 넘어 자원들을 모아 이미지화해 보는 것이 목적입니다. 이 과정은 때로는 강력한 이미지들을 활용하는데 그 이미지들은 분별탐구자가 더 깊이 생각해 보는 데 도움을 주는 자원이 되기도 합니다. 저는 이 과정이 우리 앞에 놓인 문제에 새로운 빛을 던져주기도 한다는 사실을 발견했습니다. 때때로 이미지를 제공하는 사람이 그 이미지가 무엇을 의미하는지 모를 때도 있지만, 그대로 두기만 해도 결국 분별탐구자가 의미를 발견하게 되는 경우가 많습니다. 결국, 이미지는 분별탐구자의 것인 거죠."

이미징 프로세스를 시작하기 위해 루이자는 안나의 의자 뒤에 서서 그녀의 어깨에 손을 얹었다. 그리고 안나에게 작업하는 동안 다른 맴버들이 그녀를 터치해도 되는지 물었다.

"물론이죠."라고 안나는 수락했고, 그룹원들은 그녀에게 더 가까이 다가갔다.

짐이 안나의 팔꿈치를 잡는 동안 주디가 한 손을, 칼이 다른 한 손을 잡았다. 그룹은 다시 침묵 예배를 드렸고 조용한 가운데 그들은 안나에게 집중하면서 떠오르는 이미지를 공유했다.

주디는 안나가 활짝 웃으며 공중에 떠 있는 모습을 떠올렸다. 칼은 안나에게서 마치 물처럼 긴장이 사라지는 것이 보였다. 루이자는 미래로 향하는 길을 따라 걸어가는 안나의 몸속에서 따뜻함과 빛이 흘러나오는 것이 느껴졌다. 짐은 이 과정이 약간 불편한 듯 보였지만 조용히 안나의 팔을 잡고 다른 사람들의 말을 들었다.

회의가 끝나기 전 루이자는 다시 한번 그룹을 침묵 예배로 안내했고, 모두가 둥글게 손을 맞잡으며 회의를 마무리했다. 주디는 그동안 메모해 두었던 노트를 안나에게 건네주었다.

의제 개요:
- 모임진행자 또는 서기가 미팅을 시작하고 형식과 의제 단계를 설명한다.
- 침묵의 예배 또는 명상 시간
- 분별탐구자로부터의 안내: 질문 또는 우려 사항에 대한 간략한 요약 및 간단한 배경 설명
- 질문 규정: 구성원들은 짧고, 솔직하고, 탐구적이고, 배려심이 있고, 도전적인 질문만 한다.
- 휴식 필요할 때
- 추가 질문들
- 다음 단계로 넘어갈 방법에 대한 분별탐구자의 선택. 몇 가지 옵션들:
- 침묵 예배 또는 명상, 말하고 싶을 때 말함, 침묵 가운데 떠오

르는 이미지 공유 선택사항: 구성원들이 분별탐구자에게 신체적으로 접촉할 수도 있음, 위와 같이 추가 질문 계속하기, 분별탐구자가 그룹에게 질문하기, 구성원에게 생각이나 조언 요청하기
- 분별탐구자에게 명확해진 부분 요약
- 다음 단계에 대한 동의가 있는 경우 동의. 분별탐구자에게 기록한 메모지 전달
- 마무리 침묵, 노래, 손 맞잡기

동료분별과정 조직하기

이 부분은 여기서 '당신'이라고 말하는, '분별탐구자' 동료분별프로세스를 시작하는 사람를 대상으로 한다.

동료분별프로세스를 설정하는 데는 여러 단계가 있다. 즉, 모임진행자 선택, 동료분별그룹 선택, 모임진행자와의 미팅, 동료분별모임의 형식과 스타일 결정 등이 이에 해당한다.

모임진행자(Facilitator) 선택하기

분별탐구자는 모임진행자 의장, 서기 또는 위원장이라고도 함. 역할을 할 한 사람을 선택하여 과정을 안내한다. 이렇게 하면, 분별탐구자로서 당신은 회의에 온전히 집중하면서 경청하고 응답하는 데 자유롭게 참여할 수 있게 된다. 모임진행자를 선택할 때는 다음 사항을 기억해야 한다.

> 강한 편향성 bias을 가지지 않고 회의가 감정적으로 변하더라도 냉정함을 유지할 수 있는 사람인가?
> 합리적으로 진행할 수 있는 역량을 잘 갖추었는가? 전문가일 필요는 없다.

예비 모임진행자가 당신이 지향하는 회의 방식에 편안
함을 느끼는가?

동료분별그룹 선택하기

동료 분별 그룹또는 위원회은 분별탐구자 1명과 최소 3명에서 최대 7명의 위원으로 구성할 수 있다. 모임의 목적에 따라 그룹의 규모와 원하는 균형을 맞추기 위한 유형을 결정할 수 있다. 때로는 모임진행자가 초대할 사람을 결정하는 데 도움을 줄 수도 있다. 다음 몇 가지 사항을 고려해 보자.

개인적으로 친분이 있는 사람과 당면한 문제와 관련된 특정 정보나 전문 지식을 갖춘 사람들 수의 균형을 맞추려고 노력하라.

당신이 결정한 모임 방식을 비교적 만족하며 편안해할 사람을 선택하라.

당신이 감정적으로 필요로 하는 것과 당신의 행동 패턴을 잘 이해하고 감정적, 정신적으로 큰 도움을 줄 수 있는 친구가 있는가?

그런 사람은 동료분별그룹의 소중한 구성원이 될 수 있다. 일부 분별탐구자들은 별도로 한 명 더 참석하도록 요청하여 분별탐구자를 지원하는 역할을 하도록 요청하기도 한다.

어떤 경우에는 영적인 관점을 공유할 한 사람 또는 여러 사람을 그룹에 포함하는 것이 중요할 때도 있다.

만약 직장이나 경력에 관한 결정이라면 삶의 해당 분야에서 당신을 잘 아는 사람이 그룹에 포함될 수도 있다.

편향성Biases에 대한 참고 사항

해당 문제나 당신의 결정에 대해 분명한 편견이나 강한 감정이 있는 사람은 이 회의에 참석하는 것이 좋을 수도 있고 좋지 않을 수도 있다. 편견이나 감정들은 열린 자세로 수용하기만 한다면 꼭 문제가 된다고 보지 않아도 된다. 어떤 사람의 경우에는 감정적 반응이 일어나도 자신을 스스로 배제하고 생각하기도 한다. 상대가 편견이나 감정에도 불구하고 당신에 대해 명확하게 생각할 수 있는지 살펴보라. 예를 들어, 당신이 다른 꿈을 찾기 위해 회사를 떠나겠다는 말을 했을 때 당신의 업무 파트너가 화가 날 수도 있겠지만 다른 한 편에서 그는 그것이 당신에게 옳은 결정인지 생각해줄 수도 있다. 결혼하지 않은 딸이 자신이 항상 원해왔다며 아이를 가지겠다고 할 때 모든 부모가 다 그렇지 않더라도 일부는 도움이 될 수도 있다.

모임진행자와 만나기

분별탐구자는 회의 전 모임진행자와 만나 몇 가지 사항을 논의한다.

동료분별 질문/문제

동료분별모임에 가져올 질문이나 결정을 명확히 하라. 동료분별그룹은 모호한 염려 사항에 대해서 적절한 도움을 줄 수 없다. 문제들을 제대로 다룰 수 있도록 충분히 집중하라. 다룰 문제가 여러 개라면, 그중 우선순위를 정하거나 통합된 주제를 찾도록 노력하라.

매우 모호하거나 일반적인 예: "저는 진로를 정해야 합니다."

더 나은 예: "저는 구체적으로 직업과 관련해서 탐색해보고 싶어요. 각 선택지가 내 기술을 어떻게 끌어올릴지 그리고 제가 열정을 느끼며 관심을 두는 분야와 어떻게 관련 있는지 살펴볼 생각입니다."

동료분별그룹 선택하기

만약 동료분별그룹을 아직 선택하지 않은 경우라면, 모임진행자와 함께 어떤 사람들을 초대할지 의논해보라. 참석을 부탁할 사람을 결정하고, 구성원들에게 모임 장소와 시간을 안내하라.

동료분별그룹의 과제

동료분별그룹이 할 일을 확인하라. 그룹원들에게 무엇을 요구할 것인가? 당신이 결정을 내리는 데 그룹이 어떤 도움을 주기를 원하는가? 피드백을 원하는가? 질문을 제기하고 당신의 생각에 도전하기를 원하는가? 제안이나 더 많은 옵션을 제시하기를 원하는가? 특정 딜레마를 해결하는 데 도움을 주기를 원하는가? 당신을 지원해주기를 원하는가? 영적 소명이나 인도leading를 테스트하기를 원하는가?

이에 접근하는 또 다른 방법은 "모임이 끝났을 때 어디에 있기를 원합니까?"라고 물어보는 것이다.

회의 방식 및 의제

각자의 필요에 맞는 모임 방식에 대해 논의하고 잠정적인 의제tentative agenda를 작성하라. '동료분별모임을 위한 형식과 방식Formats and Styles for Clearness Meetings'에 제공된 세 가지 예시를 함께 살펴보거나 자신만의 모임 분위기와 의제를 만들어 보라.

동료분별을 위한 질문

'동료분별을 위한 개인적 준비Personal Preparation for Clearness'를 함께 살펴보라. 동료분별을 위한 질문 부분을 검토하고 어떤 것이 당신의 문제나 딜레마에 중요한 질문인지 결정하라. 또는 새로운 질문을 만들어 보라. 그룹 구성원에게 정보를 제공할 때 미리 서명으로 작성할지 아니면 회의에서 구두로 발표할지 의논하라. 회의에서 정보를 발표할 때 큰 용지를 활용하는 것이 도움이 되는 경우가 많다.

지원

모임에 직접 필요한 지원을 준비하라. 잠재적으로 어려운 점은 무엇인가? 어떤 일이 일어날까 염려되는가?

물리적 설정

휴대폰과 같이 방해 요소가 없는 사적 공간에서 동료분별모임을 진행할 장소를 정하라. 모두가 편안하게 앉을 수 있도록 좌석을 배치하고, 휴식 시간이나 회의가 끝난 후 그룹 내 누군가에게 다과를 제공해 달라고 요청할 수도 있다.

동료분별모임 방식과 형식Format 결정하기

동료분별은 매우 유연한 개념이며 동료분별모임에는 폭넓은 범주의 다양한 스타일을 적용할 수 있는 여지들이 있다.

> 정치 활동가들은 흥미롭고 창의적인 회의를 열어 사회 문제를 분석하고, 분별탐구자가 가진 기술과 관심사를 전략적으로 활용하는 방법에 대해 도전적인 생각들을 나누었다.

> 영적 수행을 하는 사람들은 내면의 영적 인도를 바탕으로 분별력을 찾는 데 주력하는 동료분별모임을 열어 왔다.

> 개인적 성장의 문제에 관심이 있는 사람들은 제안된 방향이 개인의 변화를 위한 목표에 어떤 영향을 미칠 수 있는지를 놓고 민감하게 토론했다. 예를 들어, 리더십 역량이 쉽게 드러날 일을 맡는 것에 대한 두려움이 있을 때 특정 직무를 수락하는 결정에 어떤 영향이 작동하는지 살펴볼 수 있다.

위 방식들은 상호 배타적이지 않다. 많은 동료분별모임은 두 가지 이상의 요소들이나 다양한 회의 스타일이 혼합되어있다. 분별탐구자로서 당신은 원하는 모임 스타일을 결정할 수 있는 위치에 있다. 몇 가지 가능성에 대한 예시는 '동료분별모임을 위한 형식 및 방식Formats and Styles for Clearness Meetings' 내용을 참조하라.

동료분별을 위한 개인적 준비

　동료 분별 모임을 준비하는 것은 모임 그 자체만큼 중요하다. "당신이 얻는 것은 당신이 넣는 것에 달려 있다"라는 오랜 진리가 이 경우에도 적용된다. 일단 동료 분별 과정을 위한 기본적인 작업을 완료하면, 분별 탐구자로서 일련의 질문들을 숙고하고, 어떤 정보를 그룹과 공유할지 미리 결정함으로써, 성찰을 통해 동료 분별 과정의 중요한 부분을 시작하게 된다.

개인적 성찰

　사람은 각자 개인적인 문제에 관해 성찰하는 자신만의 방식을 가진다. 다음은 사람들이 사용하는 몇 가지 성찰 과정의 예이다.

- 생각을 글로 쓰기/ 일기 쓰기
- 친구나 친척과 대화하기
- 오래 걷기
- 영감을 주거나 분석적인 책 읽기
- 명상/ 기도
- 상상

- 꿈 분석
- 동료 상담
- 치유 상담

당신에게 맞는 성찰 과정이 무엇인지 정하고 당신이 동료분별프로세스에 가지고 오는 문제에 대해 그 과정을 적용해보는 것도 준비 일부가 된다. 대부분의 사람이 이것을 하려면 바쁜 일상 속에서 의도적으로 시간을 따로 떼어놓아야 한다.

동료분별을 위한 질문들

아래 나열된 질문들은 분별탐구자가 동료분별모임을 시작하기 전에 생각을 자극하기 위한 것이다. 당신은 그중 일부만 답변하여 회의 전에 그룹의 전 구성원들에게 나누어 줄 수도 있다. 어떤 것들은 당신의 성찰 과정에 유용할 수 있지만 직접 그룹과 소통할 필요는 없다.

이 질문들은 의도적으로 폭넓은 다양성을 나타낸다. 모든 가능한 질문들을 전부 다 다루지는 않는다. 일부만 동료분별의 특별한 어떤 것과 관련이 있다. 당신은 그중에서 선택하거나 새로운 것을 고안하도록 초대된다. 원하는 경우, 모임진행자의 도움을 받아, 당신이 이 책의 '전략적 질문Strategic Questioning' 부분을 읽어볼 수도 있다.

구분을 위한 질문들

분별탐구자가 제안된 방향이나 결정과 관련해서 여러 중요한 측면들dimensions을 구분하는 것이 중요하다. 이러한 차원들은 감정, 생각,

영감 또는 직관과 같은 영역들과 겹치는 범주로 나눌 수 있다.

당신 앞에 놓인 문제에 대해 당신이 강하게 느끼는 감정은 무엇인가요? 이 질문을 특별히 어렵게 만드는 과거 역사가 있나요? 기쁨의 요소가 있습니까? 스트레스는? 흥분은? 두려움은? 당신 앞에 펼쳐진 올바른 길에 대한 당신의 직감은 무엇인가요?

이러한 문제들과 관련하여 당신이 할 수 있는 최선의 그리고 가장 창의적인 생각은 무엇인가요? 당신 생각에 당신이 선택해야 할 가장 논리적이고 합리적인 방향은 무엇이라고 생각하나요? 결정의 정치적 또는 사회적 변화 요소에 대한 당신의 분석은 어떠합니까?

당신 앞에 놓인 문제에 관해 영감이나 직관적인 감각이 느껴지시나요? 미래에 대한 어떤 상상이 머릿속에 떠오르시나요? 이와 관련하여 당신에게 소중한 가치는 무엇인가요? 영적 수련을 실천하는 이들의 기도나 명상 과정에서는 어떤 결과가 도출될까요?

구체적 질문들

당신이 겪은 과거의 경험 중 어떤 요소들이 의사결정

과 관련이 있습니까? 그 과거 역사가 지금의 당신에게 어떤 영향을 미치나요?

현재 당신이 무엇을 지키며 사나요? 당신은 어떻게 시간을 보내고 있으며 그러한 우선순위들에 대하여 어떻게 느끼고 있나요?

기능을 제대로 그리고 창의적으로 수행하려면 당신 삶에 무엇이 필요합니까? 당신은 그러한 필요들에 어떤 주의를 기울입니까?

당신을 그 자리에 붙잡고 있는 것은 무엇입니까? 당신을 새로운 방향으로 이끄는 것은 무엇입니까? 당신의 내면에서 무엇이 나옵니까? 당신의 외면에서 무엇이 나옵니까?

영적인 안내자가 당신을 어디로 인도하나요? 당신의 꿈은 무엇인가요? 당신의 꿈을 이루는 데 방해가 되는 장벽들은 무엇인가요? 그러한 장벽들을 어떻게 극복할 수 있습니까?

꿈꾸던 일들이 펼쳐지고 있는 미래의 사건 앞에 서 있는 당신을 상상해 보세요. 당신은 어떻게 거기에 갔을까요? 미래의 그 지점에서 지금 현재의 순간으로 "거꾸로 꿈을 꾸세요."

무엇을 위해 살고 있습니까? 당신이 원하는 삶을 온전히 살아내지 못하도록 막는 것은 무엇인가요?

가족과 관계, 직업, 사회적 변화, 개인적 성장, 영적 삶, 건강, 지리 및 생활 상황의 측면에서 당신이 세우고 있는 장기적 목표와 단기적 목표는 무엇인가요?

당신이 고려하고 있는 구체적인 선택지는 무엇인가요? 각 옵션과 관련된 긍정적인 요소와 부정적인 요소는 무엇인가요? 제안: 종이 한 장을 세로로 두 개로 나누어 한 쪽에는 긍정적인 부분을, 다른 한 쪽에는 부정적인 부분을 나열해서 적어보세요.

좋은 결정을 하기 위해 어떤 추가 정보가 필요합니까? 이 결정과 관련하여 당신이 중요하게 여기는 가치는 무엇인가요?

어떤 재정적 이슈가 당신의 결정에 영향을 미치나요? 당신의 지역사회에 재정적 문제주택, 보육, 기타 현물 제공 등를 해결하는 데 도움이 될 수 있는 비재정적 자원이 있습니까?

당신에게 제안된 행동이나 지역사회, 가족, 동료 근로자 등을 위한 방향 변화가 주는 영향은 무엇인가요?

동료분별진술문 작성하기

동료분별을 위해 간결하게 진술문을 작성함으로 분별탐구자를 위한 집중하기와 동료분별하기 과정이 시작된다. 당신이 가진 문제와 질문을 개선하는 작업이 이 중요한 단계의 일부분이 된다.

우리는 동료분별그룹원들이 사전에 동료분별에 대한 기본적 정보를 얻는 것을 선호하며, 이것이 문제를 숙고하고, 자신의 질문에 대해 생각할 시간을 제공한다는 것을 발견했다. 이는 또한 그룹의 모든 구성원에게 일관된 정보 기반을 제공한다. 왜냐하면, 모든 구성원이 당신을 똑같이 잘 알고 있지 못하거나 같은 맥락에서 이해하고 있지 못하기 때문이다.

당신의 성찰을 바탕으로 동료분별그룹원들에게 도움이 될 만한 배경 정보 중 최소한 일부를 작성하여 미리 문서를 나누어 주어라. 최소한 서면 문서에는 다음이 포함된다.

문제, 쟁점 또는 딜레마에 대한 설명, 그룹에게 당신이 원하는 것에 대한 설명, 그리고 몇 가지 배경 정보 등. 이를 제공하면 회의에서 소중한 시간을 절약할 수 있다. 그렇지 않으면 당신은 모임 자체에서 사실과 고려사항을 설명하는 데 많은 시간을 소비하게 될 것이다.

관련문제의 복잡한 정도그리고 분별탐구자의 장황한 설명에 따라 한 페이지에서 열 페이지까지의 다양한 동료분별진술서를 보아왔다. 짧을수록 좋다. 진술서로 어떤 내용을 공유할지를 정하고 가장 중요한 것이 무엇인지를 결정하는 것도 당신의 동료분별과정의 일부이다.

디모데의 이야기

디모데가 열일곱 살에 고등학교 3학년을 막 마칠 때였다. 그 해 그는 특별 학생 신분special students status 18)을 얻고 최소한의 시수로 수업을 들으면서 특별 프로젝트에 참여하고 있었다. 그리고 어린아이들과 함께 대안 학교에서 일을 했다. 그는 4학년 때 무엇을 하면 좋을지 고민하고 있던 참이었다. 부모님과 선생님들과 의논 끝에 동료분별 모임을 열기로 했다.

디모데와 그의 부모는 동료분별과정에 익숙한 친구에게 회의 진행을 부탁했다. 디모데와 부모 외 학교 지도교사와 그를 잘 알고 있는 다른 교사 한 명, 그리고 성인 친구 한 명을 위원회에 초대했다. 디모데는 그의 또래들도 그룹에 초대할지 고민해보기는 했지만 결국은 어른들과 함께 하는 것이 더 편안할 것이라고 결론지었다. 또래 친구들은 이 과정에 적합하지 않을 것 같았다.

모임진행자는 디모데를 미리 만나 회의 준비 방법에 대해 생각할 수 있도록 도왔다. 그들은 디모데가 고려하고 있는 주요 옵션들을 확인했다.

디모데가 고려하는 내용에는 비교적 전통적인 방식으로 고등학교를 마치기, 그 해를 워싱턴의 인턴십을 포함하여 흥미로운 프로젝트

---

18) 옮긴이 주: special students status: 학업 기간, 학비, 입학 조건, 수업 선택 등에 있어 일반 학생과 다른 기준을 적용받거나 특별한 혜택이나 권리를 가지는 신분을 의미, 옮긴이 주

를 몇 가지 더 추가해서 보내기, 고등학교 졸업장을 위해 CED[19] 시험을 치르면서 지역 커뮤니티 컬리지에 파트 타임으로 다니기가 있었다.

  모임진행자와 함께 디모데는 각 옵션이 지니는 긍정적인 측면과 부정적인 측면에 대해 살펴본 후 동료분별그룹에게 발표하기 전 종이에 먼저 기록해보기로 했다. 추가로 장기적 희망과 계획들을 검토한 후 각각의 옵션들이 어떤 영향을 주게될 지 생각해보기로 했다. 그는 여러 선택지마다 매력적인 요소들이 있음을 알게 되었다. 그는 선택을 해야 할 것이다. 디모데는 그의 결정이 친구들과 가족, 그리고 학교 공동체에 끼칠 영향에 대해서도 생각하기 시작했다. 이것이 바로 그가 동료분별위원회와 만났을 때 이야기했던 요소이다.

---

[19] 옮긴이 주: Certified Energy Manager 자격을 획득하기 위한 시험을 의미. 이 시험은 에너지 관리와 관련된 지식, 기술, 정책에 대한 이해를 평가하여 자격 인증을 받을 수 있는 기회를 제공한다.

동료분별그룹의 역할

예언적 경청은 다른 사람들에게서 가장 높은 단계의 이해, 순종, 비전의 씨앗들을 끌어내는 방식으로 듣는 것이다. 그 사람들은 어쩌면 자신에게 그러한 것들이 있는지 알지 못할 수도 있다. 듣는다는 것이 사람들에게서 말할 수 없는 것들을 끌어낼 수 있다.

-엘리스 볼딩

동료분별그룹의 구성원들은 보람 있고 도전적인 역할을 수행한다. 그들은 솔직하게 질문하며 동시에 지지하고 긍정하는 방법을 찾아야 한다. 동료분별그룹원들은 좋은 생각에 대한 열린 인식과 흐릿한 생각이나 잘못된 가정들에 대한 민감한 도전 사이에 균형을 찾으려고 노력한다.

동료분별그룹원들이 수행하지 않는 역할들이 있다. 동료분별위원회는 조언자나 치료자가 아니다. 그들은 최대한 자신의 호기심과 문제해결력 그리고 행동하려거나 현명하게 보이려거나 통찰력 있고 지능적으로 보이려는 충동을 억제한다. 대신, 분별 탐구자가 보고 듣고 느끼고 생각한 것의 장벽을 제거하고, 그 과정에서 자신의 동료 분별을 발견할 수 있도록 돕는 역할을 한다. 대부분 동료분별그룹 위원들은 듣고, 질문하고, 때로는 침묵하고 기다리면서 이것을 이루어 낸다.

동료분별그룹의 기능들

동료분별그룹이 수행하는 여러 기능 중 일부는 다음과 같다.

경청하기

잘 듣는다는 것은 창의적인 생각을 불러일으킬 수 있는 놀라운 잠재력을 가지고 있다. 동료분별그룹의 주요 역할 중 하나는 분별탐구자의 말을 경청하는 것이다. 때로는 들은 내용을 그대로 말해주거나 바꾸어 표현하는 것이 도움이 될 수 있다.

> "로빈, 당신의 말을 들어보니, 자녀와 함께 보내는 고정된 시간을 마련하는 것이 가장 우선이 되어야 하며 다른 일들은 그 다음에 두어야 한다고 생각하는 것이 가장 중요한 관심사로 보입니다. 제가 맞나요?"

질문하기

더 깊은 차원의 동기나 이유 또는 통찰에 대한 이해를 촉진하여 분별탐구자의 생각이나 감각을 끌어내라. 가장 도움이 되는 질문은 정직하고, 탐구하고, 배려하고, 도전적이고, 열려있다. 유도 질문, 옹호 질문, 호기심에서 묻는 질문은 대체로 도움이 되지 않는다. 의심이나 걱정을 불러일으키기 위해 질문을 사용하는 것이 아니라, 창의성을 촉발하고 중요한 고려 사항이 해결되었는지 확인하기 위해 질문을 해라. 그룹 구성원들은 프란 피비Fran Peavey의 '전략적 질문Strategic Questioning'에 나와 있는 내용을 참고하면 도움이 될 것이다.

일부 동료분별그룹은 회의의 일부 또는 전체에 대해서만 질문해야 한다는 규정을 적용한다. 부록 Ⅱ에 있는 잔 호프만의 기사는 이에 대한 모델을 제공한다.

"데일, 환경문제에 관한 관심과 그래픽 디자인 기술을 결합한 경력을 어떻게 쌓을 수 있나요?"

"크리스, 더 이상 풀타임으로 육아를 하지 않게 되면 부모가 된 이 시간을 경력 준비를 위해 어떻게 사용하시겠어요?"

"메리, 당신은 진흙 속에 있는 당신 손 이미지에 대해 감동적으로 말해주었는데 눈을 감고서 그 이미지와 교사로서 가지는 미래에 대한 질문을 마음의 눈에 담아 보세요. 무엇이 올라오나요?"

반영하여 돌려주기

동료분별그룹의 맴버들이 분별탐구자에게 그들이 보거나 들은 내용에 대해 반영하여 돌려 말해줄 때 중요한 역할을 하게 된다. 그룹원들은 자주 분별탐구자가 인식하지 못하는 것을 인식한다. 맴버들은 일관되게 존중의 자세로 질문을 함으로써 추측하거나 심리를 분석하는 행위를 피할 수 있다.

> "조지, 당신이 말한 모든 것과 당신의 목소리에 담긴 좌절감에서 당신 안에 있는 깊은 열망이 느껴져요. 당신은 자신의 잠재력을 최대한 끌어내고 당신이 할 수 있는 가장 완전한 기여를 간절히 원합니다. 여기가 당신이 느끼기에 가장 막혀있는 부분 같은데, 당신도 그렇게 생각하나요?"

다른 선택지나 가능성을 제안하기

가끔 분별탐구자는 그룹에게 미래 방향에 대한 몇 가지 선택지들을 제시할 것이다. 그룹은 이에 대한 피드백을 줄 수 있지만 아직 고려되지 않은 다른 선택지들을 제안할 수도 있다.

> "데리, 당신은 정규직을 구하거나 큰 보조금을 받는 데 집중하고 있습니다. 당신이 하고 싶은 일을 조직하기 위한 생활비와 함께 대학에서 시간제 강의를 맡아보는 건 어떤가요?"

잘못된 가정들Assumptions을 지적하기

동료분별그룹은 분별탐구자가 버리거나 바꾸려는 동기나 가정들을 정확히 식별하는 데 도움을 줄 수 있다. 예를 들어 사람들은 종종 다른 사람부모, 친구, 파트너, 연인의 기대를 충족시키기 위해 어떤 방향으로 움직여야 한다는 강박감을 느끼곤 한다. 또는 아마도 분별탐구자가 비현실적이거나 너무 겸손한 개인적 목표를 추구해 왔을 수도 있다.

"브렌든, 사회 변화 메시지를 전하는 전문 가수가 되는 것과 관련하여 그 문제에 당신이 좀 더 머물렀으면 합니다. 당신은 훌륭한 목소리와 멋진 무대 매너를 갖고 있습니다. 돈을 벌려면 시간과 노력이 조금 걸릴 수도 있겠지만 저는 왜 자신이 열정을 가지는 부분을 취미 활동으로만 분류해 놓았는지 궁금합니다."

감정을 고려하기

그룹은 감정을 해결하거나 제거하거나 거부할 수 없다. 치료사 역할도 할 수 없다. 그러나 감정을 분별탐구자의 의사결정 과정의 한 요소로 간주할 수 있다. 견디기 힘든 감정까지 모든 감정들이 표현되고 적극적으로 들려질 수 있도록 그룹은 안전한 공간에서 수용적 분위기를 창조하는 역할을 수행한다. 가끔 그룹원 중 누군가가 분별탐구자의 관점과 선택에 영향을 주지만 수면 아래 숨겨져 있는 정서적 문제를 감지할 수도 있다. 이런 경우 문제를 감지한 그 사람이 문제를 수면 위로 꺼내어 볼 수 있도록 제안할 수도 있다.

"팻, 우리는 석사 학위를 위해 학교로 돌아가는 옵션에 대해 이야기를 많이 하지는 않았습니다. 우리가 그것을 다룰 때마다 당신이 뒤로 물러나는 것 같았는데, 혹시 학업이나 공부에 대해 어떻게 느끼는지요?"

기록하기

분별탐구자는 그가 말한 내용에 주의를 기울이고 회의 후에 다시 참조할 수 있도록 누군가가 메모해주기를 원할 수도 있다. 한 사람이 전체 회의에 대해 메모하는 데 동의할 수도 있고 여러 사람이 역할을 공유할 수도 있다. 어떤 종류의 메모를 작성해야 하는지에 대한 명확한 지침주요 사항, 제기된 질문, 통찰 또는 제안 등을 마련하라. 일부 분별탐구자는 녹취를 활용하기도 한다.

후속 작업 수행하기

어떤 경우에는 그룹이 동료분별모임이 끝나고 도움이 될 수도 있다. 구성원들은 특정 후속 작업을 수행하거나 정보를 찾거나 필요한 자원을 확보하는 데 동의할 수도 있다. 때때로 그룹은 한 세션을 끝내고 다음 세션을 위해 다시 만나기도 한다. 회의가 끝날 무렵 모임진행자는 그렇게 동의한 내용을 요약한다.

"좋아요. 어디 봅시다. 앤디, 당신은 다음 주에 팻을 만나서 그녀가 내년 재정 계획을 세울 수 있도록 도와주기로 했습니다. 에밀리는 팻이 집을 방문하면 전화를 할 수 있도록 지원해 주는 것이 가능하다고 했고요, 나는 두달 간 그녀와 함께 일이 어떻게 진행되고 있는지 살펴 보고 만약 동료분별그룹이 다시 만날 필요가 있는지 확인해 보겠습니다."

영과 직관(Spirit and Intuition)

종교적이거나 영적인 전망을 가진 사람들에게는 동료분별모임에 '제 3의 존재'가 있을 것이다. 분별탐구자와 동료분별그룹 외에도 근원적 영적 안내자가 존재한다. 이 존재는 다양한 이름으로 불리며, 우리 모두가 이 힘에 우리 자신을 열면 앞으로 나아갈 길이 분명해질 것이라는 생각을 공유한다. 비록 비영적인 접근 방식을 가진 사람들이라고 해도 분명 그들에게 정보에 입각한 직감이나 끈질긴 직관이 중요한 역할을 할 수도 있다.

비밀유지(confidentiality) [20]

대부분의 경우 동료분별모임에서 누군가 말한 모든 내용은 비밀로 간주되며 달리 명시적인 합의가 없는 한 회의실 밖으로 가져갈 수 없다. 이에 대해 의문점이나 혼란이 있는 경우에는 회의가 끝나기 전에 그룹에서 논의한다.

---

20) 옮긴이 주: 또는 이중보호의 원칙. 모임에서 나눈 이야기나 정보를 외부에 공개하지 않고, 참여자들 사이에서만 공유하는 것을 뜻한다. 신뢰를 바탕으로 한 모임을 유지하는 데 매우 중요하다.

동료분별그룹은 지원 그룹이 아니다.

동료분별그룹 구성원들은 특정 결정에 도움을 주기로 동의하며 대개 한두 번만 회의한다. 장기적인 지원을 처리하는 데 있어 반드시 능력이 있거나 가장 적합한 사람들일 필요는 없다 동료분별그룹의 짧은 기간 지원하는 역할은 적합하다, 그러나, 지속적인 지원 기능으로 발전시키는 것은 피하라. 만약 동료분별모임을 통해 분별탐구자에게 지속적인 도움이 필요하다고 판단되면, 특별히 그 목적을 위한 새로운 그룹을 구성하라. 지원 그룹도 위기에 처한 회원을 지원하기 위해 종종 모이기는 하지만, 여기서 말하는 새로운 그룹은 이 책의 1부 '지원 그룹Support Group'에서 설명하는 지속적인 상호 지원 과정과는 다르다는 점을 유의하라. 여기서는 특별한 필요를 가진 한 사람을 한 방향one-way으로 보살피고 지원하는 모임이다.

아비게일은 데이트 강간이라는 트라우마를 겪고 범인을 기소할지 결정하기 위해 동료분별위원회를 소집했다. 두 명의 변호사와 치료사 한 명이 이 동료분별그룹에 포함되어 있었는데, 모두 걱정이 되었지만 매우 바쁜 사람들이었다. 동료분별모임이 끝나고 아비게일이 법정 소송을 진행할 때, 동료분별과정에 참여했던 친구 진Jean이 지원 그룹을 구성할 수 있도록 그녀를 도왔다. 지원 그룹은 말 그대로 고통스러운 법적 절차의 모든 단계를 밟아야 할 아비게일의 곁에 있어 준 친구였다.

모임진행자Facilitator의 역할

모임진행자는 '동료분별과정 구성'에 설명된 역할 외에도 실제 회의 중에 다양한 기능을 수행한다.

진행

모임진행자는 의제 소개, 시간 관찰, 그룹의 모든 구성원과 동등한 참여 장려, 그룹 에너지 관찰, 휴식의 필요성 등과 같이 보통 모임의 과정을 담당하는 역할을 맡는다. 모임진행자는 과정을 통제하지는 않지만, 그룹이 원하는 것을 결정하도록 돕고 특히 분별탐구자의 요구를 민감하게 알아차린다.

분별탐구자에 관한 관심

회의 내내 모임진행자는, "그룹에서 필요한 것을 얻고 있습니까?"라고 질문하면서 분별탐구자와 긴밀한 의사소통을 유지한다. 분별탐구자는 생성된 아이디어의 양, 그룹의 도전, 특정 비판이나 부정적 피드백 또는 결정과 관련된 감정에 압도될 수 있다. 모임진행자는 그룹원들이 분별탐구자가 말하는 내용을 수용할 수 있는 능력을 넘어섰다고 감지하면 초점을 다른 방향으로 전환하여 휴식을 요청하는 것이

현명할 수도 있다.

그러나, 만약 중요한 문제가 제기되고 있는 경우, 분별탐구자가 준비되었을 때 그 논점으로 돌아가라. 즉, 어렵다는 이유로 피하지는 말라. 모임진행자는 또한 그룹을 모니터링하여 개인적인 의제나 편견이 토론을 방해하는지를 파악한다.

그룹 궤도 유지

모임진행자는 분별탐구자와 회의 전에 만나서 분별탐구자가 무엇을 원하는지 명확하게 파악한다. 모임진행자의 역할 중 하나는 이 목표를 염두에 두는 것이다. 동시에 동료분별그룹이 종종 예상하지 못한 풍부한 방향으로 나아가 이익을 얻기도 한다. 이럴 때 모임진행자는 이것이 산만해져 옆길로 새는 건지 아니면 탐구해볼 만한 중요한 영역인지 파악해야 한다. 모임진행자는 그룹과 분별탐구자에게 딜레마를 제시하고 진행방법을 결정하도록 요청할 수도 있다.

의사결정하기

대부분의 경우, 결정은 실제로 분별탐구자자의 몫이며 그룹의 역할은 그 과정을 지원하는 것이다. 하지만 간혹 그룹 전체가 결정을 내려야 할 경우도 있다.

그런 경우, 대부분의 동료분별그룹은 의사결정 모델을 사용한다. 모임진행자는 그룹이 합의에 도달하도록 안내하는데 일반적으로 모임진행자는 몇 가지 선택 사항에 대해 토론하고 탐색한 후 새로운 제안을 제시하고, 그룹에게 동의하는지 아니면 동의하지 않는지 물어

봄으로써 합의를 점검한다. 이 시점에서 그룹 구성원들은 제안된 방향에 찬성한다는 의사를 표시하거나 제안에 대한 수정을 제안할 수도 있다. 일부는 실제로 동의하지 않을 수도 있다. 모임진행자가 모두 동의할 수 있는 결정안을 제시할 때까지 일부가 계속 이견을 보이더라도 토론과 합의를 위한 시도는 계속한다. 혼란스럽거나 아이디어가 부족한 모임진행자는 그룹의 다른 구성원에게 제안이나 합의에 대한 진술을 요청할 수 있다는 점을 참고하라. 합의 과정에 대한 자세한 내용은 이 책의 1부 '지원 그룹Support Group'에 있는 '그룹이 작동하는 이유-What Makes Groups Work'와 참고 문헌에 나와 있는 다양한 자원을 참고하라.

진행 과정

'동료분별모임을 위한 형식과 스타일Format and Styles for Clearness Meetings'에 있는 동료분별모임의 대부분 요소는 설명이 필요 없다. 다음은 모임진행자와 분별탐구자가 회의를 계획하는 데 도움이 될 만한 참고 사항이다.

여는 활동과 마음모으기

여는 활동은 그룹이 모여 집중할 수 있도록 도와주는 역할을 한다. 처음 만나는 사람들이라면 서로를 소개하는 활동이 적합할 수 있다. 이외에도 특정 주제에 대한 공유, 명상 또는 침묵, 노래 부르기 등 다양한 아이디어를 활용할 수 있다. 많은 공동체에서는 정기적으로 함께 즐기는 활동을 하고 있으며 이는 함께하는 삶의 일부로 자리 잡고 있다. 하지만 여는 활동 및 마무리 활동은 의례적인 의식을 위한 것이 아니라 그룹의 목적에 맞게 유연하게 구성하는 것이 중요하다.

마무리

마무리는 사람들이 퇴장하기 전에 회의를 마무리하는 그룹 활동이다. 여는 활동과 같은 활동을 마무리로 활용할 수도 있다. 다른 형태의 마무리에는 각자가 앞으로 기대하는 내용 공유하기, 손을 잡고 원을 그리며 서 있기, 분별탐구자 또는 그룹 구성원의 긍정적 분위기 확인하기 등이 있다.

체크인

체크인은 모임을 위한 준비과정이 될 수 있다. 체크인의 목적은 필요한 내용을 아주 간단하게 나눔으로써 사람들이 회의에 온전히 참여할 수 있도록 하는 것이다. 하루 동안 일어난 일이거나 몇 주 또는 몇 달에 걸쳐 진행된 일에 관한 것일 수도 있다. 어떤 의미에서는 사람들이 각각 이렇게 말할 수도 있다.

> "이것은 내 삶에서 일어나고 있는 일입니다. 지금 나는
> 모든 일을 옆으로 제쳐놓고 회의에 집중하겠습니다."

체크인은 그룹 구성원들이 서로 알아가는 방법이기도 하다. 자세한 설명은 이 책의 1부 '지원 그룹Support Group'의 '체크인Checking-In'을 참고하라.

편견 점검

동료분별그룹의 맴버들은 종종 분별탐구자에게 개인적인 친분이 있거나, 결정에 대한 개인적 이해관계가 있을 수 있다. 그들은 '분별탐구자가 어떻게 해야 하는지,' '가장 합리적인 미래 방향이 무엇인지'를 다룰 때 강한 감정이나 편견을 가지게 될 수도 있다. 편견 점검은 회의 초반에 이러한 감정을 솔직하게 표현하여 회의 과정을 방해하지 않도록 할 수 있는 기회이다. 사람들이 드러낸 편견을 판단하거나 토론을 할 필요는 없다. 단지 그들의 관점을 이해하기 위해 경청하는 것만으로도 충분하다.

확언 Affirmations

동료분별모임에는 일반적으로 당황스러운 결정과 어려운 감정이 수반되므로 이러한 어려움의 균형을 맞추는 것이 도움이 된다. 분별탐구자에게 긍정 표현이 도움이 되는 한 방법이다. 분별탐구자가 어떤 것을 원하느냐에 따라 다양한 방법이 활용될 수 있다. 어떤 그룹들은 단순히 강점 리스트를 브레인스토밍하고, 누군가는 용지에 그것을 받아적는 방법을 쓴다. 다른 그룹들은 큰 종이를 벽에 붙여서 그룹 맴버들에게 강점이나 재능 혹은 자산을 적으라고 요청한다. 분별탐구자의 긍정적인 면을 짧게 이야기로 들려주는 것도 또 다른 방법이다.

평가

모임 평가를 통해 동료분별 과정을 배우고 개선할 기회를 제공한다. 모임진행자는, "무엇이 사람들에게 효과적이었나요?"라고 질문할 수 있다. 그룹 구성원들이 긍정적인 측면들을 나열한 후토론이나 논평이 아닌 브레인스토밍 방식으로, 모임진행자가, "무엇이 좋았을까요?"라고 물을 수도 있다. 사람들이 어려운 점들을 나열할 때는 모임진행자가 미래를 위한 긍정적인 제안들을 요청할 수도 있다. 다시 말하자면, 그룹이 이러한 제안에 모두 동의할 필요는 없다. 이렇게 하는 것은 모든 사람이 고려하는 바를 들어보기 위함이다.

평가 단계에서 존은 "카렌이 소리 지르고 우는 소리를 듣는 것이 힘들었습니다. 저는 우리 그룹이 그러한 감정들도 다루게 될 것이란 걸 몰랐거든요."라고 말했다. 모임진행자는 그룹에게 다음에 이러한 상황을 어떻게 다루면 좋을지에 대해 제안할 것이 없는지 물었다.

"분별탐구자 또는 모임진행자가 맴버들에게 그러한 감정이 표출될 수도 있다고 미리 안내를 준 후에 그때 불편한 사람은 회의 도중 밖으로 나갈 수 있도록 해주세요."

"모임진행자는 그룹원들의 상태가 어떤지 보기 위해 확인할 수 있잖아요. 그들에게 감정을 표현해도 괜찮다고 안심시켜주세요."

"사전에 그런 감정들이 감지된다면 그룹 내 누군가에게 감정과 관련한 문제에 특별히 관심을 가져달라고 부탁하여 구성원들이 긴장을 풀 수 있도록 도움을 줄 수도 있습니다."

마무리: 놀라운 결과

나는 동료분별모임에서 묘한 일이 일어나는 것을 발견했다. 그룹은 존중과 경청, 돌봄이라는 접근 방식을 유지하고, 분별탐구자와 함께 서로 조화를 이룬다. 그때 이들은 관점, 느낌, 그리고 가장 중요하다고 여기는 감각에 있어 눈에 띄는 변화의 순간을 만나게 된다. 여러 요인들이 새로운 방식으로 질서정연하게 조화를 이루며 배열될 때, 그것은 종종 예상치 못한 방식으로 일어난다. 대개 그러한 순간에 명료해지는 현상이 일어난다. 항상 바로 그리되는 것은 아니다. 동료분별은 종종 완전한 맛을 내기까지 시간이 걸리는 셈이다.

나는 또한 그룹과 분별탐구자가 모임을 시작할 때보다 모임 중에 더 좌절감을 느끼고 덜 명료해지는 현상을 경험하기도 했다. 그런 사례에서도 다음 모임이 이어지고 적절한 질문과 함께 필요한 침묵과 기다림이 수반되었을 때, 예상치 못한 부분들이 표면 위로 올라왔고 새로운 창의성이 나타났다. 그룹이 잘 작동하면, 구성원들 간에 새로운 연결로 이어지는 멋진 마법과 공감대가 형성된다.

내 경험에 의하면, 영적 탐색에 중점을 둔 모임이든, 지적이고 정치적인 분위기의 회의든 간에, 때때로 예상치 못한 전환이 일어나곤 한다. 중요한 것은 분별 탐구자의 말뿐만 아니라, 내면에 숨겨진 열정과 진실한 표현을 찾으려는 그들의 성격과 정신까지 깊이 있게 듣는 것이다. 이를 통해 분별 탐구자는 자신의 지혜와 진정성을 끌어낼 수 있게 된다.

3부 / 전략적 질문

프란 피비

전략적 질문하기는
변화를 가져올 질문을 던지는 기술이다.
그것은 사회와 개인의 변화를 위한
강력하고 흥미로운 도구이다. 또한 현장에
필요한 변화 전략이 자연스럽게 나타나도록
도와주기 때문에 중요한 역할을 한다.

전략적 질문하기:
개인적, 사회적 변화를 만들기 위한 접근 방식

아침에 나에게 세 명의 천사가 찾아왔다.
첫 번째 천사가 묻는다. "당신의 비전은 무엇인가요? 당신의 관심사는 무엇인가요?" 두 번째 천사는 "당신의 일을 하기 위해 무엇이 필요할까요?"라고 묻는다. 세 번째 천사는 "어떤 지원이 필요하십니까?"라고 묻는다. 그리고 내 마음의 천사는 돛에 부는 바람을 느끼며 자신의 충만함으로 자신을 끌어 올리며 대답한다. "나는 그것이 사소한 것일지라도 내 역할을 다할 거에요."
질문을 던지면 대답은 자연스럽게 뒤따라온다.

-프란 피비, 1994년 1월

우리가 인생에 대해 아는 것은 우리가 질문하기와 함께 머물기로 결심할 때만 가능하다. 우리는 우리가 알고 있는 것을 가지고 활동할 수 있으며, 한 가지 확신할 수 있는 것은 누군가는 현재의 지식에 안주하지 않고, 끊임없이 질문하고 탐구하고 있다는 것이다. 그들은 연구하고 질문하며 새로운 발견을 위해 노력하고 있다.

우리는 현안에 대하여 지속적으로 변화하는 정보의 흐름을 기반으로 문제에 접근한다. 현재 인간이 알고 있는 정보의 양은 5년마다 두 배로 증가한다. 모든 분야에서 생성되는 압도적인 데이터의 눈사태를 따라 잡을 수 있는 사람은 거의 없다. 또한 모든 정보의 변화는 매우 방대하고 복잡하기 때문에 컴퓨터 데이터베이스조차도 금방 구식이 되어버린다.

모든 분야에서 지식이 빠르게 변화하고 있기 때문에, 정보를 이해하고 문제와 관련하여 질문하는 방식도 새롭게 바뀌어야 한다. 정보를 백과사전에 수록될 수 있는 변하지 않는 것으로 보는 것은 구시대적인 관점이다. 1990년대에는 '정보는 강과 같다.'라고 비유하는 것이 더 적절하다. 정보의 강에서 아이디어와 관계는 끊임없이 변화하고 있다. 어느 날 강물에 발을 담그면 다음 날과는 다른 관점이 생긴다. 왜냐하면 강은 또 하루의 경험과 사고와 함께 이미 흘러갔기 때문이다.

질문도 마찬가지다. 오늘 같은 질문을 하면 어제와는 다른 대답이 나온다. 어제보다 더 많은 답을 찾을 수 있다. 어제 몰랐던 것을 오늘은 알게 될 수도 있다. 새로운 정보를 알게 되었든, 아니면 단순히 자체적인 종합과 분석을 통해 해결책을 만들었든, 질문과 답은 모두 달라져 있다.

완전한 것으로 알려진 것이 있을까? 한 가지 정보를 발견하면 그 정보에서 새로운 질문이 생기고 당신은 다시 강물에 뛰어들게 된다. 발견, 새로운 질문, 새로운 발견, 또 다른 질문이 계속 이어진다.

우리는 '나는 모른다.'는 느낌으로 문제에 접근할 때 힘을 발견할 수 있다. 당신이 이미 알고 있다고 생각하는 것에 의심을 품는 것에도 힘은 존재한다. 그것이 자신의 지위나 전문성에 위협이 된다고 생각할 필요는 없다. 오히려 모른다는 태도를 통해 새로운 질문이 떠오르고 새로운 발견이 시작될 수 있다. 이런 태도는 또한 새로운 가능성의 문을 열어주고 새로운 자원과 관점을 가진 다른 사람들을 초대하여 새로운 해결책을 함께 만들 수 있게 해준다. 이를 통해 우리는 당면한 문제를 둘러싸고 흐르는 정보의 강으로 향한 문을 열고, 이 강과 삶과의 역동적인 관계로 나아갈 수 있다.[21]

특별한 유형의 질문

질문하기는 기존의 지식이나 권위에 저항하는 기본 도구이다. 그것은 정체되고 굳어진 현재의 껍질을 깨고 탐구할 수 있는 선택지를 열어준다.

질문하기는 겉으로 보기에는 자신감 있고 확실해 보이는 모든 실재의 내면에 깊이 내재된 심오한 불확실성을 드러나게 해준다. 질문하기는 성장과 새로운 가능성을 향한 불확실성이 필요하다.

질문하기는 우리의 인생 전체를 바꿀 수 있다. 그것은

---

[21] 내 친구 마크 버치(Mark Burch)는 의사소통에 두 가지 종류가 있다는 것을 알 수 있도록 도와주었다. 첫 번째 종류의 의사소통은 있는 그대로의 것에 관한 것이다. 일반적으로 정적인 방식이나 수동적인 방식으로 정보를 전달하는 것과 관련이 있다. 의사소통에는 관성의 가정이 있다. "상황은 그대로 유지될 것이다." "두 번째 유형의 커뮤니케이션은 현실이 어떻게 될 수 있는지에 초점을 맞춘다. 이는 이미 알려진 정보를 전달하는 것이 아니라, 새로운 정보를 창조해낸다. 마크 버치는 이를 '교류(transactions)'의 진동하고, 찌릿하며, 물결치는 바다에 사람이 몰입하는 것'으로 묘사한다. (마크 버치, 1991년 8월, 심층 심리학과 지속 가능한 개발(미발표 논문))." 나는 전략적 질문이 이 두 번째 유형의 커뮤니케이션을 발전시키는 데 중요한 기술이라고 본다.

우리 안에 숨겨진 힘과 억눌린 꿈을 밝힐 수 있다.… 어쩌면 우리가 수년 동안 부인했을지도 모르는 것들을.

질문하기는 제도와 문화 전체를 바꿀 수 있다. 질문하기는 사람들이 변화를 위한 전략을 수립할 수 있도록 힘을 실어줄 수 있다.

행동 전략으로 이어지는 질문을 던지는 것은 문제 해결에 큰 도움이 된다.

더 많은 선택을 열어주는 질문을 하면 예상치 못한 해결책이 많이 나올 수 있다.

적절한 질문을 던져서 상대방이 특정 문제에 대해 고정된 입장에서 벗어나게 도울 수 있다면, 그것이 치유와 화해의 행동으로 이어질 수 있다.

현재 우리 문화에서 허용되지 않는 질문을 하는 것은 우리 문화와 제도의 변화로 이어질 수 있다.

사람들이 자신의 대답 속에 담긴 전략과 아이디어를 찾아내기 위해 질문하고 경청하는 것은 사회 변화 활동가가 특정 문제에 대해 제공할 수 있는 가장 큰 서비스가 될 수 있다.

전략적 질문하기는 변화를 가져올 질문을 던지는 기술이다.[22] 그것

---

22) 나는 '전략적 질문하기(strategic questioning)'라는 단어를 내가 만들어 냈다고 생각하긴 했지만 내가 만들어 낸 것은 아니다. 나는 4년 동안 이 용어를 사용해 왔는데, 몇 년 전 나의 친한 대학 교수 로널드 T. 하이먼(Ronald T. Hyman)이 쓴 전략적 질문하기(strategic questioning)라는 교수법에 관한 작은 책을 접하게 되었다. 나는 25년 전에 그 말을 들었던 것이 틀림없고, 그 씨앗 단어가 그 옛날 내 마음 속에 심어졌다.

은 사회와 개인의 변화를 위한 강력하고 흥미로운 도구이다. 또한 현장에 필요한 변화 전략이 자연스럽게 나타나도록 도와주기 때문에 중요한 역할을 한다.

전략적 질문하기는 특별한 유형의 질문과 특별한 유형의 경청이 포함된다. 누구나 업무와 개인 생활에서 전략적 질문을 사용하여 친구, 동료, 정치적 지지자와 반대자 모두를 해방시켜 변화의 길을 만들 수 있다.

전략적 질문하기는 질문을 받는 사람뿐만 아니라 듣는 사람도 변화시킬 수 있는 과정이다. 다른 관점에 자신을 개방하면 새로운 정보, 새로운 가능성, 문제 해결을 위한 새로운 전략을 고려하기 위해 우리 자신의 생각은 바뀌어야 할 것이다.

매번 불평을 듣는 자리에서 누군가가 "우리가 그 상황을 어떻게 바꿀 수 있을까?"라고 묻고, 답이 자연스럽게 나오도록 주의 깊게 들은 다음, 그 그룹이 변화를 위한 행동을 시작하도록 도왔다면 우리 세계는 어떤 모습일까? 직장, 가족 또는 사회적 상황에서 당신이 그렇게 한다면 어떤 느낌일까? 당신은 수동적인 자세에서 벗어나 능동적으로 주의를 기울이며 맥락안에서 상황에 대처할 수 있을 것이다. 당신은 해결책의 수용자가 아닌 창조자가 될 수도 있다. 이러한 관점의 전환은 지금 세상 사람들이 필요로 하는 중요한 것 중 하나이다. 그리고 전략적 질문을 던지는 기술은 이러한 변화를 만드는 데 강력한 기여를 한다.

질문하는 방법을 배운 적이 있는가? 답이 이미 정해져 있지 않은 질문을 하도록 격려받은 적이 있는가? 실질적인 변화를 가져올 수 있는

그러다 그것이 내게 필요할 때 꽃을 피웠다. 고마워요, 로널드 T. 하이먼.

질문에 대해 배워본 적은 있는가? 전통적인 가정이나 교육 시스템에서 자란 우리 대부분은 그렇지 않다. 전통적인 학교 교육은 이미 정답이 있는 질문을 묻는 방식에 기반을 두고 있다. 예를 들면, "헨리 8세에게 아내가 몇 명이었나요?", "저 차는 무슨 색인가요?", "4 곱하기 5는 얼마인가요?"와 같은 질문이다. 질문에는 정해진 '정답'이 있으며, 일반적으로 각 질문에 대해 하나의 답이 있다고 배웠다. 오답은 낮은 점수로 벌을 받는다. '학습의 풍경은 '정답'과 '오답'으로 나누어져 있다.[23]

이러한 방식은 학교를 운영하고 학생들의 기억력을 시험하는 데는 편리할 수 있다. 하지만 학생들에게 능력을 키워주거나 배움을 제공하는 과정도 아니었고, 인생에서 마주하는 문제를 준비하는 데에도 적합하지 않았다.

어떤 가정에서는 아이들이 답이 확실하지 않은 질문을 하는 것을 피해야 한다고 배운다. 왜냐하면 그것이 사람들을 불편하게 만들기 때문이다. 어른들이나 부모님은 상황을 책임져야 할 위치에 있으면서 "모르겠는데."라고 말하는 것을 싫어하는 것처럼 보인다. 심지어 당황스러운 질문을 하거나 어른들의 권위를 위협하는 행위는 벌을 받을 수도 있다. 그래서 아이는 미지의 부분이 드러나기도 전에 질문하기를 멈추는 것을 배운다.

이 모든 것은 우리 시대를 고려하면 불행한 일이다. 왜냐하면 1990년대에는 개인적, 직업적, 공적인 삶에서 즉각적으로 답을 알 수 있는 질문들로 둘러싸여 있었기 때문이다. 이러한 상황에 대처하는 방법과

---

[23] 오답은 낮은 점수로 벌을 받는다'는 의미는 학생들이 문제를 틀릴 경우 낮은 점수를 받게 되어, 잘못된 답변에 대해 부정적인 결과를 받는다는 것을 뜻한다.

질문하는 방법을 배우지 않았다면 이러한 미지의 환경은 두려움과 공포를 불러일으킬 수 있다. 전략적 질문을 하는 방법을 배우는 것은 내가 만든 길이다. 이 길은 세상에 대한 수동적이고 두려운 질문을 주변의 정보와 필요한 해결책을 탐색하는 역동적인 과정으로 변환하도록 돕는다. 우리는 거의 모든 문제에 대한 답을 '만들어 낼' 수 있다.

전통적인 학교를 생각해 보자. 선생님이 "4 곱하기 5는?"이라고 물었을 때 우리가 "29요."라고 대답했을 때 "틀렸어!"라고 지적하지 않고 그대로 두었다면 어땠을까? 선생님이 우리에게 어떻게 29가 되었는지 사고 과정을 설명해 보라고 하셨다면 어땠을까? 그랬다면 우리는 자신의 사고 과정에 대해 배우고 능동적인 방식으로 수학을 경험했을지도 모른다. 선생님은 수업의 질을 높이는 방법에 대해 무언가를 배웠을지도 모른다.

질문을 장려하지 않는 가정에서는 어른이 "모르겠는데."라고 대답한 후에 "어떻게 알아낼 수 있을까?"라는 후속 질문을 하는 경우는 거의 없다. 어른들은 종종 당황스러움에 사로잡혀 아이에게 알아내는 방법을 안내해 주지 못하는 경우가 많다. 그러나 어린이가 어른의 세계, 즉 자신이 물려받을 세계에는 의심, 불확실성, 모름이 존재하며 그 해결책을 찾기 위해 자신의 역할을 해야 한다는 것을 깨달으면서 성장하는 것은 중요하다.

전략적 질문을 형성하는 데는 7가지 주요 요소가 포함된다.

1. 전략적 질문은 행동motion을 만들어낸다.

우리가 배워온 전통적인 질문은 대부분 정적이다. 전략적 질문은

"어떻게 행동할 수 있을까?"라고 묻는다. 전략적 질문은 행동movement을 만들어내며 상황이 고착되지 않도록 역동적이다.

대화가 구성되는 방식에 따라 행동에 대한 저항을 만들어내기도 한다. 무술 태극권t'ai chi은 저항을 대하는 지혜를 많이 가르쳐준다. 태극권은 장애물을 만났을 때 직접 밀어붙이면 장애물은 더 단단해진다고 말한다. 무언가가 자신에게 다가올 때 저항으로 맞서면 전혀 효과적이지 않다. 태극권은 상대방의 에너지를 받아들이면서 자신에게 다가오는 장애물의 에너지와 만나 함께 움직이면 새로운 방향의 움직임이 나온다고 말한다. 양쪽 모두 처음 시작했던 곳과는 다른 곳에 도착하게 되고, 둘 사이의 관계는 바뀌게 된다.

전략적인 질문을 할 때도 이와 같은 새로운 방향으로의 전환이 일어난다. 예를 들어 샐리Sally가 거주할 곳을 찾고 있는데 시드니에 좋은 부동산 매물이 있다는 소식을 들었는데 어떻게 해야 할지 막막하다고 가정해 보자. 나는 샐리에게 "그냥 시드니로 이사하지 그래요?"라고 말한다고 가정해 보자. 이 질문은 자극적일 수 있지만 별로 도움이 되지 않는다. 사실 이것은 질문을 가장한 제안일 뿐이다. 내 나름의 이유로 샐리가 시드니로 이사해야 한다고 생각한다. 아마도 그것은 시드니로 이사하는 게 좋겠다는 내 마음을 질문에 투영하고 있는지도 모른다. 무슨 이유에서든 나는 교묘한 질문을 하고 있기 때문에 샐리를 유도하고 있는 것이다. 내가 샐리에게 더 많은 압력을 가할수록 샐리가 시드니라는 선택을 고려할 가능성은 더 낮아질 것이다.

보다 전략적인 질문은 샐리에게 "어떤 곳으로 이사하고 싶으신가요?" 또는 "행복한 삶을 떠올리면 어떤 장소가 떠오르나요?" 또는 "이

번 이사가 인생에서 어떤 의미가 있나요?"라고 물어보는 것이다. 그러면 샐리는 새로 이사하게 될 집에 대해 특별히 원하는 부분들에 대해 이야기하고 새로운 목표를 설정하도록 격려받게 된다.

역동적인 질문을 하면 사람들이 문제를 해결할 수 있는 방법을 모색하는 데 도움이 될 수 있다. '갠지스강의 친구들 프로젝트Friends of the Ganges project'와 함께 인도로 첫 출장을 갔을 때, 나는 현지 사람들에게 "강 정화를 위해 무엇을 돕고 싶으세요?"라고 물었다. 이제 당신은 나에게 "현지인들이 강을 깨끗하게 하고 싶어하는 걸 어떻게 알았어요?"라고 물을지 모른다. 나는 이 문제에 대해 취할 수 있는 행동motion을 가정한 질문을 하고 싶었다. 나는 사람들이 항상 더 적절한 행동을 하고 싶어 한다고 가정했다. 나는 더 나아가 갠지스강 오염에 대해 어떻게 해야 할지에 대해 무력한 상태에서 벗어나고 싶어한다고 가정했다. 이 질문을 통해 많은 흥미로운 아이디어가 떠올랐고, 그 중 일부는 실제로 실행에 옮겼다.

우리가 어떤 문제에 봉착했을 때 변화를 위한 행동을 취하지 못하는 이유는 정보가 부족하거나, 문제에 대한 개인적인 힘에 상처를 입었거나, 문제를 진전시킬 수 있는 시스템이 마련되어 있지 않기 때문일 수 있다. 막막한 상황에서는 행동motion을 만들어 내는 방법을 생각해낼 수 없다. "강을 깨끗하게 하는 것을 돕기 위해 무엇을 하고 싶으세요?"라고 질문했을 때, 나는 지역 주민들이 오염에 대한 슬픔과 죄책감, 무력감을 넘어 적극적인 꿈과 창조로 나아갈 수 있도록 문을 열어주었다.

2. 전략적 질문은 선택지를 만든다.

내가 샐리에게 "왜 시드니로 이사하지 않으세요?"라고 묻는다면 나는 한 방향시드니으로만 역동적인 질문을 한 것이다. 이는 샐리가 생각할 수 있는 선택지를 매우 제한하게 만든다. 보다 강력한 전략적 질문은 선택의 폭을 넓혀준다. "어디에서 살고 싶으세요?" 또는 "연고가 있다고 느끼는 서너 곳은 어디인가요?"와 같은 질문이다. 이 질문은 지금 샐리에게 훨씬 더 유용한 질문이다. 샐리는 시드니의 부동산 거래에 대해 생각하느라 다른 모든 가능성과 자신의 진정한 목표에 대한 감각을 잃어버렸을 수도 있다.

전략적인 질문자는 샐리가 여러 선택지를 동등하게 살펴볼 수 있도록 도와줄 것이다. 샐리가 바이런 베이Byron Bay나 시드니로 이사할 수 있다고 말했다고 가정해 보자. "시드니가 가장 좋을 것 같으니 샐리에게 그곳을 권유해야겠어."라며 나 자신에게 말하는 것은 내 역할이 아니다. 만약 당신이 시드니에 대해 공정하고 균형 잡힌 태도로 접근하려 한다면 시드니와 바이런 베이에 대해 동일한 열정과 관심을 가지고 모든 선택에 대해 공평하게 질문함으로써 샐리가 스스로 방향을 정할 수 있도록 도와주는 것이 가장 좋다. 뿐만 아니라 질문 시간 동안 샐리에게 아이다호 트윈폴스Twin Falls, Idaho나 뉴질랜드 뉴플리머스New Plymouth, New Zealand 같은 다른 선택지가 떠오르는지 물어보는 것도 도움이 될 수 있다. 이 질문들 중에서 새로운 선택이 떠오를 수도 있다.

전략적인 질문자는 선택지를 두 가지만 놓지 않도록 주의하는 것이 중요하다. 우리는 시드니든 바이런 베이든 이분법적 사고에 너무 익숙해져 있기 때문에 브리즈번이 실행 가능한 대안으로 떠오르지 않는다. 일반적으로 두 가지 선택지만 고려하는 사람은 모든 가능성을 살펴보는 창의적인 사고를 하지 못한다. 사람들은 보통 두 가지 선택지가 있을 때 편안함을 느끼고 그 수준에서 선택할 수 있다고 생각한다. 이런 '선택'은 통제에 대한 착각의 일부이다. 그리고 두 가지 대안은 이미 하나보다 더 복잡하기 때문에 사람들은 사고하기를 멈춘다. 세상은 두 가지 선택지로 나타나는 것보다 훨씬 더 복잡하고 흥미롭지만, 두 가지 선택지가 있으면 제한적이긴 하지만 선택이 이루어지고 있다고 우리는 착각하게 된다.

나에게는 딸이 문제를 일으켜 가출했던 친구가 있다. 다행히 그 친구는 딸이 몇 시간 후에 어느 기차를 타고 떠날지 알고 있었다. 그녀는 딸이 그대로 기차를 타도록 내버려 둘 것인지, 아니면 기차에 가서 집으로 데리고 올 것인지 고민하고 있었다. 친구와 나는 이 문제에 대하여 한참 동안 대화를 나누며 어떤 선택을 하면 좋을지 함께 작업했다. 그리고 나는 이렇게 물었다. "딸의 갈등을 돕기 위해 또 무엇을 할 수 있을까?" 그녀는 잠시 생각에 잠기더니, 문득 새로운 아이디어가 번쩍 떠올랐다. 딸과 함께 가출해서 열두 시간 동안 기차에서 딸의 문제를 정리하는 것을 돕겠다는 것이었다. 딸에 대해 무섭고 두려웠던 친구는 질문을 통해 멋진 선택을 생각해 낼 수 있었다. 그녀의 불안한 감정이 모두 가라앉았을 때 생각해 볼 수 있었던 것이 어쩌면 그런 선택이었다.

3. 전략적 질문은 더 깊이 파고든다.

질문은 페인트 통의 뚜껑이 꽉 막혀 있을 때 그것을 열기 위해 사용하는 지렛대와 같다. 그리고 긴 지렛대 질문long-lever questions [24]과 짧은 지렛대 질문short-lever questions [25]이 있다. 짧은 지렛대만 있으면 그 뚜껑을 겨우 조금 열 수 있다. 하지만 더 긴 지렛대, 즉 더 역동적인 질문이 있으면 그 통을 훨씬 더 넓게 열 수 있고 정말로 상황을 뒤흔들 수 있다.

어떤 사람들은 닫힌 페인트 통처럼 머릿속으로만 문제에 접근한다. 올바른 질문이 적용되고 충분히 깊이 파고들면, 우리는 그 문제에 대한 모든 창의적인 해결책을 끌어낼 수 있다. 그 사람의 머릿속 뚜껑을 가두고 있는 딱딱한 침전물을 많이 떼어낼 수 있다. 질문은 자극제가 될 수 있다. 질문은 통합synthesis, 행동motion, 에너지로 이끌어 낼 수 있다.

4. 전략적 질문은 '왜'를 피한다.

샐리에게 "왜 시드니로 이사하지 않으세요?"라고 물었을 때, 이 질문은 그 문제에 대해 더 적극적이고 진취적인 태도를 취하기보다는 왜 이사하지 않는지에 초점을 맞춘 것이다. 대부분의 '왜'라는 질문이 이와 비슷하다. '왜'라는 질문은 기존의 결정을 옹호하거나 현재를 합리화하도록 강요한다. '왜'라는 질문은 또한 변화에 대한 저항을 불러일으키는 효과도 있다.

특정 질문이 극단적인 상황에서는 개방성이 명확하게 드러난다.

---

[24] 긴 지렛대 질문(long-lever questions): 넓은 범위와 깊이를 가진 질문으로, 장기적이고 복잡한 사고를 요구하는 질문
[25] 짧은 지렛대 질문(short-lever questions): 간단하고 직관적인 질문으로, 빠르게 답변할 수 있으며 즉각적인 결과를 도출하는 데 적합한 질문

그러나 전략적 질문 기술에 대한 이해를 깊게 할수록 그 개방성은 훨씬 더 미묘하고 주관적으로 변한다. 예를 들어, "왜 빈곤 퇴치를 위해 일하지 않으세요?"라고 묻는 것과 "무엇이 빈곤 퇴치를 방해하나요?"라고 묻는 것의 차이를 느낄 수 있는가? 가치와 의미에 초점을 맞출 때 '왜'라는 질문은 매우 강력할 수 있다. 하지만 일반적으로는 '왜'는 짧은 지렛대에 해당하는 질문이다.

5. 전략적 질문은 "예 또는 아니오"로 답하는 것을 피한다.

다시 말하지만, 이러한 유형의 질문"~을 고려해 보셨나요?"은 사람들이 자신의 문제를 더 깊이 파고들도록 유도하지 않는다. "예" 또는 "아니오"로 대답하는 질문은 질문을 받은 사람이 창의적으로 생각하는 것을 막거나 그를 수동적인 상태로 만든다. 전략적 질문자는 자신의 질문을 재구성하여 "예" 또는 "아니오"로 끝나는 답변을 피한다. 이는 의사소통에 큰 차이를 가져올 수 있다.

전략적 질문에 대한 아이디어에 매우 흥미를 느낀 한 학생의 이야기를 들었다. 그는 아내에게 질문을 할 때마다 거의 항상 단순히 "예" 또는 "아니오"로 대답을 받는다는 사실을 깨달았다. 전략적 질문 수업이 끝난 지 일주일 후, 그는 이 기법이 자신의 가정 생활을 완전히 바꾸었다고 말했다. 그는 집에 가서 아내에게 이러한 특별한 유형의 질문에 대해 이야기를 나누었다. 부부는 일주일 동안 "예" 또는 "아니오"라는 대답이 있는 질문은 하지 않기로 합의했고, 그들은 평생 그렇게 많은 대화를 나눈 적이 없었다고 했다.

6. 전략적 질문은 힘을 부여한다empowering.

전략적 질문은 행동motion이 실제로 일어날 수 있다는 자신감을 만들어내며, 이는 확실히 힘을 실어준다. 인도 사람들에게 "강을 깨끗하게 하기 위해 무엇을 하고 싶나요?"라고 물었을 때, 이 질문은 그들이 치유 과정에 일부 역할을 맡고 있다고 전제한다. 심지어 이 질문은 질문받는 사람이 정화 과정을 설계하는 데 기여할 수 있다는 자신감을 표현하게 한다.

내가 가장 좋아하는 질문 중 하나는 "이 문제를 바꾸려면 무엇이 필요할까요?"이다. 이 질문을 통해 다른 사람은 변화의 길을 만들 수 있다. 환경 보호 운동가가 제재소 주인에게 가서 "오래된 나무를 벌목하는 것을 멈추려면 어떻게 해야 하나요?"라고 묻는다고 상상해 보자. 이 질문은 제재소 주인에게 지역사회와 함께 그의 미래 사업을 위한 선택권을 만들도록 초대하는 질문이다. 제재소 주인은 질문한 사람에게 자신의 사업을 변경할 때 직면하는 장애물을 말할 수도 있고, 오래된 나무를 보존할 수 있도록 서로의 필요를 충족시키기 위해 함께 노력할 수 있다. 이러한 전략적 질문을 통해 나온 계획은 어느 쪽이든 처음에 원했던 것과 정확하게 닮지 않을 수도 있지만, 새로운 현실이 대화를 통해 탄생한다. 이것은 시위자와 제재소 주인의 목표를 모두 성취하는데 효과적일 수 있다.

권한부여empowerment는 조작munipulation과 반대되는 개념이다. 전략적 질문을 사용하면 사람의 머릿속에 아이디어를 주입하는 것이 아니라 실제로는 이미 그 사람의 머릿속에 있는 것을 가져와서 작업하도록 허용하는 것이다.

대규모 경찰의 지휘 구조에서 근무하는 제자가 있었다. 많은 정부 부처와 마찬가지로 그의 부서도 구조조정을 겪었고, 이러한 변화는 동료들 사이에서 스트레스와 불만을 불러일으켰다. 그들은 한 팀으로 함께 일하지 않았다. 몇 주 동안 직원 회의에서 부서원들은 "우리가 일하는 방식에서 뭐가 잘못되었지?"라는 질문을 스스로에게 던지고 있었다.

그 학생이 전략적 질문 방법을 부서에 가져갔을 때, 더 다양하게 권한을 부여하는 질문으로 그들의 어려움에 접근하기 시작했다. 그들은 "우리가 팀으로 작동하려면 무엇이 필요할까요?", "어떻게 함께 일하고 싶습니까?", "우리 각자는 무엇을 하고 싶은가요?", "우리 각자에게 어떤 지원이 필요한가요?"라고 물었다. 전략적 질문 시간을 가진 이후 낮은 사기가 개선되기 시작했고, 회의가 창의적으로 바뀌었으며, 팀워크가 회복되었다고 보고했다.

7. 전략적 질문은 '질문할 수 없는unaskable' 질문을 한다.

모든 개인, 그룹, 사회에는 금기시되는 질문이 있다. 그리고 이러한 질문은 금기이기 때문에 엄청난 힘을 발휘한다. 전략적 질문은 종종 이러한 '금기된' 질문 중 하나이다. 전략적 질문은 전체 이슈issue의 기초가 되는 가치와 가정에 도전하기 때문에 평소에는 질문할 수 없다.

나는 악랄한 직공들에게 속아서 멋진 옷을 입고 있다고 믿었지만, 실제로는 아무 옷도 입지 않고 거리 행진을 했던 황제에 관한 동화를 좋아한다. "황제는 왜 옷을 입지 않았나요?"라는 '질문할 수 없는unaskable 질문'을 던진 건 다름 아닌 어린아이였다. 그 아이가 정치적인 활동가였다면 "우리에게 황제가 왜 필요한가요?", 또는 "어떻게 하면 더 현명한 정부를 만들 수 있을까요?"와 같은 금기시된 질문도 던졌을지도 모른다.

1980년대 초, 나에게 있어서 질문할 수 없는 질문 중 하나는 "핵폭탄이 떨어지면 우리는 무엇을 해야 할까?"였다. 우리의 압도적인 파괴 능력과 그 무의미함을 직시하지 않고는 이 질문에 답할 수 없었다. 이 질문 덕분에 많은 사람들이 공포와 부정을 넘어 파괴를 막기 위해 정치적으로 노력할 수 있었다.

또 다른 질문할 수 없는 질문은 다음과 같다: 중환자에게는 "살고 싶나요, 죽고 싶나요?" 성 정치학sexual politics에 관련된 사람들에게는 "성별은 신화인가요?", 일 중독자에게는 "당신은 기쁨을 위해 무엇을 하나요?", 나무 활동가에게 "건축 자재는 어떻게 만들어야 할까요?", 또는 정치인에게는 "상대방의 정치적 공약에 대해 어떤 점이 마음에 드십니까?" 또는 "어떻게 하면 양측이 더 긴밀하게 협력할 수 있을까요?"라는 질문이 그것이다.

가치에 대해 질문하는 것은 우리 시대의 전략적 과제이다. 이 질문은 보통 처음부터 우리를 문제에 빠뜨리는 고도로 정치적인 문제 이면에 있는 가치이기 때문에 중요하다. 우리는 가치, 습관, 제도적 패턴을 살펴보고 "이 가치가 내 삶에서 어떻게 작동하는가?", "이러한 가치가 공동선에 도움이 되는 방식은 무엇인가, 또는 그 반대의 경우는 무엇인가?", "이러한 가치는 생존을 옹호하는pro-life 것인가, 반생명적인anti-life가?"를 질문해야 한다. 만약 누군가를 난처하게 하기 위해서가 아니라 미래를 위해 더 나은 대답을 찾기 위해 초당파적인 방식으로 질문할 수 없는 것에 대해 질문할 수 있다면, 그것은 '고착된' 문제를 가진 모든 사람에게 엄청난 서비스가 될 수 있을 것이다.

질문 유형(Question Families)

모든 질문은 그 힘이 다르다. 질문은 사람을 데려가는 깊이도 다르며 시간이 지남에 따라 역동적인 특성도 다르다. 질문은 다소 역동적일 수도 있고, 전략적일 수도 있고, 행동을 유도할 수도 있고, 길거나 짧은 지렛대와 같을 수도 있다.

에드워드 드 보노Edward de Bono의 용어를 빌리자면, '바위rock' 질문은 딱딱하고 영구적이며 변하지 않는 현실에 초점을 맞추는 단단한 진리를 가정하는 질문이고, '물water' 질문은 흐르는 질문, 길을 찾는 질문, 움직이는 현실, '이다'가 아닌 '~에'로 초점을 맞추는 질문이다. '물' 질문은 물을 담는 용기의 형태를 취하지만 그 자체가 형태는 아니다.

나는 이러한 질문 유형이 한 단계level에서 다음 단계level로 내려갈수록 유동성, 역동성, 전략적 힘이 증가한다고 생각한다. 전략적 질문 과정을 사용할 때 우리는 질문 순서order의 최상위에서 시작하여 더 강력한 질문 유형로 내려갈 수 있다.

첫 번째 수준 – 쟁점 설명하기

이 수준에서는 전략적 질문을 사용하지 않지만, 쟁점이나 문제를 설명하는 것은 중요한 작업이다. 나중에 전략적 질문의 틀을 잡기 위해서는 모든 주요 관계자player의 사실과 관점을 파악해야 한다.

1. 초점 질문

이 질문을 통해 상황과 쟁점을 이해하는 데 필요한 핵심 사실을 파악할 수 있다. 개인에게 질문을 사용할 때, 상황과 관련된 사실이 명확하게 제시되는 때이다. 여기서 사용되는 질문은 개인들의 이야기에서 관련된 부분을 이해하는 데 초점을 맞춘다. 공동체 여론조사 과정 community-polling process에서 전략적 질문을 사용하는 경우, 질문은 공동체의 사람들이 특정 쟁점에 대해 어떤 의견을 갖고 있는지 파악하는 데 초점을 맞춘다.

질문을 구성하는 데 있어 핵심은 질문의 내용과 질문자의 어조 모두 개방적이고 편파적이지 않아야 한다. 쟁점에 대한 입장이 무엇이든 누구에게나 똑같이 유효해야 한다.

"공동체 생활에서 어떤 점이 걱정되시나요?"
"오래된 레드우드redwoods,대형 수종인 캘리포니아 삼나무의 벌목에 대해 어떻게 생각하나요?"
"우리 공동체의 폭력이 여러분에게 어떤 영향을 미쳤나요?"
"우리 공동체에서 가장 걱정되는 것은 무엇인가요?"

2. 관찰 질문

이 질문은 상황에 대해 당신이 보고 들은 정보에 관한 것이다.

"뭐가 보이나요?"

"뭐가 들리나요?"

"이 상황에 대해 무엇을 듣고 읽었나요?"

"어떤 출처를 신뢰하며 그 이유는 무엇인가요?"

"이 상황이 사람에게, 그리고 지구에 어떤 영향을 미치는지 주목했나요?"

"당신이 확실히 알고 있는 것과 확실하지 않은 것은 무엇인가요?"

3. 분석 질문

이 질문은 사건에 부여된 의미에 초점을 맞추고 있다. 여기서 질문자는 사람이 상황에 대해 어떻게 생각하는지, 이야기의 주요 참여자에게 어떤 동기가 부여되었는지, 개인과 사건의 관계를 확인하려고 한다. 여기에는 '왜'라는 질문이 적절하다. 아직 정보를 수집하는 단계이므로 이러한 질문은 보통 별다른 행동motion을 일으키지 않지만, 놀랄 수도 있다. 때로는 이러한 질문이 강한 감정을 불러일으키거나 예상치 못한 행동motion을 유발하기도 한다.

"~에 대해 어떻게 생각하세요?"

"~에 대한 이유는 무엇인가요?"

"~와 ~의 관계는 무엇입니까?"

4. 느낌 질문

이 질문은 신체 감각, 감정 및 건강과 관련된 질문이다. 이러한 질문을 건너뛰지 않는 것이 중요하다. 감정은 종종 사고, 신뢰, 상상을 방해한다. 사건이나 문제에 관한 개인적인 결과나 영향에 귀를 기울이고 존중하는 것은 그 사람이 그 문제에 대해 자유롭게 사고할 수 있도록 하기 때문에 중요하다.

우리는 감정을 '고칠' 필요가 없으며 그럴 수도 없다. 그저 정중하게 경청하고 상대방이 준비가 되었다고 생각되면 계속 진행하라. 때때로 자연스럽게 이 단계로 돌아올 수도 있다. 어떤 사람들은 감정 단계에서 거의 시간을 보내고 싶지 않을 수도 있고, 어떤 사람들은 감정에 빠져 좀 더 역동적인 토론에 참여하기 위해 약간의 격려가 필요할 수도 있다.

"이 상황에 대해 생각하거나 말할 때 몸에서 어떤 감각이 느껴지나요?"
"이 상황에 대해 어떻게 느끼나요?"
"이 상황이 자신의 신체적 건강 또는 정서적 건강에 어떤 영향을 미쳤나요?"

두 번째 수준: 전략적 질문을 사용해서 더 깊이 파고들기

이제 우리는 행동motion을 증가시키는 질문을 하기 시작한다. 마음은 새로운 정보를 생성하고, 종합하고, 알려진 것에서 있을 수 있는 영역으로 이동한다. 여기에는 더 긴 지렛대 질문을 찾을 수 있다.

5. 비전을 세우는 질문

이러한 질문은 자신의 이상, 꿈, 가치관을 파악하는 것과 관련이 있다. 꿈과 비전을 명확히 하면 꿈과 비전이 좀 더 현실화되고 그 힘은 부인할 수 없다. 우리는 현재의 닻에서 공중으로 다리를 놓기 시작한다. 우리는 현재 상태를 밀어붙이는 것을 멈추고, 상황이 어떻게 발전할 수 있는지에 초점을 맞춘다.

"어떻게 되었으면 좋겠나요?"
"당신의 삶에 이 상황의 의미는 무엇인가요?"

6. 변화 질문

이 질문은 현재 상황에서 더 이상적인 상황으로 나아가는 방법에 관한 것이다. 미래의 대안들이 만들어지면, 그 대안들은 검토된다. 비록 비전이 완벽하지 않지만 사람들은 변화가 필요한 부분들을 찾아낼 수 있다. 나중에 이러한 세부 사항들을 통합하여 하나의 일관된 전체로 만들 수 있다. 일부 사람들은 구체적인 변화 질문을 하기 전에 비전세우기 과정Visioning process을 선호하기도 한다.

"어떻게 하면 당신이 원하는 상황으로 바뀔 수 있을까요?"
"현재 상황을 이상적으로 만들려면 무엇이 필요할까요?"
"여기서 정확히 무엇이 바뀌어야 할까요?"

"이러한 변화는 어떻게 이루어질 수 있을까요? 가능한 한 많은 방법을 제시하세요."

"여러분이 보거나 읽은 변화는 무엇인가요?"

"어떻게 그런 변화가 이루어졌나요?" 여기서 개인의 '변화 관점'을 찾으려는 것이며, 이는 사용할 수 있는 변화 전략에 큰 영향을 미칠 것이다.

7. 모든 대안 고려하기

이 질문들은 비전에서 나오는 대안과 변화가 필요한 방식을 검토한다. 어떤 목표를 달성하는 방법에는 여러 가지가 있다. 두 가지 대안만 검토하고 있다면 감정 작업feeling work이 더 필요할 수 있다. 한 가지 대안이 최선이라고 생각하더라도 그 대안에 더 많은 시간, 열정 또는 집중력을 쏟지 않도록 하라. 또한 언뜻 보기에 이상하거나 특이해 보이는 대안도 찾아보자. 이런 아이디어는 실행 가능한 다른 대안의 씨앗이 될 수도 있고, 나중에 다른 아이디어를 제안할 수도 있다. 대안적인 비전이나 위에서 언급했던 변화를 달성하기 위한 대안적인 방법을 만드는 데 집중할 수도 있다. 어떤 사람들은 '모든 방법'을 요구하는 질문에 압도될 수 있지만, 한 번에 하나씩 아이디어를 더 요청하면 계속해서 창의적으로 생각해낼 수 있다. 그 과정에서 떠오르는 새로운 아이디어에 대해 열린 자세를 유지하라.

"이러한 변화를 달성할 수 있는 방법에는 어떤 것이 있을까?"

"어떻게 그 목표를 달성할 수 있을까? 다른 방법은 무엇인가요?"

"다른 아이디어가 떠오르면 꼭 알려주세요."

8. 결과물을 고려하라

각 대안의 결과물을 살펴보라. 각 대안이 개인적, 환경적, 사회적 또는 정치적 결과를 초래할 수 있는지 신중하게 검토하고 각 대안에 동일한 시간과 에너지를 할당한다. 이때 느낌 질문feeling questions으로 돌아가는 것이 도움이 될 수 있다.

"첫 번째 대안이 그룹에 속한 다른 사람들에게 어떤 영향을 미칠까요?"

"유출수를 정원에 사용하면 어떤 효과가 있을까요?"

"각 대안을 말하면서 대안을 할 때 어떤 기분이 드시나요?"

"만약 당신이 ~한다면 정치적 효과는 어떻게 될까요?"

9. 장애물을 고려하라

각 대안에는 목표 달성을 방해하는 요소가 있다. 장애물을 파악하고 그 대안이 선택되었을 때 어떻게 대처할지 생각해 보자. 장애물에 집중하는 것은 그것을 제거하기 위한 중요한 첫 단계이다. 장애물은 중독, 가치관 또는 욕구일 수 있다. 나는 개인, 그룹 또는 기관이 변화하도록 압력을 가하기보다는 무엇이 그들을 변화하지 못하게 하는지에 초점을 맞추는 것이 더 유용하다고 생각한다. 변화와 변화에 대한 장애물이 질문자와 피질문자 모두에게 명확히 보일 때 선택이 가장 명확해진다.

"대안 'A'가 실행되려면 무엇이 바뀌어야 할까?"
"당신이 ~을 하지 못하는 이유는 무엇인가요?" "당신이 참여하지 못하는 이유는 무엇인가요?"

10. 개인 점검목록 Personal Inventory 및 지원 관련 질문

이러한 질문은 자신의 관심사, 잠재적 기여, 행동에 필요한 지원을 식별하는 것과 관련이 있다. 변화를 장려하는 데 있어 중요한 측면은 변화를 이루는 데 필요한 지원을 파악하는 것이다. 필요한 지원은 재정적, 언어적 또는 정서적 지원일 수 있다.

"내가 당신을 어떻게 지원하면 되나요?"
"당신이 변화에 참여하려면 무엇이 필요한가요?"
"이러한 변화를 가져오는 데 도움이 될 수 있는 방법은 무엇인가요?"
"상황의 어떤 측면에 가장 관심이 있으신가요?"
"이러한 변화를 위해 어떤 지원이 필요합니까?"

이 시점에서 질문하기를 통해 의사결정이 나타나기 시작할 수 있다. 현재 질문을 받고 있는 사람이 결정을 내릴 준비가 되어 있는지 확인하라. 의사결정이 분명하지 않다면 강요하지 마라. 명확한 의사결정이 내려지기까지 며칠 동안 숙고하고 며칠 밤을 꿈꾸는 것도 필요하다.

"명확한 의사결정이 내려질 것 같나요?"

11. 개인 행동 Personal Action 질문

이 질문은 무엇을, 언제, 어떻게 해야 하는지에 대한 구체적인 사항으로 이어진다. 실질적인 계획이 나오기 시작한다. 이 질문을 주고받는 과정에서 여러 시간대를 효과적으로 활용하여 여러 번의 대화나 생각의 과정을 거치는 이점을 얻을 수 있다. 잠을 자는 것과 꿈을 꾸는 것은 내면의 감각이 비전과 계획을 '진실하게' 만드는 데 도움이 된다. 행동 질문은 장·단기적인 대안적인 계획과 가능한 결과에 초점을 맞출 수 있다. 미래는 항상 변한다는 점을 기억하면서 계획 과정을 자유롭게 시도해 보라.

"누구와 이야기할 필요가 있나요?"
"이 일을 하는 그룹에 어떻게 참여할 수 있을까?"
"어떻게 하면 이 일을 함께 할 다른 사람들을 모을 수 있을까?"

특별한 유형의 듣기

전략적 질문의 중요한 임무는 사람들이 자신 안에 있는 해결책을 볼 수 있는 환경을 조성하는 것이다. 상대방의 움직이는 마음 깊이까지 귀 기울이는 것이다. 전략적 질문자는 모든 문제 속에 숨어 있는 잠재적 해결책을 찾기 위해 귀를 기울인다. 그리고 여기에는 특별한 유형의 경청이 필요하다. 단순히 수동적으로 듣는 것이 아니다. 주의를 기울여 행동 경로를 만드는 것이다.

이 역동적인 경청Dynamic listening은 그 자체로 특별한 유형의 의사소통이다. 이는 문제를 둘러싼 '교류transactions'의 바다에 자신을 담그는 것을 포함한다. 정적이거나 수동적인 방식으로 정보를 듣는 것이 아니다. 당신의 관심은 지금now의 현실에 주의를 집중하는 동시에 지금now 무엇이 될 수 있는지에 대한 단서에 주의를 기울인다.

논의되고 있는 문제들 내에서 새로운 가능성의 문을 여는 것은 다름 아닌 역동적인 경청이다. 당신의 관심이 화자 주위에 공간을 만들어 주며, 그들이 자신의 선택지를 탐색할 수 있는 공간을 제공한다.

나에게 역동적 경청는 듣기listening보다는 보기looking와 더 비슷하다. 일반적으로 우리가 들을 때는 주변의 모든 소리를 하나의 전체적인 '청각'으로 듣는다. 하지만 내가 말하는 경청이란 한 방향으로만 듣는 것이다. 즉, 당신의 귀는 오직 당신과 마주하고 있는 상대방의 가장 깊은 부분만을 향한다. 당신은 그들의 사고, 감정, 꿈, 본질을 듣고 있다. 당신의 귀는 그들의 말, 한숨, 질문 사이를 왔다 갔다 하며 의미meaning, 문제를 해결하려는 결단resolve, 행동motion, 필요need를 탐색한다.

- 관심을 가지지 못하게 하는 장애물이나 행동을 차단하는 것을 찾는다.

- 사람들을 밀어붙이는 것이 무엇인지, 그리고 그들이 왜 이 문제에 대해 무언가를 해야 한다고 느끼는지를 찾는다.
- 그룹이 원하는 상태가 무엇인지, 즉 그들이 사물이나 상황이 어떻게 변해야 한다고 보는지를 찾는다.
- 그들이 변화에 대해 어떻게 생각하며 변화가 그들의 삶에서 어떻게 일어나는지를 찾는다.
- 비록 변화의 경로가 불명확하거나 소극적일지라도 그룹이 인식하고 있는 변화의 방향이나 방법을 찾는다. 질문자와 응답자가 신선하고 창의적으로 생각할 수 있도록 질문하면서 그 경로를 함께 탐색하라.
- 사람이나 그룹의 마음 깊숙이 들어 있는 꿈과 목표를 찾는다.
- 변화의 길에서 발견되는 저항을 제거하는 방법을 찾는다.
- 눈앞에 놓인 각각의 가능한 선택이나 옵션을 예상할 때 느껴지는 감정을 찾는다.
- 각자 변화의 길로 나아가기 위해 어떤 지원이 필요한지 찾는다.

대체로 우리의 마음은 온전히 집중되지 않은 채 분산되어 있다. 상대방의 말을 듣는 동안 우리의 생각은 반응, 산만함, 환상, 판단으로 가득 차 있다. 내 친구인 카렌 하그버그Karen Hagberg는 음악가로서 역동적 경청의 중요성에 대해 설득력 있게 글을 썼다. 그녀는 이렇게 기록한다.

주의 깊게 듣지 않으면, 피아니스트는 단 하나의 음표가 연주될 수 있는 다양한 방식을 이해할 수 없다. 우리가 우리 자신을 듣지 못한다는 것은 불가능할 것 같아요. 우리가 연습하는 동안 듣는 것 이외에 무엇이 있을까요?

그 밖에 우리는 무엇을 하고 있나요? 사실 제가 듣는 대신 할 수 있는 일은 많아요. 예를 들어 상상 속의 피아니스트 호로비츠의 연주를 들으며 그의 소리가 제 소리라고 상상할 수 있어요. 음악을 듣는 대신 음악을 느낄 수 있고, 연주할 때 제 감정이 소리로 울려 퍼지는 것을 상상하며 많이 움직일 수 있어요.

나는 아마도 집중하지 못한 채로 공상 중이거나 반쯤 잠이 들어 있어요. 하지만 대개 그저 무언가를 생각하고 있을 뿐이에요. 생각하는 것은 듣는 것이 아니며, 연주가 진행되는 것을 평가하는 것도 듣는 것이 아니어요. 듣는 것은 그 자체로 듣는 것이에요

<p align="right">Karen Hagberg의 곧 출간될 책
『교사가 준비되면 학생이 나타납니다<i>When the Teacher is Ready the Student Appears</i>』에서.</p>

우리는 때때로 우리 자신이 위험에 처해 있다고 느낄 때 진정으로 귀를 기울인다. 우리는 걸음을 멈추고 귀를 쫑긋 세우며 마치 목숨이 달린 것처럼 귀를 기울인다. 전략적 질문에 필요한 경청도 마찬가지

다. 누군가의 목숨이 달린 것처럼, 실제로 목숨이 달린 것처럼 경청해야 한다.

우리 자신과 지구, 그리고 동료 시민들심지어 우리가 적이라고 생각하는 사람들까지도에 대한 역동적인 경청을 통해 우리는 다음과 같은 공간을 창조할지도 모른다. 자신을 발견하고, 훌륭한 아이디어를 제안하고, 삶의 변화를 일으킬 수 있는 에너지와 의지를 찾을 수 있는 공간을.

질문하기와 사회 변화

전략적 질문은 사람들이 변화의 급류 속에서 스스로 길을 찾도록 독려하는 과정이기 때문에 정치적이다. 전략적 질문은 변화를 위한 전략으로 이어지기 때문에 정치적이다. 전략적 질문은 정치적 토론을 교리와 이데올로기를 넘어선 공통의 문제에 대한 새로운 관점으로 이끌 수 있기 때문에 정치적이다. 왜냐하면 그것은 공통의 문제에 대해 교리와 이데올로기를 넘어서서 신선한 관점으로 정치적 토론을 이끌어 가기 때문이다. 전략적 질문은 자신의 목표에 대한 강한 신념을 변형시키는 방법이며 공통의 목표로 이어지는 선택지를 열어주는 방법이기 때문에 정치적이다. 우리가 얼마나 변화에 저항하고, 우리 시대에 필요한 변화에 참여하기를 거부하는지 참 재미있다. 나도 그렇다는 걸 안다. 하지만 우리가 변화에 참여할 때, 우리는 생명력, 창조성, 내적 지혜의 놀라운 생명력에 다가가서 그들과 친구가 될 수 있다. 그것이 사회 변화 과정에 기여하는 것이다.

많은 것이 우리가 알고 있는 것을 행동으로 옮기는 것을 방해한다.

우리는 현재 상황에 대한 충분한 정보가 부족하기 때문에 대안을 모른다.

우리는 리더로서 스스로 목표를 추구할 수 있는 리더십이나 자신감이 부족할 수 있다.

우리는 대안에 관해 고민하는 것을 권장하지 않는 일종의 운명론에 빠질 수 있다.

우리는 종종 문제에 대한 무서운 정보를 수동적이고 소외된 방식으로 받아들일 수 있다. 텔레비전은 수동적인 정보 전달의 대표적인 예이다. 그리고 우리는 그 정보에 대한 우리의 감정이 해결될 때까지 무기력한 상태에 빠져 있게 된다.

전략적 질문하기는 문제 해결을 위한 진행이 멈추거나 어려워진 상황을 돌파하는 데 도움이 된다. 역동적인 대화는 변화가 어떻게 일어날 수 있는지에 초점을 맞추며, 이를 통해 새로운 '의지'가 생겨날 가능성도 함께 온다. 힌디어에는 이러한 의지 또는 결심을 뜻하는 특별한 단어인 '선컬프Sunculp'가 있다. 선컬프는 전체의 힘과 집단적 의지를 끌어내는 과정이다. 이는 개인의 의지가 아니라, 전체 맥락이나 집단적 의지의 일부이다. 그것은 사회 전체를 위해 우리가 경험하는 결의와 헌신이다. 전략적 질문을 통해 소심한 사람에게서도 선컬프를 발견할 수 있다. 긍정적인 목표를 위해 일하려는 의지는 억압에 의해 손상될 수는 있지만 개인이나 사회에서 완전히 꺾이지는 않는다. 그러나 선컬프는 언제나 성장하고 꽃을 피울 기회를 기다리고 있다. 수

년 전에, 사회 변화 작업에 대한 일반적인 견해는 무엇이 잘못되었는지에 대한 정보만 '사람들'에게 전달하면 그들이 필요한 변화를 만들어낼 것이라고 생각했다. 이제 우리는 정보만으로는 충분하지 않다는 것을 깨달았다. 우리는 실제로 문제에 대한 움직임을 촉진하고 정보가 요구하는 변화를 만들기 위해 선컬프를 만들고 유지해야 한다.

다음은 사회 변화 작업을 위한 질문을 만들 때 고려해야 할 몇 가지 사항이다.

영향을 받은 사람들로부터 아이디어가 나오게 하라.

훌륭한 사회 변화 아이디어는 어디에서 나올까? 전략적 질문 과정의 기본 가정 중 하나는 지식은 모든 사람에게 존재하고 살아 있다는 것이다. 사람들은 자신이 직면한 문제를 가까이서 보고 알고 있으며, 그들은 아마도 자신들을 위한 대안을 집단적으로 설계하는 데 가장 좋은 위치에 있을 것이다. 여기서 중요한 점은 아이디어와 에너지가 사회 변화 활동가가 아닌 개인이나 시스템 자체에서 나올 수 있도록 질문하는 것이다.

어떤 사람이 무엇을 해야 하는지 마음속으로 파악한 다음, 어떻게든 그 일을 하게 하는 것은 내 일이 아니다. 나는 끼어들지 말아야 한다. 내 의견은 도움이 되지 않을 것이다. 내 의견은 질문을 받는 사람에게 힘을 실어주지 못하고 유용하지도 않다. 질문을 받는 사람은 자기 스스로 어디로 움직여야 하는지 알아내야 한다. 내가 제공할 수 있는 가장 큰 지원 방법은 그저 역동적으로 경청하고, 좋은 질문을 하고, 상대방의 말을 다시 바꾸어 반영하고, 문제를 통해 자신의 경로를 볼 수 있도록 돕는 것이다.

수년 동안 우리는 군중 앞에 서서 "우리가 해야 할 일은 이것이다."라고 말하는 사회 변화 활동가의 이미지를 가지고 있었다. 나는 리더십을 대체하자고 제안하는 것이 아니라, 그룹의 리더들이 구성원, 그들이 봉사하고자 하는 시민, 그리고 그들의 '적대자'에게 귀를 기울이는 데 상당한 시간을 할애하고, 그런 다음 전략을 결정하기 전에 들은 것을 정리할 것을 제안하는 것이다. 아이디어는 리더 자신의 머릿속이나 주변 사람들로부터만 나오는 것이 아니라 경청 작업을 통해 종합된다.

우리 모두는 무엇을 해야 하는지 알려주는 것에 완벽하게 만족하는 사람들이 많다는 것을 알고 있다. 그들은 '해결책'을 제시하는 것을 좋아하는 사람들이다. 그리고 우리 모두는 한 국가에서 다른 국가로, 또는 한 국가 내의 한 사회에서 다른 사회로 옮겨 다니며 사람들에게 무엇을 해야 하는지 알려주는 전문가들을 알고 있다. 나는 이를 '컨설팅 병'이라고 부른다. "이렇게 해야 한다."는 식의 컨설팅의 결과로 일어나는 변화는 종종 얕고 너무 빨라서 오래 지속되는 효과를 낼 수 없다. 당면한 문제에 갇혀 있는 사람들에게 권한을 부여하지 못한다. 관련된 사람들은 변한 것처럼 보일 수 있지만, 변화 전략이 그들에게서 나오지 않았고, 소유하지도 않았으며, 변화의 주인이 되지 못하고 변화에 투자하지도 않았기 때문이다.

대부분의 사람들, 어쩌면 당신도 친구에게 조언을 구하러 갔다가 깜짝 놀랄 만한 말을 하는 자신을 발견한 경험이 있을 것이다. 당신은 자신도 몰랐던 지혜를 발휘하여 명확하고 일관성 있으며 심오해 보이는 신선한 방식으로 아이디어를 조합하여 말하고 있었을 것이다. 조언을 주지 않고도 질문자 친구는 당신이 새롭게 생각하고, 대화 이전에 당신을 괴롭히던 모든 혼란과 불안을 벗어나, 명확하고 깔끔한 행동 계획을 세우도록 도와주었다. 조언을 제공했다면 아마도 "네가 선택지를 고려할 수 있지만, 네가 어떤 결정을 내리든 나는 너를 사랑하고 존중할거야."라는 식으로 힘을 실어주는 방식이었을 것이다. 그리고 이렇게 말할 것이다. "어떻게 해야 할지 네가 가장 잘 알 거라는 걸 나는 알아."

사회 변화 캠페인에서 전략적 질문을 사용할 때 당신은 "내 생각은…입니다. 하지만 당신의 관점으로 그 상황을 보지는 못해요. 우리 둘 다 만족할 수 있는 대안을 찾기 위해 함께 노력해봐요. 우리의 의견이 다르더라도 나는 당신을 존중하며, 우리의 공동 상황에 대처할 수 있는 최선의 방법을 찾기 위해 당신과 함께 노력할게요."라고 말할 수 있다.

전략적 질문하기는 질문자가 자신의 의견을 잊어버릴 것을 요구하지 않는다. 그것은 당신 자신을 존중하지 않는 것이다! 그저 당신의 의견이 대화나 존중, 그리고 당신이 이루려는 대안 탐색에 방해되지 않도록 표현해야 한다는 의미이다.

영향을 받는 사람들의 '관점 변화'를 찾으라.

개인과 사회는 변화가 어떻게 일어나는지에 대해 개별적이고 숨겨진 관점를 가지고 있다. 전략적 질문자는 특정 이슈의 주요 관계자들이 자신이 목격한 사회적 변화를 어떻게 설명하는지 알아내야 한다.

그들이 자신의 삶, 기관, 공동체에서 변화를 일으키기 위해 사용하고자 하는 전략은 주로 그들의 '관점 변화'에서 비롯된다.

예를 들어, 미국 사람들에게 사회에서 어떤 변화를 목격했는지 물어보면 다양한 목록을 제시할 것이다. 그들이 자주 관찰되는 것 중 하나는 사람들의 흡연 습관이 크게 바뀌었고 공공건물에서의 흡연이 최소화되었다는 것이다. 이런 변화가 어떻게 이루어졌는지 묻는 질문에 사람들은 특정 장소에서의 흡연을 금지하는 법의 변화, 금연 단체의 로비 활동, 간접흡연도 건강에 위험하다는 연구 결과, 금연을 장려하는 교육 기사, 담배 회사를 상대로 한 소송 등을 언급할 것이다. 이 모든 것이 사회 변화를 일으키기 위한 다양한 전략을 나타낸다.

내 경험으로는 교육 캠페인을 언급한 사람들은 향후 다른 사회 변화 이슈와 관련된 교육 캠페인에 돈과 에너지를 쏟을 가능성이 가장 크다. 소송을 언급하는 사람들은 법정 소송을 지원하거나 자신이 변호사일 수도 있다. 작가들은 종종 변화가 대중적인 기사들 등에서 비롯된다고 생각한다. 개인의 관점 변화를 이해하는 것은 이들이 공동체나 사회의 미래 캠페인에서 지지할 전략에 대한 단서를 제공해 준다.

중립적인 공통의 기초를 만들어라.

질문자가 공정한 입장을 취하는 것으로 인식되고 고도로 첨예한 정치적 문제에 접근할 때, 문제의 양측에 있는 사람들은 감정을 표출하고 대안을 모색할 수 있는 안전한 공간이 주어진다. 1980년대 초 이 이론을 실험한 연구팀은 중동 지역의 갈등에 대해 지역 내 분쟁에 대해 많은 사람들에게 질문했다. 팔레스타인해방기구PLO에 "왜 팔레스타인해방기구는 이스라엘을 인정하지 않나요?"라고 물었다. 이스라엘 사람들에게는 "이스라엘이 팔레스타인에 자치권을 부여하지 않는 이유는 무엇인가요?"라고 물었다. 처음에는 당연히 원론적인 답변이 나왔다. 중동 문제를 둘러싼 강한 이념들로부터 나오는 답변들은 누구나 알고 있다. 그러나 중립적인 방식으로 더 많은 질문을 던지면, 미처 살피지 못한 곳에서 새롭게 생각해 보도록 양측을 도울 수 있다.

ABC-TV 인터뷰 진행자인 바바라 월터스가 안와르 사다트에게 "예루살렘에 가서 메나헴 베긴을 만나려면 무엇이 필요할까요?"라고 물었을 때, 갑자기 사다트는 이 목표를 달성하기 위한 장애물을 새로운 방식으로 검토하고 있었다.

그 분쟁에서 중립적 당사자로 알려진 바바라 월터스는 적절한 순간에 전략적인 질문을 했다. 그녀는 사다트가 정치적 현실을 새롭게 생각해 보고, 자신이 만들고 싶은 다른 현실을 꿈꿀 수 있도록 했다. 질문에 대한 답을 통해 사다트는 자신의 방식으로 장애물을 극복하고 중동에서의 더 큰 평화를 향해 문제를 진전시킬 수 있는 방법을 찾았다.

존중하는 분위기를 만들어라.

전략적 질문 과정은 자신의 신념을 버리지 않고도 차이가 있는 사람들과 대화하는 방법이다. 이는 질문받는 사람에 대한 기본적인 존중을 요구한다. 모든 마음속에는 모호함이 있고, 모든 이념에는 맞지 않는 부분이 있다. 당신이 할 일은 질문에 대한 반응을 판단하는 것이 아니라, 이 사람이 문제에 대해 스스로 움직일 수 있는 잠재력을 찾는 것이다.

전략적 질문은 나와 나의 '반대자' 모두가 현재 하고 있는 것보다 더 나은 일을 하기를 원한다고 가정한다. 우리는 우리 사이에 기본적인 존중을 형성하는 것으로부터 시작한다. 예를 들어, 모래 채굴자나 목재 벌목업자와 같은 개발자를 생각해 보자. 개발자의 마음에는 아마도 자신이 하고 있는 일에 대한 어느 정도의 양면적인 감정이 숨겨져 있을 것이다. 그리고 적어도 그의 일부 마음에는 지구와 모든 생물을 위해 더 나은 일을 하고 싶어한다.

전략적 질문은 대화에서 우리 모두가 공통 기반을 '찾을 수 있다'고 가정한다. 우리는 존중을 바탕으로 함께 대안을 탐구한다. 그것이 핵심이다. 여기에서 우리는 다양한 사상과 세계관을 가진 다원주의에 진심으로 헌신하게 된다. 그리고 우리는 우리 사이의 차이점을 극복하는 방법뿐만 아니라, 그것을 제도적으로나 사회적으로 어떻게 활용할 수 있는지 배운다. 화해할 수 없을 것 같은 차이로 분열되는 세상에서 그러한 존중을 만들어 내는 것이 이 시대의 핵심 과제이다.

고통에 귀 기울여라.

고통에 귀 기울이는 것은 사회 변화 활동가가 할 수 있는 가장 중요한 일 중 하나이다. 경청하는 것뿐만 아니라 고통의 현실을 부정하지 않고 마음속으로 온전히 받아들이는 것도 중요한 일이다. 이 작업은 질문자에게 용기와 취약성 모두를 요구한다. 질문자는 자신의 마음의 한계와 당면한 문제를 둘러싼 자신의 무력감에 직면하게 될 수도 있다. 질문자는 고통이 가질 수 있는 다양한 차원의 의미뿐만 아니라 이 고통에 대한 근본적인 대안을 고려하게 될 수도 있다.

당신이 인생에서 중요한 것들에 대해 질문을 하게 되면 아픈 곳을 건드릴 수도 있다. 사람들은 자신의 무력함에 너무 겁을 먹고 상처를 받았기 때문에 빈곤과 노숙자, 핵전쟁의 위협, 인종과 민족의 억압, 병든 강, 게이와 레즈비언gays and lesbians을 향한 억압, 폭력 또는 기타 정치적으로 뜨거운 이슈와 같은 주제를 열면 질문을 받는 사람들에게 압도적인 충격을 줄 수 있다.

타인의 고통에 직면했을 때는 마치 누군가의 생명이 달려 있는 것처럼 최대한 주의를 기울이는 것은 중요한다. 당신이 목격하고 있는 고통이 개인의 고통일 뿐이라고 생각하도록 유혹될 수도 있지만 모든 개인의 고통은 우리의 집단적 고통과 연결되어 있다고 생각해야 한다. 그리고 제도적이고 공동체적인 방식들은 개인의 고통을 일으키는 문제를 고심해서 다루거나 무시할 수도 있다.

공감은 성인聖人의 기술이다. 고통에 대처하는 데 시간이 조금 더 걸릴 수 있다. 고통이 있는 상황에서 고통에 크게 영향을 받지 않기를 기대하지 마라. 우리가 편안하다고 느끼는 경계를 넘어서 새로운 도전에 직면할 때, 우리는 일종의 현기증 또는 심리적 불안정감을 느낀다. 그로 인해 우리는 공허함에 빠져들고, 고통과 분노를 경험하게 될 수 있다. 여러분은 가장자리로 넘어갈 것인가, 아니면 여기에 머물 것인가? 당신 자신과 당신이 질문하는 사람들에게 인내심을 가져라. 경청은 돌봄이다. 변화가 숙성되도록 허용하는 것도 돌봄이다. 돌봄은 곧 치유다. 고통의 세계에 전략적 질문을 가져옴으로써 당신은 고통이 움직일 수 있는 방법을 찾으며 스스로 치유하는 방법을 배우는 세상의 일부가 될 수 있다.

적극적으로 질문하라!

전략적 질문하기는 두 사람이 각자의 성장과 변화를 위해 사용한다면 개인적인 과정이 될 수 있다. 또한 전략적 질문하기가 공동선을 위해 일하는 그룹과 기관 간의 변화를 고려한다면 이는 정치적인 과정이 될 수도 있다. 우리는 일상적인 대화를 통해 전략적 질문을 연습할 수 있다. 사람들에게 이 과정을 두세 명씩 짝을 지어 연습하면서 배울 것을 권장한다. 대화를 할 때 일대일로 경청하면서도 긴 지렛대 질문long-lever questions을 생각해 내는 것은 종종 매우 어렵기 때문이다. 경청은 어렵고, 중요한 질문을 생각해 내는 것도 어렵고, 세상에서 살아가는 것도 힘들기 때문에, 조금 물러나 앉아 전략적인 질문을 배우는 것이 더 쉽다고 생각한다. 당신은 관찰하고 충분한 거리를 두어 검토되지 않은 가정을 살펴보고, 움직임을 찾으며, 감히 묻기 어려운 질문을 생각해내야 한다. 심오한 변화는 오랜 시간이 걸릴 수 있으며, 종종 가장 느린 변화가 가장 깊은 변화를 가져온다는 것을 기억해야 한다. 또한, 이 과정은 여러 해가 걸릴 수 있지만, 변화의 도전은 순간순간 드러나며 마치 기적이 일어난 것처럼 보일 때도 있다.

나는 전략적 질문하기의 과정이 미래에 대한 지극히 개인적인 비전을 끌어낸다는 사실을 발견했다. 심지어 섹스sex나 돈과 같은 주제도 지구와 우리 사회의 건강에 대한 우리의 꿈과 두려움에 대한 더 깊은 감정에 비하면 상대적으로 중요성이 떨어진다. 현재의 정치 시스템은 우리의 집단적 삶에 대한 두려움과 꿈을 겨우 감추는 정적이고 냉소적인 사고로 특징지어진다. 나는 시민사회에 무관심하지 않다. 오히려 너무 많은 관심을 가지는 것에 대한 깊은 두려움과 실망할까 두려움을 느낀다. 나는 세상에 대한 정보를 수동적이고 고립된 방식으로 제공받고, 그 수동성을 도전하면 자신이 가진 것을 잃을까 두려워하는 무관심한 사람들을 본다. 나는 해방의 습관과의 접촉을 잃어버린 사람들을 본다. 나는 자신과 가족, 사회와 더 나은 관계를 갖기 위해 나아갈 방법을 갈망하는 사람들을 본다. 또한, 변화의 경험을 겪고 있는 사람들을 본다. 그리고 나는 사람들이 변화가 자신의 삶과 제도에 미칠 영향을 파악하려고 애쓰는 동안, 그 변화에 수반되는 충격을 목격한다.

그래서 사기를 당하거나 에고 중심ego-driven 또는 특정 집단의 캠페인에 의해 이용당하는 것에 대한 위험을 감수하지 않고 세상에 대한 돌봄을 보여줄 수 있는 방법은 거의 남아 있지 않는다. 우리는 정치적 이중성과 집단 사고를 의심하는 법을 배웠고, 이로 인해 우리는 진정한 정치 변화에 대한 열망을 인정하고 수용하는 데 어려움을 겪게 되었다.

그러나 우리는 행동할 수 있다. 우리가 무엇을 하든 – 또는 하지 않든 – 모든 것이 우리가 공유하는 삶의 방식에 영향을 미친다는 책임을 받아들여야 한다. 비록 우리가 외곽에 앉아 있을지라도 우리는 항상 연관되어 있다. 우리는 자원을 소비하고, 관계를 맺고, 목표를 향해 일하고 있다. 우리가 발생하는 일에 관여하지 않는 방법은 없다. 문제는 우리가 어떻게 가장 잘 관여할 수 있느냐는 것이다. 우리는 깊고 역동적인 듣기와 질문으로 시작할 수 있으며, 해결책은 우리의 상상력에 의해 제한될 뿐이다. 우리의 이웃과 동료들은 중요한 전략적 정보를 가지고 있다. 우리도 그렇다. 용기와 지성이 있는 마음 깊숙이 귀 기울일 때, 전략이 행동으로 해방될 수 있다.

전략적 질문하기에 대한 사례

종종 이야기는 이해를 촉진시킨다. 각 예는 전략적 질문이 실제로 어떻게 사용되었는지를 보여 주며 이 장에서 설명된 많은 요점을 명확히 해준다.

갠지즈 강을 청소하게 한 질문들

나는 아이다호Idaho 출신이다. 그게 무슨 의미인지 모를 수도 있겠지만, 아이다호 출신이 갠지즈강을 청소하는 일을 생각하기란 매우 어려운 일이다. 갠지즈강을 청소하는 일과 가장 멀리 떨어져 있는 곳이 바로 아이다호이다. 인도에서 친구가 나에게 강을 청소하는 데 도움을 요청했을 때, 나는 강 청소에 대한 경험이 전혀 없다는 것을 알았다. 나는 하수시설sewage에 대해 아무것도 몰랐다. 내가 알고 있던 것은 사회 변화를 위한 전략을 세우는 것이었다. 그들이 필요로 하는 것이 바로 그것인 것 같았다.

처음 인도에 갔을 때 나는 전략적 질문을 사용했다. 나는 사람들이 문제를 어떻게 보는지부터 시작해서 일련의 질문을 만들었다.

"강을 보면 무엇이 보이나요?"

"당신의 자녀에게 강이 처한 상황을 어떻게 설명하나요?"

"강의 상태에 대해 어떻게 생각하나요?"

나는 그들이 자신이 본 것을 어떻게 설명하는지 매우 주의 깊게 들었다. 기본적으로 나는 그들의 말뿐만 아니라 그들의 논리를 살펴보고 있었다. 나는 강에 대한 문화적 연결고리를 찾고 있었다.

나는 "아, 강이 오염된 것 같네요."라고 말할 수는 없었다. 만약 내가 그렇게 말한다면 서양의 맥락에서 "당신의 어머니는 매춘부입니다."라고 말하는 것과 같았을 것이다. 인도에서는 이것은 문화적 모욕이 될 수 있고, 인도인들은 더 이상 듣지 않을 것이다. 반발과 저항을 불러일으킬 수 있다. 그래서 나는 그들이 스스로 오염을 어떻게 설명하는지 알아내야 했다.

"강은 거룩하지만 순수하지 않다. 우리는 강이 필요로 하는 방식으로 강을 돌보지 않고 있다."는 말을 자주 들었다. 재미있는 것은 이 대답을 듣고 나서 나는 개인적으로 '오염'이라는 관점보다는 '사람들이 강을 돌보지 않는다.'는 관점으로 생각하기 시작했다는 것이다. 이러한 관점의 변화는 나에게 중요한 전환점이 되었다. '오염'은 문제를 일으키는 사람들의 책임을 다루지 않고 주의를 강으로만 집중시킴으로써 책임을 회피하는 추상적인 개념이다. 마치 강이 오염된 것에 대한 책임이 강에 있는 것처럼!

"나는 문제를 알지만 다른 사람들은 그렇지 않아요."라는 대답을 자주 들었다. 이 대답은 사회의 금기와 사람들 사이의 거리감에 대해 많은 것을 알려주었다. 이러한 반응은 내가 대화한 인도 사람들이 서로 어떤 것을 이야기할 수 있고 어떤 것을 이야기할 수 없는지를 알려주었다. 종종 신성한 갠지즈강과 같은 상황에서는 상징적 부담이 너무 커서, 자신이 진짜로 생각하는 것을 이야기하는 것이 타인에게 신성 모독이나 미친 짓처럼 보일 수 있다.

나는 그들의 변화 관점을 이해할 필요가 있었다. 그들이 변화를 어떻게 기대하는지, 어떤 전략에 자신감을 가지는지를 알아야 했다. 인도에서는 어떤 사회적 변화도 영국의 지배에서 독립하는 것과 비교할 수 없으며, 이는 어떻게 변화가 일어나는지에 대한 그들의 관점에 영향을 미친다. 그 변화가 어떻게 일어났는지 물었을 때, 나는 많은 변화 전략을 들었다. 무저항 불복종 운동사티아그라하: satyagraha, 단식, 직접적인 행동, 시민 지도자 압박, 시민 총회, 수도로의 행진 등은 그 문화에 뿌리 박힌 변화의 이야기들이다. 이러한 것들은 또한 이제 그들이 신성한 강을 청소하는 데 사용할 전략이 되었다. 나는 "강을 청소하기 위해 무엇을 하고 싶으신가요?"라고 묻곤 했다. 그러면 그들은 더 깊이 생각하여 변화의 관점을 이 구체적인 상황에 적용했다.

몇 년 동안 재단은 시민 총회를 개최하여 갠지스강 행동 계획Ganga Action Plan,GPA을 담당하는 관계자들이 대형 텐트에서 재단 구성원 및 지역 시민들과 함께 작업 진행 상황과 계획에 대해 논의했다. 이 공론의 장에서 담당자들은 발표를 하고 시민들은 마이크 앞에 서서 자신의 아이디어를 제시하고 질문을 했다. 이런 종류의 로비는 인도에서 항상 진행되는 전략이다. 우리는 직접 행동과 다른 전략에 대해 이야기했지만, 사람들은 아직 공개 캠페인을 할 준비가 되어 있지 않다.

재단 구성원들은 적절한 시기가 왔을 때 무엇을 해야 할지 매우 정확하게 알고 있다.

13세 소년은 그와 친구들이 "막대기를 들고 강을 오르내리며 사람들에게 강에서 용변을 보지 말라고 설득하고 싶어."라고 제안했다. 나는 이 아이디어를 평가하지 않고 재단 구성원들에게 편견없이 전달했다. 그들은 그 청년이 제안한 아이디어에서 훌륭한 아이디어의 씨앗을 발견했다. 그렇게 해서 홈 가드home guard, 일종의 자원봉사대 라는 아이디어가 탄생했고, 5년 정도 성인들로 구성된 팀이 도시의 강변을 따라 걷거나 배를 타고 강을 여행하며 활동했다. 막대기만 있고 총은 없는 이들의 임무는 시민들이 용변을 보거나 비누로 씻거나 동물 사체를 강에 버리는 등 강에 대해 무례한 행동을 하지 못하도록 막는 것이었다. 이런 행동이 당신에게는 이상하게 보일 수도 있지만, 대부분의 인도 사람들은 집에 개인 화장실이 없으며 백만 명이 넘는 인구를 가진 도시에서 소, 염소, 개가 죽었을 때 묻을 땅을 찾기가 어렵다는 점을 인식할 필요가 있다.

사람들은 종종 강을 청소하는 것이 불가능하다고 말하곤 했다. 나는 그것이 불가능하다고 가정하기보다는 꽤 오랜 시간이 걸릴지도 모른다는 생각이 들었고, 내 질문 작업에 다음 세대를 고려하는 것이 좋겠다고 마음먹었다. 나는 이미 젊은이들에게 질문하고 있었지만, 어른들에게도 "자녀들을 어떻게 강을 청소하도록 준비시키고 있나요?"라는 질문을 추가했다.

재단의 모든 사람들이 그 질문을 받았고, 어떤 사람은 "우리는 아이들이 강 청소를 할 수 있도록 준비를 하지 못했어요"라고 대답했다.

그러나 강에 대한 그들의 큰 사랑, 자녀들에 대한 그들의 사랑, 그리고 그들의 질문에 대한 답변에서 드러난 결핍은 한 마음속에서 오랫동안 지속될 수 없었다. 그 불일치가 너무 컸다.

어느 날 오후, 내가 샤워를 하고 있는데 누군가 달려와서 "피비, 좋은 생각이 있어요. 당장 와 봐요."라고 말했다. 나는 "아, 이건 뭐지, 샤워 중에 멋진 아이디어가 떠올랐다는 연락을 받는 경우는 정말 드문 일인데."라고 생각했다. 그래서 나는 급히 옷을 입고 머리를 빗은 후 그들을 찾으러 갔다. 그들은 모여서 열정적으로 계획을 논의하고 있었다. "우리는 아이들을 위해 포스터 그리기 대회를 열기로 했어요. 베나레스Benares의 모든 학생들에게 강river의 건강에 관한 포스터를 그리게 할 겁니다. 그리고 우승한 포스터를 큰 음악 행사에 걸어놓을 거예요. 어른들은 아이들이 보는 것을 보고 부끄러워할 거예요."

그것은 독창적인 아이디어였고 분명히 그들의 아이디어였다. 그 방에 있는 모든 사람들이 자녀들을 강 청소 작업을 위해 준비시키는 것에 대한 질문을 받았다. 그 질문이 포스터 대회에 대한 아이디어의 발상과 관련이 있었을까? 나는 그렇다고 믿는다. 하지만 내가 먼저 그런 아이디어를 낸 것은 아니었고, 아이들의 아이디어였기 때문에 아이들은 열의를 가지고 참여했다. 그 이후로 거의 매년 포스터 대회를 개최하고 있다. 500~800명의 젊은이들이 정기적으로 갠지스 강변에 모여 포스터 만들기 대회에 참여하고 있다.

사람들은 스스로 답을 찾아야 한다. 질문하기는 이 과정을 촉진할 수 있다. 강력한 질문은 문제를 다듬어가면서 그 자체로 생명력을 갖는다. 훌륭한 질문에 당장 답을 얻지 못하더라도 실망하지 마라. 매우 강력한 질문, 긴 레버long-lever 질문은 질문하는 순간 답이 없을 수도 있다. 그 질문은 며칠 또는 몇 주 동안 머릿속에서 소리가 나면서 답을 찾으려는 작업이 이루어진다. 씨앗을 심으면 답이 자랄 것이다. 질문은 살아 있다!

수력 발전소에 대해 질문하기

호주의 한 단체는 퀸즐랜드주 레이븐슈Ravenshoe, Queensland에 계획 중인 수력발전소에 대해 우려하고 있었다. 이들은 전략적 질문이 자신들이 우려하는 문제를 제기하는 데 강력한 도구라는 것을 알게 되었다. 초당파적 입장을 유지하는 것도 대화에 참여하는 데 유리한 점이 있었다. 조직 그룹의 일원인 브라이언 로우Bryan Law는 다음과 같이 썼다.

우리는 레이븐슈Ravenshoe의 공공 커뮤니티 생활에 첫 발을 내디뎠다. 우리는 그 첫 번째 단계는 겸손할 것이며, 우리의 아이디어를 전파하기보다는 지역민들의 의견, 아이디어 및 감정을 듣는 것으로 시작하기로 결정했다. 이를 위해 레이븐슈Ravenshoe 커뮤니티와 털리 밀스트림 프로젝트Tully Millstream project가 해당 커뮤니티에 미칠 잠재적 영향에 대해 30개의 개방형 질문이 포함된 설문지를 작성했다. 이 설문 조사를 진행하면서 두 가지 흥미로운 점을 발견했다.

먼저, 우리 테이블에 접근한 거의 모든 사람들이 우리가 '어느 편'인지 알고 싶어 했다. 마치 공공 토론에서 이 문제를 양자택일의 문제로 규정한 것 같았다. 우리 그룹은 이 질문에 대한 답변에 앞서 개별 구성원은 각자의 의견을 가지고 있지만, 그룹 전체는 공평하다는 데 동의했다. 우리는 어느 한 쪽의 편을 들고 싶지 않았다. 우리는 모든 의견을 듣고 싶었다. 이 답변을 들은 후 사람들이 마음을 열고 자신의 생각과 느낌을 공유하는 것을 보고 놀랐다.

나는 이 문제의 해결 가능성을 보기 시작했다. 나는 내 자신과 다른 사람들에게 다음과 같은 질문을 하기 시작했다.

> 1. 이 지역에 어떤 종류의 수력 발전 프로젝트를 건설해야 합의된 지지를 얻을 수 있을까요? 예/아니오의 잘못된 이분법에서 벗어나
> 2. 이 지역의 다른 문제와 그 문제에 대해 우리가 어떤 긍정적이고 협력적인 조치를 취해야 할까?

두 번째는, 우리가 공정하다고 말했더니 그렇게 되었다. 개인적으로 나는 그것을 반복하는 것만으로도 그것이 사실이 되는 것을 발견했다. 내 마음이 열리기 시작했다. 이전의 확신이 사라지고 처음으로 다른 사람의 말에 귀를 기울이기 시작했다. 내가 모든 답을 가지고 있지 않다는 것을 알게 되었다. 이것이 잠시 불편했지만, 점차 그것이 진정으로 힘을 부여하는 과정이라는 것을 인식하기 시작했다.

"우리는 지역 주민들과 다른 모든 사람들이 문제를 지나치게 단순화하지 않고, 양극화를 지속하지 않도록 격려하는 것이 중요하다고 생각해요. 대신 지역 내 다양한 통찰력, 의견, 관점 및 지식을 인정하고 이러한 다양성을 잠재적인 힘의 원천으로 보는 것이 중요해요. 갈등은 올바른 방식으로 처리하면 많은 창의성을 창출할 수 있어요."

QEC퀸즐랜드 전력공사의 태도는 그들이 제안한 계획이 가장 최선이라는 것이라고 주장하며, 이 계획이 진행되면 그 지역에 대한 책임을 지기 시작할 것이다. 그렇지 않다면 그들은 지지하지 않을 것이다. 이러한 태도는 갈등의 건설적인 해결을 가로막는 가장 큰 장애물로 보인다.

그룹은 발전소에 대해 논의하기 위해 공개 회의를 열었다. 180여 명이 왔는데 그중 100명 정도가 마을을 떠나자는 한 남자의 제안에 크고 길게 박수를 쳤다. 그곳에 앉아 명백한 증오의 감정이 파도처럼 우리를 휘감아오는 경험은 우리 중 누구도 반복하고 싶어하지 않는 경험이었다.

하지만 그 밤에는 긍정적인 측면도 있었다. 우리에 대한 공격을 목격했던 다른 80명 중 많은 사람들이 그때까지는 의심스럽거나 중립적이었던 사람들이, 입장을 확실히 하여 적극적인 지지의 메시지를 보내기 시작했다. 약 30명의 사람들이 남아서 청소를 도왔고, 우리에게 포기하지 말아달라고 부탁했다. 그들은 우리가 한 일은 가치 있는 일이었다고 말했다. 우리는 재정적 지원과 다른 지원을 약속받았다.

"회의가 끝날 무렵, 지역 사회에서 이름있고 그 댐을 강력하게 지지하는 소수의 보수적인 사람들 또한 우리의 노력에 대해 건설적인 의견을 제시했어요. 나는 이것이 비폭력의 핵심 역동 중 하나를 나타낸다고 생각해요. 즉, 사람들이 원칙 있는 견해를 고수하며 공격을 받을 때, 공격에 대해 같은 방식으로 응답하지 않고 건설적인 태도를 유지하면, 공격하는 사람들은 지지를 잃고, 진리와 사랑을 지키는 사람

들은 지지를 얻는다는 거에요."²⁶⁾

질문하기와 물

수Sue와 콜 레녹스Col Lennox는 호주 시드니에서 열린 전략적 질문 워크숍에 참석했다. 다음 날 월요일 아침, 그들은 자신이 가르치는 호주 맨리Manley, Australia에 있는 학교로 돌아갔다. 학생들은 학교 뒤편 개울에서 화학물질이 유출된 사건으로 소란스러워하고 있었다. 시내 개천에서 물이 공급되는 석호lagoon 해안 가까이에 있는 얕고 고립된 물을 담고 있는 호수. 주로 바다와 평행하게 형성된 모래톱이나 산호초에 의해 바다와 분리된 얕은 호수에 있는 모든 물고기들이 죽어가고 있었다. 수 선생님은 "전략적 질문을 연습할 수 있는 기회다."라고 생각했다.

그녀는 아이들에게 물어보면서 간단히 방법을 가르쳐 주었다.

"뭐가 보여요?"

"무엇을 알고 있나요?"

"기분이 어때요?"

"어떻게 될 수 있나요?"

"어떻게 되어야 하나요?"

"무엇이 변해야 하나요?"

"우리는 무엇을 해야 할까요?"

---

26) 브라이언 로우, "Ravenshoe에서 비폭력으로 가는 길, 2부" 비폭력 오늘, 25 (1992년 3월/4월); p 3-6.

"당신은 무엇을 할 수 있나요?"

"어떤 지원이 필요하나요?"

학생들은 이러한 전략적 질문을 사용하여 이웃, 동료 학생, 교사에게 질문하기 위해 밖으로 나갔다. 또한 개울로 가서 개울을 조사하기도 했다. 이 과정에서 학생들은 개울의 고통에 마음을 열었다. 그들은 무언가를 해야 한다는 것을 알았다. 그들은 조사를 통해 우려스러운 점과 새롭게 알게 된 것이 많아졌다. 학생들은 질문을 통해 그들이 무엇을 해야 할지, 그리고 다른 사람들이 기꺼이 할 수 있는 아이디어를 발견하게 되었다.

학생들은 자신의 재능과 시간에 맞는 아이디어가 무엇인지, 그리고 가장 좋은 아이디어가 무엇인지 결정해야 했다. 지난 3년 동안 학생들은 개울의 물을 테스트하고, 지역 시의회 및 지역사회와 대화하고, 개울 오염 상태를 정확히 파악하고, 비디오 테이프를 만들고, 호주 전역의 다른 학생들에게 같이 하도록 가르치는 일을 해왔다. 이 모든 것은 전략적 질문 과정을 통해 시작되었다.

여성에 대한 미디어의 시각에 질문하기

뉴질랜드 오클랜드에서 열린 전략적 질문 워크숍에 참석한 몇 주 후, 한 여성이 여성 폭력에 관한 텔레비전 프로그램을 보았다. 그 프로그램은 그런 폭력 상황에 대해 적절하게 비난하지 않았고, 그녀가 보기에 반여성anti-women적이라고 생각되는 상업 광고가 포함되어 있었다. 오클랜드의 여성 커뮤니티는 이 프로그램과 광고에 대해 불만을 표출했다. 그들은 여성들이 방송국의 관리자에게 전화를 걸어 자신의 의견을 전하라고 알렸다.

이 여성은 전략적인 질문을 하면 어떤 결과가 나올지 알아보기로 했다. 그녀는 관리자에게 전화를 걸어 자신의 생각을 말하는 대신 몇 가지 질문으로 시작했다. "프로그램이 어떻게 방송되나요?, 광고와 프로그램 콘텐츠의 결합에 대해 어떤 심의 정책을 가지고 있나요?, 여성 커뮤니티가 이 문제에 대해 더 나은 프로그램을 만들기 위해 방송국과 어떻게 협력할 수 있을까요?", "여기서 어떻게 할 수 있을까요?"라는 질문의 성격에 주목하라. 만약 "우리가 함께 일할 수 있는 방법이 있을까요?"라고 질문했다면 "아니요, 방법이 없어요."라는 대답을 받았을 수도 있었을 것이다. 이 성공적인 사례는 '예 또는 아니오.'로 대답하도록 설정하는 질문을 피해야 하는 이유를 잘 보여준다.

마지막으로 관리자는 "당신은 이 문제에 대해 꽤 잘 알고 있는 것 같군요. 각 프로그램과 광고를 심사하고 방송할 내용을 결정하는 자문 위원회에 참여하고 싶으신가요?"라고 물었다. 자신의 의견을 제시한 다른 사람들은 이 강력한 위원회에 초대받지 못했다. 그녀의 질문은 협력과 공감대를 형성하는 소중한 문을 열었다.

핵 전쟁에 질문하기

전략적 질문의 특성으로 인해 질문을 받는 사람의 속상한 감정이 드러날 수도 있다. 데보라 루바Deborah Lubar는 핵전쟁 문제에 대해 각 가정을 방문하여 경청 연습을 한 감동적인 이야기를 썼다. 그녀의 임무는 사람들을 설득하기보다는 사람들이 무슨 생각을 하고 있는지 알아내는 것이었다. 그녀는 수첩을 손에 들고 자신을 소개한 후 다음과 같은 질문을 던졌다.

"오늘날 세계가 직면한 가장 큰 문제는 무엇이라고 생각하나요?"
"핵전쟁의 가능성은 얼마나 된다고 생각하나요?"
"국가를 안전하고 강하게 만들기 위해서는 무엇이 필요하다고 생각하나요?"

특별히 역동적인 질문은 아니었지만, 개방적이고 깊은 사고를 유도하는 질문이다. 그녀가 어떤 집에 도착했을 때, 남자가 마지못해 그녀를 들여보냈지만 금세 적대적으로 변했다. 그녀가 핵전쟁에 대해 묻자 그는 "아니, 아니, 아니, 이런 터무니없는 질문에 시간을 낭비할 수 없어요."라고 거칠게 말했다. 그녀는 그의 무례함에 충격을 받았다.

몇 분 후, 그녀는 다른 집에서 나오고 있었다. 그곳에서는 남자는 팔짱을 끼고 서서 그녀를 기다리고 있었다. "제가 그것에 대해 뭘 하길 바라세요?" 그는 공격적으로 물었다. 이제 그녀에게는 문제가 생겼다. 그녀는 그 남자에게 문제를 제기했지만 그는 질문을 듣고 자신의 두려움과 무력감을 감당하기가 어려웠던 것 같았다. 그는 "당신을 내쫓은 건 미안하지만 내가 어떻게 하길 바라는 거죠? 뭘 원하시는 건가요?"라고 물었다. 그들이 산책을 하는 동안 그는 그녀에게 질문을 쏟아냈다. 마침내 그는 그녀와 악수를 하고 돌아섰다.

다음 날, 데보라는 강한 충동이 생겨 어제 만났던 남자의 집으로 다시 돌아갔다. 그녀는 바보가 된 것 같았다. 무슨 핑계를 대고 다시 왔다고 말할까? 결국 그녀는 문 앞에 섰다. 남자는 놀라면서도 그녀를 보고 반가워하며 대답했다. 그는 핵전쟁에 대한 악몽에 시달리며 땀에 젖은 끔찍한 밤을 보냈다고 말했다.

그에게는 우리 모두가 그렇듯 통제와 변화에 대해 감정적으로 민감한 버튼이 있었다. 데보라의 질문이 그 버튼을 눌렀던 것이다. 즉시 그는 자신의 무력감과 자신이 얼마나 신경을 쓰고 있는지에 대한 두려움을 느꼈다. 때때로 무관심한 것처럼 보일 수도 있지만, 무관심은 지나친 관심에 대한 두려움이라고 생각한다. 데보라가 던진 질문이 그 버튼을 눌러서 불안감을 불러일으켰다.

남자가 직장에 지각했다는 사실을 깨닫기 전까지 그들은 많은 이야기를 나눴다. 문 앞에서 그는 그녀의 손을 잡고 서로의 눈을 똑바로 바라보았다. 데보라는 나중에 다음과 같이 기술했다. 그날 아침 우리가 서로에 대해 알게 된 것은 우리는 상당히 친밀한 관계였다는 것이며, 그것은 우리가 살고 있는 어려운 시대에 맞서기 위해 어둠 속에서 더듬거리는 두 인간으로서 공통된 유대감에 관한 것이었다.[27]

우리 각자에게는 삶을 정적인 상태로 유지하려는 부분이 있다. 이상하지 않은가? 당신은 우리가 변화할 때 가장 생동감 있고, 가장 활기차고, 가장 개방적인 이유가 무엇인지 궁금하지 않은가? 그럼에도

---

[27] 저자의 책 Heart Politics(마음 정치학)에서 발췌됨 (필라델피아: New Society Publishers, 1986), pp. 167-168.

우리는 변화를 가장 두려워한다. 정말로 혼란스럽지 않은가? 참으로 혼란스러운 일이다.

부록 1 / 그룹의 프로세스 지원

의사소통에 관한 합의

캐럴린 R. 샤퍼와 크리스틴 아눈센[28]

자신의 감정에 대해 책임져라. 다른 사람이 당신의 마음을 읽어주기를 기대하지 마라. '나' 진술을 사용하고 비난하지 마라.

문제에 연루된 사람 또는 사람들과 직접 소통하라. 중개자를 통해 일하거나 다른 사람의 중개자 역할을 하지 마라. 누군가가 당신이 직접 연루되지 않은 문제에 대한 정보를 요청하면 그 사람을 적절한 출처로 안내하라.

다른 사람의 뒷담화를 하지 말고, 만약 그렇게 비판하고 싶다면 그 사람에게 직접 말하라. 도움 되지 않는 추측을 피하려면 회의에서 비판적인 의견을 말할 때 구체적인 이름을 말하라.

다른 사람이 그것에 대해 어떻게 생각하는지 묻기 전에 자신의 입장이나 우려 사항을 말하라. 누군가가 잘못된 답을 하지 않도록 하

---

28) Shaffer, Carolyn R., and Kristin Anundsen. *Creating Community Anywhere*(어디에서나 공동체 만들기). 뉴욕: Tarcher/Perigree, 1993, p. 252.

라. 용기를 내어 먼저 그 자리에 서라.

적극적 경청을 연습하라. 말하는 사람이 말을 마칠 때까지 조용히 그리고 온전한 자아로 경청하라. 그런 다음 화자가 말한 것을 다시 말하고 확인을 기다리라.

지속적인 피드백을 제공하라. 원망이 쌓이지 않도록 하고, 긍정적인 칭찬을 잊지 마라.

다른 사람의 감정을 존중하고 인정하라. 다른 사람의 진술에 동의하지 않거나 지지하지 않는다면, 말한 내용을 인정한 다음 요점을 제시하라.

유머를 날카롭게 사용하지 말고 부드럽게 사용하라.

그룹 대화를 위한 '십계명'

엘리사 멜라무드[29]

1. 비밀 유지. 그룹에서 일어나는 일은 그룹 내에서만 한다. 그룹 구성원 간에도 다른 사람에 대한 험담은 권장하지 않는다.

2. 공감. 아마도 누군가를 위해 할 수 있는 가장 좋은 일은 경청하고 들은 이야기를 들려주는 것이다. 이것은 칭찬, 비난, 조언 또는 안심시키는 것과는 다르다. 대부분의 사람은 수용적인 관심과 솔직한 피드백을 받으면 스스로 문제를 해결할 수 있다. 사실 이것은 지원에 대한 좋은 정의이다.

3. 항상 자신을 위해 말하라. '나 진술문'을 사용하라. 예를 들면 "나는 ~라고 생각한다."라고 말하고 "우리는(그는, 그녀, 그들, 어떤 사람들은 ~라고 생각한다."라고 말하지 마라.

4. 그룹 내에서 누군가에 대해 말할 때는 항상 그 사람에게 직접 말

---
[29] "평화의 원"에서 발췌.

하라. "저기 있는 존…" 대신 "존, 당신은…"라고 말하라.

5. 진술문을 질문으로 바꾸지 마라. 질문은 종종 위장된 진술문이다. 진술문을 명확하게 만들어라. 예를 들어, "누가 신경 쓰겠어?" 대신 "아무도 신경 쓰지 않는 것 같다."라고 말하는 것이 좋다. 또한 질문을 통해 대화의 초점이 상대방에게로 옮겨지는 것을 피하고, 대화의 중심을 자신에게 맞추도록 하라.

6. 변명으로 사용하는 진술문은 사용하지 마라. 일상적인 말버릇을 살펴보면, 자신의 감정을 직시하거나 표현하는 것을 피하기 위해 사용하는 문구를 발견할 수도 있다. 다음은 몇 가지 일반적인 예이다.

"모르겠어요." 실제로는 "알고 싶지 않아요."
"묻지 마라." 실제로는 "말하면 화낼 거예요."
"할 수 없어요." 실제로는 "하고 싶지 않아요."
"그게 다에요." 실제로는 "아무것도 하지 않을 거예요."

7. 현재 시제로 말하라. 과거 시제로 표현하면 감정이 사라지는 경우가 있다. '생각했어요.' 또는 '느꼈어요.'라고 말하지 말고 '생각해요' 또는 '느껴요.'라고 말하라. 이렇게 하면 자신의 감정을 더 잘 알게 되고, 그것을 다른 사람에게 더 잘 전달할 수 있게 한다.

8. 공유하라. 하지만 감정이나 개인적인 이야기를 억지로 꺼내도

록 강요하지 마라. 사람들은 자신의 개인적 역사를 공유해야 한다는 압박감을 받아서는 안 되지만, 감정이 올라올 때는 가능한 한 솔직하게 표현하며 나누는 것이 좋다.

9. 참여를 강요하지 마라. 각 개인은 주어진 활동을 '패스pass' 할 권리가 있다.

10. 자신의 반응에 대해 책임을 지고 피해자 역할을 피하라.

예시: "당신이 방금 한 말에 기분이 나빠졌어요."는 책임을 지는 표현이다. "당신이 나를 깎아 내렸어요!"는 책임을 지는 표현이 아니다. 일반적으로 '나 진술문'은 책임지는 것을 강화한다.

효과적인 피드백 제공하기

피터 우드로

우리 모두는 다른 사람에게 피드백을 제공하는 법을 배워야 한다. 그래야 그들이 피드백을 듣고, 받아들이고, 스스로 평가할 수 있고, 다른 사람과의 관계에 영향을 미치는 행동을 바꿀 수 있다. 우리 대부분은 다른 사람에게 우리를 괴롭히거나 우리가 속한 그룹에 영향을 미치는 일에 대해 생각하거나 느끼는 바를 말하는 데 어려움을 겪는다. 우리 모두는 누군가가 우리 자신에 대해 뭔가 말했을 때 끔찍한 기분이 들었던 때를 기억한다. 그리고 우리는 다른 사람에게 그런 종류의 고통을 주고 싶지 않다. 그러나 사람들에게 그들이 들어야 할 것 그리고 우리도 말해야 할 것!을 말하는 것을 피함으로써, 우리는 함께 성장하고 변화하는 창의적인 과정을 중단한다.

대부분의 사람들은 다른 사람들이 자신에 대해 긍정적이든 부정적이든 무슨 말을 하는지 듣고 싶어한다. 우리는 가족, 친구, 동료, 직장 동료, 고객, 지인으로부터 신호와 메시지를 원한다. 누군가가 우리에 대해 생각하고 우리가 어떻게 보이는지에 대한 직접적인 정보를 제공할 시간이 있을 때, 그것은 긍정적인 경험이 될 수 있다. 여기에 몇 가지 구체적인 제안이 있다.

피드백을 제공하기 위해 '허락'을 구하라.
사람들은 긍정적으로 요청했을 때 정보를 더 잘 듣고 받아들인다. 때때로 부모, 교사 또는 감독자로서 우리는 피드백을 제공해야 한다. 하지만 그런 경우에도 상대방이 당신이 말해야 할 내용을 환영한다면 당신의 말이 더 잘 들릴 것이다.

> "조지, 오늘 아침 회의에서 그룹과 가졌던 상호작용에 대해 이야기하고 싶어요. 제 의견을 들어보시겠어요?"

평가적인 정보가 아닌 설명적인 정보를 제공하라.
그 사람의 행동이나 말에 어떤 영향을 받았는지 설명하여 그 사람이 도움이 되었는지 파괴적이었는지 결정하도록 하라. 부분적으로는 그 사람의 의도에 따라 달라진다.

> "지니, 몇 분 전에 당신이 제 아이디어를 비판하면서 긍정적인 측면이나 제 생각에 대한 존중하는 태도가 보이지 않았습니다. 그 부분에서 상처를 받았어요."

일반적인 성격특성 대신 구체적이고 행동 중심으로 피드백하라
"당신은 무례하고 배려가 없어요." 또는 "당신은 다른 사람을 조종하고 자신의 권력을 중시하는 사람이에요."와 같은 판단을 피하라.

문제를 일으킨 구체적인 사건이나 행동에 대한 설명이 부족하면 효과적으로 소통되지 않는다.

> "론Ron, 오늘 회의에서 당신이 그룹의 여성들이 말을 할 때마다 끼어들고 그들의 아이디어를 대부분 무시하는 모습을 봤어요. 조안Joan의 제안에 대한 설명이 끝내기도 전에 당신의 의견을 세 번 반복하며 그녀의 제안을 중단시켰어요. 그로 인해 나는 매우 불편하고 당신에게 화가 났어요."

피드백을 주고받는 사람 모두에게 맞는 적절한 때와 필요를 고려하라.
피드백을 제공할 때는 자신이 비교적 편안한 상태인지 확인하라. 예를 들어, 예산의 30%를 삭감하라는 통보를 받았거나 회사에서 성과가 뛰어난 직원이 퇴사한다는 소식을 들은 직후는 피해야 한다. 마찬가지로, 피드백을 받는 사람 입장에 있을 때도 적절한 때를 고려해야 한다. 그리고 그 사람이 스트레스를 받는 요인들도 고려하라. 피드백은 관련된 행동이 일어난 직후에 제공하도록 노력하라.

메시지를 받았는지 확인하라.
당신이 그 사람에게 전달하려고 했던 내용을 자신의 말로 요약해 보라고 요청하라. 이렇게 하면 메시지가 제대로 전달되었는지 알 수 있으며, 필요에 따라 다시 설명하고 명확히 할 수 있다.

"좋아요, 제가 이해한 대로 그 상황을 설명했습니다. 제가 말하려고 했던 것이 무엇인지 당신이 이해한 말로 듣고 싶어요."

다른 요점

당사자가 실제로 행할 수 있는 직접적인 피드백을 제공하라.

나이, 성별, 인종, 성격에 상관없이 사람을 비판하지 마라. 대신, 그들이 변하기를 원한다면 그들을 변화시킬 수 있는 구체적인 행동을 말해주라.

자신의 감정을 소유하라.

"어떤 사람들은 ~라고 생각해요." 또는 "그룹의 어떤 사람들은 ~라고 말해요."가 아니라 "당신이 ~할 때, 나는 ~를 느껴요, 왜냐하면 ~하기 때문이에요."라고 표현하라.

가능하다면 진심으로 그 사람을 인정하고 격려하되, '원투 펀치one-two punch'[30]는 피하라.

"당신은 정말 좋은 사람이고 당신을 정말 좋아하지만, 당신은 우리 직원 회의를 엉망으로 만들고 있어요."와 같이 말하지 말고, "당신의 적극적인 참여와 그룹에 제공하는 많은 아이디어에 감사드려요.

---

30) 'one-two punch'는 두 가지를 연달아 하는 공격적 방법을 의미한다. 원래는 복싱에서 두 번의 펀치를 연속으로 날리는 기술을 뜻하며, 비유적으로는 첫 번째 긍정적인 평가를 한 뒤에 이어서 부정적인 비판을 덧붙이는 방식을 지칭한다. 이 표현은 긍정적인 말과 비판을 연달아 하여 상대방에게 심리적으로 큰 충격을 주는 것을 의미한다.

사람들과 상호작용하는 방식을 조금 바꾸면 사람들이 당신의 아이디어를 더 잘 들을 수 있을 것이라고 생각해요. 다음에 대해 구체적으로 말씀드리자면…"이라고 표현하라. 긍정적인 격려를 사람들과의 상호작용에서 정기적이고 자주 하는 습관을 들이면, 필요할 때 부정적인 피드백을 주는 것이 더 쉬워진다.

문제와 관련이 있을 때, 관련이 있는 경우 문제의 일부를 인정한다.
자신의 감정이나 행동이 문제에 기여한 바를 밝히라. 예를 들어, "제가 출근 시간에 대한 명확한 기대를 제시하지 않았던 것이 당신의 지각 문제에 영향을 미쳤을 수 있습니다."

미리 연습한다.
불편하거나 긴장된다면, 비밀을 유지하면서 자신의 인식, 동기, 명확성을 점검할 수 있는 누군가에게 들어달라고 요청한다. 피드백을 제공하는 것에 대해 불안하다면 몇 번 역할극을 시도하라.

제 3자의 도움을 받으라.
어떤 상황에서는 당신과 상대방이 모두 수용할 수 있는 제3자를 참여시키는 것이 좋다. 이 사람은 소통의 조력자로서 서로의 말을 잘 들을 수 있도록 도와주고 안전을 보장하지만, 문제를 해결하려고 해서는 안 된다.

자신이 피드백을 준 사람이 주는 피드백을 들을 준비를 하라!

부록 2/ 동료분별과 영적 깨달음에 관한 퀘이커 자료

퀘이커와 다른 이들 사이의 동료분별 모임 개괄 역사

피터 우드로

동료분별위원회 및 관련 프로세스의 사용은 17세기 후반부터 시작된 퀘이커교 내에서 오랜 역사를 가지고 있다.

퀘이커주의는 신비주의 영성 운동으로, 각 개인은 우리 안에 계신 하느님과 개인적인 관계를 발전시키고 그 내면의 교사Inner Teacher의 인도를 받을 수 있는 능력을 갖추고 있다고 믿는다. 따라서 '내면의 빛' 또는 '내면의 교사'에 따라 사는 사람은 어떤 행동이나 사역으로 '인도될' 수 있다. 퀘이커들은 그런 내면에 계시된 진리에 순종하는 행동으로 인해 종종 박해받았다. 예를 들어, 퀘이커는 인간의 평등을 강력히 주장하며 *모자 예우상사에게 모자를 벗는 행위를 거부했다. 그로 인해 자주 체포, 벌금, 투옥되었다. 퀘이커 운동 초기에 어떤 사람들은 지도자들이 알몸으로 거리를 행진하는 등 특이한, 때로는 기괴한 형태를 취하기도 했다고 주장했다. 이러한 행동 중 일부는 퀘이커 그룹 사이에서 불필요한 핍박과 논란을 불러일으켰다.

그러던 중, 퀘이커의 한 구성원에 의해 감지된 영적 인도를 집단적 또는 공동체적인 '시험'을 통해 검증할 필요가 생겼다. 그리고, 그것은 산발적이고 개인적인 행동들을 보호할 방법이 되었다. 결국 퀘이커들은 우리 각자가 증거할 수 있는 하나의 진리Truth가 있다고 주장했다. 그리고 지금도 주장하고 있다. 우리가 진리Truth에 관해 상반된 메시지를 받는다면 누군가 또는 모두가 분명 오류를 범하고 있는 것이다. 이 경우 유일한 해결책은 신자들 사이에서 움직이시는 하느님의 추가적인 인도를 기다리는 것이다.

친우회The Society of Friends- 번역자주:퀘이커교도를 지칭하는 말'가 좀 더 조직적으로 되면서, 구성원들이 마주한 영적 리더십을 시험하는 역할은 보통 '모임'지역 교회에 해당하는 퀘이커 교도들의 모임의 원로들에게 넘어갔다. 실제로 특정한 사람들에게 가서 설교해야 한다는 생각이나 부르심을 느낀 어떤 퀘이커교도가 있을 때, 그는 그 생각과 요청을 장로들과 상의했다. 장로들은 그 메시지를 듣고 '빛 가운데서 머물렀다'. 즉 그들은 함께 예배를 드리며 인도하심의 진정성에 대해 함께 동료 분별을 구했다. 어떤 의미에서 장로 그룹들은 동료분별 그룹clearness group으로 활동하며, 부름을 들은 회원과 함께 그것이 성령에서 비롯된 것인지 아니면 자기를 드러내거나, 자아 성취를 위한 욕망이거나, 주목받고자 하는 필요 등의 다른 목소리에서 비롯된 것인지를 결정했다.

어떤 경우에는 하느님의 인도를 느낀 종교친우들Friends, 퀘이커교도를 말함이 혼란스러워하거나 그들에게 요구되는 일을 하는 것에 거부감을 느끼는 때도 있었다. 그들 중 일부는 장로들에게 그들이 받았던 종교적 통찰을 나누었다. 그러나 실행에 옮기지 않겠다는 의사를 표현했다. 적어도 어떤 경우에는 예배에 참석한 장로들이 당시 제안한 내용에 분명한 논리가 없어도 문제를 제기한 친구the Friend in question가 그 인도를 따르는 것이 낫다고 결정했다. 인도를 충실히 따르는 것은 때때로 예상치 못한 결과를 가져왔다. 다른 경우에는 장로들은 그 요청의 출처나 사실 여부에 의문을 가지고 바로 행동을 취하거나 결정을 내리기 전에 문제를 더 깊이 생각하고 기다리라seasoning of the concern고 조언했다.

18세기 퀘이커 교도 존 울먼John Woolman은 퀘이커교도들에게 노예를 소유하는 관행을 포기하라는 부름을 전달하라는 여러 차례의 인도하심을 듣고 초기 노예제 폐지 운동의 선구자가 되었다. 많은 경우, 존 울먼은 자신의 모임meeting이나 다른 모임의 장로들과 만나 그 인도하심에 대한 자신의 반응과 실행 방법에 대해 생각했다. 18세기와 19세기에 걸쳐 수백 명의 친우들Friends이 사역을 위한 여행이나, 새로운 학교를 설립하거나, 아메리카 원주민 단체에 원조를 제공하거나, 여성의 참정권을 위해 일하거나, 노예제에 반대하는 것에 대한 동료분별을 위해 장로들에게 그 내용을 가져갔을 때 하느님의 인도를 경험했다.

오늘날 퀘이커교도들 사이에서 동료분별clearness은 친우회 모임Friends meeting에서 결혼을 받아들이거나 새로운 회원을 받아들이기 위해 가장 자주 사용된다. '퀘이커 모임의 보호 아래' 결혼하기를 원하는 커플은 모임에 결혼 신청서를 제출한다. 해당 모임은 커플이 실제로 '결혼하기에 적합한지'를 판단하기 위해 해당 커플과 만날 동료분별위원회clearness committee를 임명한다. 대부분은, 특히 과거에는 커플이 다른 얽힌 관계나 의무에서 벗어났는지 확인하려고 노력했다. 요즘 위원회는 부부가 결혼에 수반되는 헌신에 진정으로 준비가 되어 있는지, 그리고 결혼이 위원회의 관리하에 적절하게 수행되는지를 조사하는 경우가 더 많다. 위원회가 커플이 결혼할 준비가 되었다고 판단하면 월례 회의에 보고하고 결혼 준비를 진행한다.

마찬가지로, 모임meeting에 가입하고자 하는 사람은 모임에 편지를 써서 이러한 의사를 밝힌다. 이에 대한 반응으로 모임에서는 동료분별위원회때로는 다른 이름으로도 불림를 임명하여 예비 회원을 만나 그 사람이 '회원 자격이 있는지'를 확인한다. 어떤 경우에는, 위원회와 예비 회원은 대상자가 준비되지 않았다는 것을 발견할 수 있다. 그 이유는 그 사람이 퀘이커교도의 규율Friends practices을 충분하게 이해하지 못하거나 다른 신앙 전통에 대해 여전히 마음이 있어서 의심을 하고 있기 때문이다. 대상자와 위원회가 그 사람이 준비되었다고 판단하면, 전체 회의에 보고하여 새 회원으로 받아들인다.

결혼이나 회원 가입의 경우. 임명된 동료분별 위원회가 실제로 결정을 내릴 책임을 지고 있다는 점을 유념해라. 왜냐하면 그 위원회가 추천서를 매월 모임에 제출해야 하며 그리하여 그 모임에서 결혼을 처리하거나 회원으로 받아들이는 것과 같은 행동을 취할 수 있도록 해야 하기 때문이다. 동료분별의 넓은 적용 범위에서는 일반적으로 위원회가 조치하지 않고, 최종 결정은 전적으로 동료분별 과정을 시작하는 사람에게 달려 있다.

1960년대 후반부터 어떤 친우회Freinds 모임은 소명이나 '하나님의 인도'를 느끼거나, 가족이나 직업에서 중요한 결정을 앞두고 있거나, 위기에 처해서 특별한 결정을 통해 도움이 필요한 친우들을 위한 공동체의 자원으로, 더 광범위한 방식으로 동료분별을 사용하기 시작했다. 친우회 사이에서 동료분별이 부활한 역사는 다소 모호하지만, 1960년대에 북미 친우회에서 활동하던 젊은 친우회에 의해 시작되었던 것으로 보인다. 이들 중 몇몇 젊은 친우회는 초기 친우회의 역사와 실천에 몰두하며 친우회의 실천을 활성화하기 위해 노력했다. 많은 젊은 친우회가 수년간약 1969-1973년 지속된 퀘이커의 소박한 생활과 공동체의 실험인 뉴 스왓무어New Swartmoor [31])에 참여했다. 뉴 스와트무어 내에서 그룹 구성원들은 개인적으로 결정해야 할 문제를 더 큰 그룹에 가져왔고, 개인의 결정 과정을 돕기 위해 동료분별위원회가 구성되었다.

북미의 젊은 친우회와 뉴 스왓무어에서 활동하던 일부 젊은 퀘이커들은 1971년에 설립된 비폭력 사회 변화 단체들의 전국적, 국제적 네트워크인 '새로운 사회를 위한 운동'Movement for a New Society : 줄여서 MNS에도 참여하게 되었다. MNS의 초기 그룹 중 하나는 퀘이커 액션 그룹Quaker Action Group이었다. 그러나 창립 당시 매우 의욕적이었던 MNS는 이 프로그램에 다양한 배경을 가진 사람들의 참여가 필요했기 때문에 퀘이커 그룹이 참여할 수 없다고 결정했다. 그런데도 많은 퀘이커들이 참여했고, MNS는 세속적인 형태의 합의 의사 결정과 중요한 결정을 위한 동료분별을 사용하는 등 많은 퀘이커 관행을 자유

---

31) 뉴 스왓무어는 퀘이커 교도(Quakers)와 관련된 현대적인 공동체나 운동을 나타내는 용어이다. 이 용어는 영국 랭카셔에 위치한 스왓무어 홀(Swarthmoor Hal)에서 비롯되었다. 이곳에서 조지펠과 마가렛 펠 부부가 창시자 조지 폭스를 만난 곳으로 초기 퀘이커 교도의 신념이 형성되었다. 뉴 스왓모어란 개념은 퀘이커 교도의 근본 신념인 평화, 단순함, 평등, 진리 등의 가치에 기반한 새로운 사회적, 영적 공동체를 형성하고 현대 사회에 영향을 미치기 위한 다양한 사회적 활동을 하는 운동을 말한다. 역자주

롭게 빌려왔다.

사람들은 일하는 그룹이나 집단에 가입함으로써 MNS의 구성원이 되었고, 그 결정 과정에 동료분별이 사용되었다. MNS 생활 공동체에서도 구성원들은 수정된 동료분별 과정를 통해 공동주택에 함께했다. MNS 구성원들이 개인적, 정치적 삶에서 중요한 결정의 순간을 맞이할 때, 커뮤니티가 개인의 결정을 돕는 방법으로 동료분별이 사용되었다. 이러한 경험을 바탕으로 동료분별 매뉴얼인『동료분별: 그룹 지원 및 의사 결정 지원 프로세스 *Clearness: Processes for Supporting Groups and Individuals in Decision-Making 1976*』라는 매뉴얼이 작성되었다. 이 책의 2부는 이 매뉴얼의 개정판이다

시간이 지남에 따라, 젊은 친우회와 MNS 내 적용을 통한 동료분별 실험은 친우회 모임에 다시 스며들기 시작했다. 동료분별 매뉴얼은 사회 변화 그룹을 위해 작성되었지만, 많은 친우회 모임에서 사용할 수 있도록 수정되었다. 1980년대 중반에는 친우회가 사용하기 위해 특별히 작성된 동료분별관련 자료들이 나오기 시작했고, 그 중 일부는 이 부록에 재현되어 있다. 다른 자료들은 참고 문헌에 수록되어 있다.

개인의 영적 분별 과정에 종교 공동체를 참여시킨다는 기본 개념은 퀘이커가 아닌 사람들도 관심을 갖기 시작했다. 현재 몇몇 가톨릭 교단에서는 개인적 분별력을 돕기 위해 동료분별과 유사한 절차를 사용하고 있다. 그리고 일부 다른 개신교 교회에서는 공동체 생활 내에서 동료분별과 유사한 분별 절차를 개발했다. 참고 문헌에 수록된 'Listening Hearts: Discerning Call in Community'를 보라

동료분별은 퀘이커교도들과 개인적이고 사적인 문제와 영적, 활동적 지원 커뮤니티 사이의 간격을 메우려고 노력하는 사람들 사이에서 계속 발전해 가는 유연한 개념이다.

동료분별 위원회와 개인적 분별을 하는 데 있어서 위원회의 활용

잔 호프만[32]

동료분별 위원회는 심각한 고민이나 딜레마에 빠져 어떻게 나아가야 할지 불분명한 사람을 만나 그 사람이 명확성에 도달하는 데 도움을 줄 수 있기를 바란다. 이 위원회에서는 우리 각자에게 우리를 인도할 수 있는 내면의 교사가 있으며, 따라서 동료분별을 추구하는 사람 안에 해답이 있다고 가정한다. 또한, 배려심 있는 친구들이 내면의 교사를 끌어내는 데 있어 신성한 안내의 통로 역할을 할 수 있다고 생각한다.

동료분별 위원회 위원의 목적은 비판하는 것이나 위원회의 집단적인 지혜를 제안하는 것이 아니다. 동료분별 위원회는 편견이나 판단 없이 경청하고, 대안을 명확히 하고, 필요한 경우 의사소통을 돕고, 개인이 '진실과 올바른 행동 방침'을 찾을 수 있도록 정서적 지원을 제

---

[32] 이 노트는 얀 호프만이 자신의 경험과 다음 자료를 바탕으로 정리한 것이다: 고독과 공동체; 태평양 연차대회의 신앙과 실천(I 985), 58-60쪽; 뉴잉글랜드 연차대회 사역 및 상담 위원회(L 985), 50-55쪽 파커 J 팔머. 이 글은 크레딧을 달아 자유롭게 인용할 수 있다.

공하는 등 집단적 지혜를 모으는 역할을 한다. 위원회는 사람이 성장하고 변화할 수 있다는 사실을 기억해야 한다. 위원회는 현재의 문제에 대한 과거 변명이나 이유에 매몰되지 말고 현재 일어나고 있는 일에 초점을 맞추고 이를 해결하기 위해 무엇을 할 수 있는지 모색해야 한다.

월례 모임meeting에서 사람들은 예배 및 목양 담당자Ministry and Counsel 또는 공동체 신앙지도 위원Overseers에게 동료분별위원회를 구성해 달라고 요청할 수 있다. 분별탐구자focus person가 직접 위원회를 구성할 수도 있으며, 가능한 한 다양성을 가진 신뢰할 만한 퀘이커교도 5~6명을 모아서 구성할 수도 있다. 어떤 경우든, 단순히 퀘이커교도라는 이유만으로 사람을 선택하는 것이 아니라 분별 과정을 거쳐야 한다는 규율 아래서 구성해야 한다. 누군가가 '동료분별 위원회가 도움이 될까요?'라고 물어볼 수 있다. 하지만, 이 과정은 항상 동료분별을 원하는 사람이 주도적으로 시작한다는 점에 유의하라.

서기clerk와 기록자recorder를 정해야 한다. 서기는 모임을 여닫으며 중간중간 교통경찰 역할을 하여 규칙이 지켜지는지, 발언을 원하는 모든 사람이 발언할 수 있는지, 모임의 기밀 유지 수준에 대한 공통된 이해가 있는지 확인한다. 또한 서기는 침묵을 추구하는 분위기를 조성하기 위해 모든 사람이 편안한 의자에 있는지, 전화가 울리지 않도록 꺼두었는지, '방해 금지' 표시를 걸어두어 방해될만한 요소가 차단되고 공간이 닫혀있는지를 확인한다. 기록자는 질문과 답변 일부를 기록하고 회의가 끝난 후 이 기록을 분별탐구자focus person에게 전달한다.

동료분별을 추구하는 사람은 회의 전에 질문을 작성하여 위원회 위원에게 제공해야 한다. 관련된 배경에 관한 내용을 언급하고, 앞으로 어떤 일이 벌어질지에 대한 단서가 있다면 제공해야 하는 등 가능한 정확하게 걱정되는 내용을 파악해야 한다. 이것은 위원회 구성원뿐만 아니라 특히 분별탐구자focus person에게도 똑같이 적용된다. 위원회 회의는 두 번째, 심지어 세 번째 회의가 있을 수도 있다는 점을 염두에 두고 2~3시간 동안 진행해야 한다.

일반적으로 모임은 내면을 향하는 침묵의 시간으로 시작된다. 분별탐구자가 준비가 되면 질문이나 고민 사항에 대한 간략한 요약으로 시작한다. 위원회 구성원을 위한 규칙은 매우 간단하지만 지키기 매우 어렵다. 위원회 구성원은 분별탐구자에게 정직한 질문을 하는 것 외에는 어떤 방식으로도 발언할 수 없다. 즉, 해결책을 제시하거나, 조언을 하거나, "왜…?", "우리 삼촌도 같은 문제를 겪었는데…", "내가 당신에게 도움이 될 만한 좋은 식단을 알고 있는데…" 등의 말을 해서는 안 된다. 솔직하고, 탐구적이고, 배려심 있고, 도전적이고, 개방적이고, 짐을 지우지 않는 질문 외에는 어떤 것도 허용되지 않는다! 그리고 이러한 질문은 질문자의 호기심을 위해서가 아니라 분별탐구자의 명확성을 위해 하는 것이 중요하다. 질문자에게는 호기심이 아닌 배려가 규칙이다. 위원회의 임무는 분별탐구자가 문제를 해결하거나 결정을 내릴 수 있도록 돕는 빛의 통로 역할을 하는 것이지, 여러분이나 위원회가 직접 문제를 해결하거나 결정을 내리는 것이 아님을 기억하라.

위원회 위원들은 많은 배경적인 부분이나 내용을 나열하기보다는 간결하고 핵심적인 내용만 질문하도록 노력해야 한다. 이렇게 하면 질문이 연설로 변하는 것을 방지하는 데 도움이 될 뿐만 아니라, 질문이 이리저리 방향을 잡지 못할 때 가려지는 분별력을 집중하는 사람에게 열어줄 수도 있다. 위원회 위원들은 또한 자신의 직관을 믿어야 한다. 질문이 벽에 부딪힌 것 같더라도 분명하게 느껴진다면 질문을 하라

보통 분별탐구자가 그룹 앞에서 질문에 답하고 그 답변이 더 많은 질문을 만든다. 그러나 답을 모르거나 그룹에서 공개하기에는 너무 개인적이거나 고통스러운 답변에는 분별탐구자가 답변하지 않을 수 있는 권리가 있다. 분별탐구자가 큰 소리로 답변하는 횟수가 많을수록 분별탐구자와 위원회는 멈추지 말고 진행해야 한다. 하지만 분별탐구자의 프라이버시나 취약한 감정을 보호해야 할 필요성을 희생하면서까지 그렇게 되어서는 안 된다. 답변할 때 분별탐구자는 비교적 짧게 답변하여 더 많은 질문을 할 수 있는 시간이 남도록 하는 것이 좋다. 어떤 질문은 자신의 인생 이야기를 모두 말해야 하는 것처럼 보인다. 그렇게 말하려는 유혹을 뿌리쳐야 한다.

그룹 내 침묵을 두려워하지 말라. 실제로 침묵을 가치 있게 여기고 소중히 여기라. 질문과 답변의 속도는 부드럽고 편안하며 인간적이어야 한다. 기관총 같은 질문과 답변 속도는 마음을 알아차리는 것을 어렵게 한다. 그룹에 침묵이 흐른다고 해서 아무 일도 일어나지 않는다는 뜻은 아니다. 어쩌면 가장 중요한 일이 사람들 내부에서 일어나고 있다는 의미일 수도 있다.

과정이 끝나기 전에, 적어도 한 시간 동안 질문한 후 서기clerk는 잠

시 정회를 요청하고 분별탐구자에게 어떻게 진행하길 원하는지 물어봐야 한다. 이는 분별탐구자가 나머지 과정에서 주가 되었던 질문들이 아닌 다른 방식으로 동료분별을 추구할 수 있는 기회이다. 이 시간 동안 기록자는 계속 녹음을 진행한다.

다음과 같은 것들이 일어날 수 있다:

- 침묵, 퀘이커의 예배 모임에서처럼 주어진 규칙 아래서 누구나 말할 수 있다.
- 침묵, 사람들이 분별탐구자에게 초점을 맞추면서 떠오르는 이미지를 공유하는 역할을 한다. 이 과정은 모든 사람이 분별탐구자와 물리적으로 접촉하는 경우 종종 도움이 된다.
- 위원회는 더 많은 질문을 계속한다.
- 분별탐구자는 위원회에게 질문을 한다.
- 위원회는 조언한다.
- 위원회는 분별탐구자에게서 보이는 은사를 확인한다.

과정이 끝나기 전에 분별탐구자가 원하는 경우 명확해진 내용을 공유할 수 있다. 분별탐구자와 위원회는 다음 단계에 대해 합의해야 한다. 다른 회의가 필요하다고 판단되면 이때 일정을 잡아야 한다. 분별탐구자가 명확한 결론에 도달하여 더 이상의 회의 조치가 필요하지 않을 수도 있다. 또는 당사자가 명확성을 유지하거나 처음 결정에 대한 책임을 지는 데 도움을 주기 위해 지원 위원회 또는 공동체 신앙 지도 위원회를 임명해야 할 수도 있다. 동료분별 위원회의 구성원은 책임에서 벗어나거나 계속해서 분별탐구자가 명확성을 찾는데 봉사하겠다는 제안을 할 수 있다.

　동료분별 위원회는 모든 사람이 기도하는 분위기유쾌한 것을 배제하지 않음으로 접근하여 각자 내면의 인도와 진실의 실체를 내면적으로 확인할 때 가장 잘 작동한다. 우리는 다른 사람의 진실을 알 수 있다는 생각을 포기하고 단순히 우리 자신의 인간적인 경험을 통해 상대방 내면의 빛을 가리는 모든 것을 제거하는 데 도움이 될 수 있는 질문을 하려고 노력해야 한다.

동료분별 및 동료분별모임 위원회

태평양 연례 모임[33]

친우회 모임의 특별한 기쁨 중 하나는 각 개인이 사랑의 공동체가 영적 힘을 갖는 데 기여하고, 공동체가 각 개인의 삶을 인도하고 지탱하는 힘이라는 사실을 반복적으로 상기시켜 준다는 것이다. 이러한 상호 관계는 친우회 모임Meeting을 강화하고 회원들 사이에 사랑과 신뢰의 유대를 형성한다. 그리고 모임이 영적 생활의 일치와 행동이 조화를 찾도록 돕는다. 모임에서 이러한 영적 일치를 보여주는 중요한 증거는 회원들이 개인적인 문제를 명확히 하고 결정을 내릴 때 자유롭게 도움을 요청한다는 점이다. 이러한 문제에는 가족 안에서 의견 조정, 결혼 생활의 어려움, 별거, 이혼, 공적 문제에 대한 입장, 새 직장, 먼 지역으로 가게 된 이사, 개인 간증의 염려, 사역지 여행 및 기타 개인적인 결정과 관련된 문제가 포함될 수 있다. 친우회 모임은 일반적으로 이러한 도움 요청에 대해 동료분별위원회committees on clearness

---

[33] 퀘이커 교회에 해당하는 모임인 월별 모임에 대한 지침을 제공하는 '신앙과 실천' (985)에서 발췌한 것으로, 매월 한 번씩 모임을 하고 사업을 논의한다. 태평양 연례 모임은 캘리포니아, 네바다, 하와이, 멕시코시티, 과테말라시티에서 열리는 월례 모임의 그룹이다.

34) 때로는 관심사 위원회committees of concern라고도 함를 임명한다.

    동료분별 위원회는 전문 상담가나 문제를 논의하고 조언해주는 동료로서가 아니라, 예배 모임 때 서로를 하나로 묶어주는 같은 자원을 공유하면서 서로를 배려하는 동료로서 분별탐구자seeker를 만난다. 위원들은 열린 마음과 기도하는 기다림의 정신을 유지하면서, 신의 인도를 위한 통로 역할을 함으로써 개인이 문제나 임박한 결정에 대해 분명하게 깨닫도록 돕는 것을 추구한다. 동료분별 위원회의 목적은 비판하거나 조언하거나 동료분별 위원회에 모인 사람들이 집단적 지혜를 제공하는 것이 아니다. 동료분별 위원회는 개인 또는 가족과 같은 소그룹이 하느님의 뜻을 찾으려 할 때 편견이나 판단 없이 경청하고 대안을 분별하며 필요한 경우 의사소통을 돕고 정서적 지원을 제공하기 위한 것이다. 비즈니스를 위한 회의에서도 모든 당사자는 '진실과 올바른 행동 방침'을 찾기 위해 동료분별을 추구한다. – 그러나 동료분별 위원회 모임에서는 합의점을 찾을 필요가 없으며, 분별탐구자에게 동료분별 과정을 제공한다. 위원회는 분별탐구자가 문제를 더 명확하게 보거나 '빛' 안에서 스스로 결정을 내리는 데 도움이 될 수 있다는 믿음을 가지고 한발 물러서야 한다. 동료분별 위원회는 어떤 경우에도 결정을 내리지 않는다. 비즈니스business를 위한 회의에서처럼 모든 당사자는 '진실과 올바른 행동 방침'을 찾기 위해 동료분별을 구한다. 그러나 동료분별 위원회 모임에서는 일치된 의견을 찾을

---

34) 'clearness'이라는 용어는 원래 다른 사람과 얽힌 약혼 또는 의미로부터 결혼 전의 깨끗함을 가르킨다. 오늘날 만약 문제나 결정이 모임(meeting)에서 되어야 할 경우라면 (예를 들어, 결혼, 멤버십, 회원 탈퇴 등), 결정을 하기 전에 모임(Meeting)과 답을 구하는 사람 모두가 동료분별(clearness)을 구해야 한다.

필요가 없다. 분별탐구자에게 신의 인도하심 아래 분별에 대한 능력이 주어져 있기에, 위원회는 마지막에는 물러서야 한다. 분별탐구자가 문제를 더 명확하게 보거나 빛the Light 안에서 자신의 결정을 내리는 데 도움이 될 수 있음을 믿으면서 말이다. 어떤 경우에도 동료분별 위원회가 결정을 내리지 않는다.

동료분별 위원회는 항상 동료분별을 추구하는 사람들 혹은 개인의 요청이 있을 때 구성된다. 모임에서 친우회원들이 도움을 주겠다고 제안하면 이러한 요청이 받아질 수 있다. 분별탐구자는 모임Meeting에 말하거나 월례회의의 감독자에게 의뢰하여 위원회 구성을 시작할 수 있다. 모든 경우에서 요청은 공동체 신앙지도 위원회의 책임이 된다.

분별탐구자와 문제의 내용에 대해 사전에 이야기하는 것은 감독자들overseers의 의무이다. 이러한 대화를 통해 위원회는 분별탐구자가 위원회의 도움보다는 전문적인 상담이 필요하다고 권면할 수 있으며, 사전 대화를 통해 분별탐구자에게 조언할 수 있다. 또는, 분별탐구자가 취해야 할 행동 방침은 이미 명확하지만, 그 행동이나 결정을 실행하는 방법할 것이냐 하지 않을 것이냐의 여부보다는 행동 또는 결정을 어떻게 수행할 것인지에 대해 적절한 친우회Friends의 조언이 필요하다고 위원회가 판단할 수 있다. 이런 경우, 공동체 신앙 지도 위원회Oversight Committee는 자체적으로 분별탐구자와 상담해야 한다.

그러나 공동체 신앙 지도 위원회Oversight Committee의 판단에 따라 동료분별 위원회가 적절하다고 판단되는 경우, 분별탐구자와 협의하여 위원 중에서 동료분별 위원회 회원을 임명한다. 동료분별 위원회는 재능과 배경을 고려할 때 해당 문제를 해결하기에 특히 적합해 보이는 사람으로 구성해야 한다. 동료분별 위원회에는 공동체 신앙지도 위원회와 분별탐구자 모두가 수용할 수 있는 사람들로만 구성하는 것이 중요하다. 동료분별 위원회에는 다양한 나이와 경험을 가진 사람들이 포함될 수 있으며, 공동체 신앙지도 위원회가 특별한 상황에서 더 큰 규모의 위원회가 필요하다고 판단하지 않는 한 일반적으로 3명에서 5명의 위원으로 구성된다.

공동체 신앙 지도 위원회Oversight Committee의 판단에 따라, 모임이 너무 감정적으로 관여하여 도움이 되지 않는 문제인 경우, 동료분별 위원회는 모임Meeting 외부, 예를 들어 분기별 또는 연차별 모임의 사역 및 공동체 신앙지도 위원회Oversight Committee에서 선정될 수 있다. 친우회가 빛the Light 안에서 동료분별을 구해야 한다는 것은 반복해서 말할 필요가 있다. 분별탐구자가 동료분별에 이를 수 있도록 하기 위해서 당파성과 감정적인 개입은 열린 마음과 '빛'의 통로로 동료분별 과정이 사용되기 위해서 배제해야 한다.

친우회Friends가 동료분별과정에서 기존에 가졌던 경험은 동료분별 위원회에 요청받은 사람들에게 그들이 고려해야 할 사항과 몇 가지 조언을 다음과 같이 제안한다.

동료분별 위원회 위원으로 위촉된 사람들을 위한 질문

1. 분별탐구자와 다른 위원들이 함께 일할 수 있을 만큼 아주 편안하게 느끼는가? 신의 인도하심divine guidance을 구할 수 있는 분위기를 제공하기 위해 함께 진정으로 노력할 수 있는가?

2. 그것이 가족의 결정인 경우, 그 문제와 관련된 각 회원의 의견을

선입견과 편견 없이 경청할 수 있는가?

3. 결정을 내리고 실행하는 동안 문제를 명확히 하고 지원을 제공하는 데 여러 번의 회의와 몇 주 또는 몇 달이 걸릴 수 있음을 알고 이 위원회에 충분한 시간과 에너지를 할애할 수 있는가?

4. 위원회의 도움을 요청하는 사람들이 자신의 문제를 더 널리 알리는 데 불편함이 없기 위해서 위원회 논의 내용을 기밀로 유지하고 위원회 외부에 소문을 내거나 언급하지 않도록 할 수 있는가?

동료분별 위원회 구성원을 위한 조언

1. 자신의 발언 차례를 기다리기만 하지 말고 함께 있는 다른 사람의 말을 경청하라. 어른이든 아이든 참석한 모든 사람에게 동등하게 주의를 기울여주라.

2. 사람은 변화와 성장을 할 수 있다는 사실을 기억하라. 과거에 대한 변명이나 현재 문제에 대한 이유에 매몰되지 말라. 상황을 지속시키거나 결정을 요구하기 위해 지금 일어나고 있는 일에 집중하라.

3. 가족 문제라면 편을 들지 마라. 각 사람은 문제와 그 지속성, 해결책에 이바지한다.

4. 모든 비난하는 제안을 피하려고 노력하라. 이것은 열린 마음을 갖지 못하게 하고 명확성을 찾기가 어렵거나 불가능하게 만든다.

5. 다른 사람에게 조언하거나 해결책을 제시하지 말라. 책임을 떠넘김으로써 의존성을 만들지 말라. 여러분의 임무는 분별탐구자가 문제를 해결하거나 결정을 내릴 수 있도록 빛의 통로 역할을 하는 것이지, 여러분이나 위원회가 직접 문제를 다루거나 결정을 내리는 것

이 아님을 기억하라.

  6. 동료분별 위원회의 모든 구성원은 분별탐구자가 모든 회의에서 바른 정신을 가지고 유지하도록 돕는 데 책임감을 느끼는 것이 중요하다. 모임 개최자는 책임이 있지만, 모든 회원이 신의 인도를 기다리는 침묵으로 둘러싸여 있도록 협력해야 한다. 예배로 모임을 시작하고 끝내고, 모임 중에 예배의 순간을 요청한다. 동료분별 위원회 모임은 전문적이거나 아마추어적인 상담을 위한 자리가 아니다. 동료분별 위원회는 동료분별위원회는 한 명 또는 더 많은 분별탐구자가 문제에 대해 빛과 하느님 앞에서 홀로 결정하기 위해서 신성한 인도를 받는 통로인 영적 운동이라는 점을 자주 상기시켜야 한다.

동료분별 위원회, 돌봄 위원회 및 공동체 신앙 지도 위원회

캐나다 연례 모임[35]

소개

어려운 결정이나 절박한 문제에 직면했을 때, 친우회는 종종 다른 사람들에게 하느님의 뜻과 영의 인도하심을 분별할 수 있도록 도와달라고 요청해 왔다. 또한 어려운 상황에 부닥친 친우회는 자신의 임무를 올바르게 수행할 수 있도록 다른 사람들에게 도움과 격려를 요청하기도 한다. 이러한 준비는 비공식적으로 이루어지기도 하고, 친우회 모임에서 이루어지기도 한다. 그런 다음 도움이 필요한 사람들을 만나 자신의 존재와 기도, 사랑과 지원을 제공할 친우회를 찾는다.

친우회가 추천할 수 있는 위원회에는 세 가지 유형이 있다. 그것들은 동료분별 위원회, 돌봄 위원회, 공동체 신앙 지도 위원회이다. 이 모든 위원회의 활동에서 가장 중요한 것은 동료분별clearness과 분별 discernment이다.

역사적으로, 퀘이커들은 자신의 고민이 영적인 인도에 근거한 것

---

35) 『조직과 과정 Organization and procedure』(1990)에서

인지 아니면 자신의 의지에 근거한 것인지 분별하는 데 도움을 받기 위해 친우회 모임을 찾아왔다. 다음 내용들은 그러한 배경에서 비롯된 것이다. 퀘이커들은 오늘날 위원회의 업무와 관련이 있다. 그리고, 그들은 종종 일상생활의 더 하느님의 뜻과는 다르게 작동하는 세상과 개인적인 문제들을 통해 고군분투해야 한다. 또한, 그 모든 문제를 해결하는 데 있어서 퀘이커들은 여전히 신적인 빛의 조명을 따르려고 노력한다.

더글러스 스티어는 다음과 같이 썼다.

> "… 퀘이커 관습 안에서 돌봄과 분별 과정의 중요한 위치를 이해하기 위해 더 깊은 조사가 필요하다. 신약성경의 사도행전은 어떤 대가를 치르더라도 살아있는 돌봄과 신성한 인도를 따르려고 한다. 퀘이커들은 여전히 사도행전에서 행했던 것을 따르며 우리가 혼자 일하지 않는다고 믿는다. 퀘이커들은 예배를 위한 전체 모임과 개인적 헌신에서 세심한 주의를 기울이기 위해 인도하심 안에서 경험해 왔다. 내면의 깨달음nudges은 빠르게 해결할 수 있지만, 직업의 변화나 좀 더 사람들에게 드러난 상황에서 다른 사람들과 관련된 돌봄은 좀 더 세심한 주의가 요청된다. 이러한 부분에 대한 안내는 어떻게 고려하고 어떻게 따르는지는 분별에 대한 중요한 문제이다. 퀘이커도 개인이 갖는 관심concern갖는 문제에 대해 그것이 신앙과 양심에서드러난 것인지

아닌지를 어떻게 시험할 수 있을까, 그리고 이런 부분에 대해 진정성을 판단한 후, 퀘이커들이 행동을 취할 때 어떤 방법으로 도움을 받을 수 있을까? 여기에 퀘이커교의 강력한 공동체적인corporate 측면은 … 영적인 도움을 줄 수 있어 왔다. 이런 전통적인 과정을 통틀어서 동료 분별 소위원회36) 라고 한다."

분별(Discernment) 과 동료분별(Clearness) 37)

어떤 사람들은 분별력에 대한 은사를 부여받는다. 그리고 그 사람들은 무엇을 해야 할지 알고 있는 것처럼 보인다. 다른 사람들은 많은 노력을 통해 분별에 대한 능력을 갖는다. 종교적 영역에서 분별의 핵심은 기도이다. 기도를 통해 우리는 우리 자신을 빛 안으로 데려간다. 우리는 빛으로 우리의 이해와 혼란, 희망과 두려움, 야망과 욕망을 가져간다. 하느님의 도움으로 우리는 이 모든 것을 내려놓은 후에야 명확함과 감사가 주어질 수 있다. 이곳에서 저기로 가려면 빛 안에서 우리의 생각과 감정을 시험해야 한다. 우리는 직접 명확한 비전을 부여받을 수도 있지만, 더 자주 우리는 다른 사람들의 삶과 결정에 영향을 준 분별의 예를 찾아야 한다. 역사를 통한 성령의 역사에 대한 기록인 성경은 그러한 생생한 경험을 위한 가장 귀중한 자료이다. 친우회는 또한 조지 폭스George Fox, 존 울만John Woolman, 엘리자베스 프라이Elizabeth Fry, 스티븐 그렐렛Stephen Grellet, 엘리아스 힉스Elias Hicks 등 우

---

36) 더글러스.스티어, 『퀘이커 영성에 대한 안내 Introduction to Quaker Spirituality』. Mahwah, N.J.: Paulist Press, 1984, 42-43쪽.
37) 옮긴이 주: Discernment는 분별로 Clearness는 동료분별로 구분해서 번역했다.

리 협회의 위대한 사역자들이 남긴 일기를 활용할 수도 있다.

우리는 또한 더 최근의 기록과 우리가 아는 사람들의 경험을 살펴볼 수 있으며, 자신의 일기를 소홀히 해서는 안 된다. 우리는 현재의 딜레마에 압도되어 있을 때 과거 축복받았던 하느님의 인도하심에 대한 경험을 잊어버리는 것은 매우 쉽다. 감사하는 습관은 건망증을 없애고 평생 성장할 수 있도록 도와준다. 기도와 연구는 '앞으로 나아갈 길'을 분별하기 위해 개인뿐만 아니라 위원회의 업무에도 유용하게 활용된다. 개인이 너무 미숙해서 기도만으로 하느님의 뜻을 올바르게 분별할 수 없다고 느끼는 경우, 결정을 대신 내리는 것이 아니라 분별하는 과정을 돕기 위해 더 많은 경험이 있는 친우회에게 자문을 구할 수 있다. 가장 흔히 사용되며 종종 가장 좋은 상담 과정은, 혼란스러운 사람이 비공식적으로 여러 사람에게 가서 그들이 그 문제에 대해 무엇을 말하는지 듣는 것이다. 이 사람들은 개인적인 친구들, 동료, 전문가, 퀘이커 모임의 구성원일 수 있으며, 그런 다음 그들이 배운 것을 숙고하고, '길이 열리는' 대로 행동하는 것이다.

동료분별은 영적 분별을 바탕으로 한 내면의 깊은 확신이다. 동료분별에는 시간이 걸린다. 마음속에 장애물이나 걸림돌이 있는 한, 모임이나 개인이 그것어떤 목표나 상태를 달성할 수 없다. 하느님의 도움과 다른 사람들의 도움으로 진정한 동료분별을 통한 자유로움과 확신이 따라올 것이라고 친우회는 증언한다.

세 위원회 모두에 대한 일반 지침

시작

이러한 위원회는 월별, 반기별 또는 연간 회의 또는 해당 사역 및 자문 회의의 "관리"를 받는다. 그러나 그 시작은 다르다.

> 동료분별 위원회는 결정이 필요한 분쟁/문제를 가지고 모임에 의뢰한 개인에 의해 시작된다. 결정이 내려지면 위원회의 업무는 중단된다.

> 공동체 신앙 지도 위원회는 어떤 일을 수행하면서 '올바른 질서'를 지켜야 한다고 생각하는 모임에서 시작된다.

> 돌봄 위원회는 개인 또는 모임에서 해당 개인에게 지속적인 지원을 제공하거나 해당 개인에게 도움이 필요하므로 시작할 수 있다.

후자의 두 종류의 위원회돌봄, 공동체 신앙 지도는 동료분별 위원회보다 훨씬 오래 지속된다.

기능

돌봄 및 동료분별 위원회는 주로 사람과 관련된 위원회이다. 공동체 신앙 지도 위원회는 주로 업무와 관련된 위원회이다. 따라서, 모임에서 봉사하는 친우회는 책임이 있는 공동체 신앙 지도 위원회와 개인적으로 지원하는 돌봄 위원회에 속해 있을 수 있다.

기능 유지하기

위원회는 그들의 기능을 승인 기관에 알리지 않고 변경해서는 안 된다. 예를 들어, 동료분별 위원회는 진행 중인 돌봄 위원회가 되어서는 안 되며, 공동체 신앙 지도 위원회는 공동체 신앙 지도 위원회의 기능을 유지하면서 돌봄 위원회 위원이어서는 안 된다.

멤버십

2~4명으로 구성하는 것이 좋다. 동료분별 위원회 및 돌봄 위원회의 경우, 위원 선정에 대해 당사자와 상의한다. 공동체 신앙 지도 위원회의 경우 당사자와 상의하지 않는다.

이러한 위원회에 요구되는 봉사가 많을 수 있고, 모임은 이러한 위원회에 적합한 회원을 항상 지원할 수는 없다는 점을 생각해야 한다. 만약, 그렇다면 다른 모임에 연락하거나 공동체 안에서 적절한 자원들을 찾을 준비가 되어 있어야 한다.

위원들은 팀으로 활동하고 다른 위원들의 승인 없이는 개인적으로 역할을 하지 않아야 한다.

서기 Clerk

서기를 위한 첫 번째 조건은 '목회와 상담 모임 Meeting's Ministry and Counsel'인 위원회 멤버일 것이다. 서기는 모든 위원이 자신의 직무, 임기, 기대되는 근무 기간에 대해 명확히 알고 있는지 확인해야 한다. 서기는 도움을 요청한 대상을 포함한 모든 위원이 서로에 대한 기대치를 공유하도록 조정해야 한다.

서기는 직접 또는 기록자를 임명한다. 서기는 위원회 유형에 따라 모든 메모가 적절하게 폐기되는지 확인할 책임이 있다. 이는 문서가 때때로 법원에 의해 소환될 수 있기 때문에 특히 중요하다. 서기는 위원회가 대상자와 가장 잘 협력하는 방법에 대해 대상자와 상의해야 한다. 예를 들어, 대상자는 모임 형식이 잘 짜인 상황에서 가장 잘 기능할까, 아니면 비공식적인 상황에서 가장 잘 기능할까? 와 같은 내용을 상의할 수 있다.

자원들

위원회 위원들은 퀘이커 공동체 외부에 있는 도움이 되는 기관들과 지원 서비스들, 그룹 및 개인에 대해 아는 것이 도움이 되는 것을 알 것이다.

모임 전에 읽기와 기도하면서 한 준비가 주어지는 시간은 신뢰와 돌봄의 분위기를 만드는 데 도움이 된다. 위원회가 한 번만 모이는 경우는 거의 없다. 모임 사이에 적당한 간격은 모든 관계자를 위한 공동체 신앙 지도, 기도와 성장을 가능하게 한다.

'퀘이커 방식'으로 진행되는 모임[38]

---

[38] 번역자주)퀘이커 교도들의 모임 방식은 특정한 전통과 절차를 따른다. 이 방식은 일반적으로 다음과 같은 특징을 포함한다:
1. 침묵 속에서 진행: 퀘이커 모임은 종종 침묵으로 시작된다. 참석자들은 내면의 영적 인

모임 장소는 중요하다. 즉, 사생활 보호, 편안함, 타인의 평가에 대한 배려가 있는 분위기여야 한다. 모든 경우에 위원회는 대상자의 사생활에 대해 세심한 주의를 기울일 것이다.

지원과 배려의 분위기에서 대상자는 자신의 생각과 느낌을 자유롭게 말할 수 있다. 창의적으로 경청하는 것은 퀘이커가 가진 인내심에 대한 믿음, 이해하려는 마음, 그리고 문제와 필요를 명확히 하기 위한 도움을 포함한다. 모임 중에 위원회는 질문을 제기하고, 대안들을 제안하고, 적절한 경우 경험을 공유한다. 기도를 위한 시간은 꼭 확보되어야 한다.

우리가 닥친 상황에서 즉각적인 해결책이 항상 가능한 것은 아니다. 그리고, 하느님의 인도를 구하는 것은 우리와 관계된 모든 삶 속에서 훨씬 나중에 결실을 맺을 수 있다. 이러한 위원회는 모임 안에서 우정과 지원을 제공하는 한 가지 방법이다. 사랑에 기초한 모든 나눔 안에서 우리는 모두 하느님의 축복을 주는 사람이자 받는 사람이다. 이러한 위원회의 사용/운영은 함께한 퀘이커들에게 도움이 될 뿐만 아니라 퀘이터 모임을 하나로 강화시킨다.

참고

기록자는 토론과 결정 사항을 기록할 수 있다. 이러한 비밀 내용은 다시 읽혀야만 하고 관심을 지닌 친우회들와 위원회 서기에게 사본을

도나 깨달음을 기다리며 조용히 명상한다.
2. 비공식적 발언: 누구나 내면에서 영감을 받으면 자유롭게 발언할 수 있다. 발언은 짧고 간결하며, 영적 또는 도덕적 통찰을 공유하는 데 중점을 둔다.
3. 합의에 의한 결정: 의사 결정 과정에서 투표를 하지 않고, 모든 참석자가 동의할 수 있는 결론에 도달할 때까지 토론을 이어간다

제공해야 한다. 기록 내용은 법정에서 증거가 될 수 있으므로, 위원회가 종료되면 모든 메모와 회의록은 분별탐구자에게 전달되어 원하는 대로 보관하거나 파기해야 한다. 회의에서 사본을 보관해서는 안 된다. 위원회는 모임을 개최한 사실과 적절한 경우 결정 사항을 모임퀘이커 전체 모임에 보고해야 한다.

3개 위원회별 특별한 기준

동료분별 위원회 Clearness Committees

목적과 기능: a) 분별탐구자들이 어려운 결정을 내릴 때 자신뿐만 아니라 하느님의 뜻을 판단하도록 돕고, b) 분별탐구자가 모임과 관련된 관심사의 진정성과 파급 효과를 점검하도록 돕는다.

위원회 위원들이 함께 도움을 주는 퀘이커들은 분별탐구자를 대신하여 결정을 내리는 것이 아니라 하느님의 뜻을 분별하는 과정에서 도움을 줄 것이다. 동료분별 위원회는 목적이 완료될 때까지 한시적으로만 이루어진다. 이들은 임명된 회의에 회의 날짜와 임무가 완료된 시점을 보고하여 위원회를 구성할 수 있도록 한다.

임명: 종종 민감한 사안이 고려되는 경우가 있어서, 위원회 멤버들의 적합성은 관련된 모임에 의해 신중하게 고려되어야만 한다. 추천된 위원의 수락 여부는 최종 임명 전에 먼저 분별탐구자에게 확인받아야 한다.

돌봄 위원회 Committees of Care

목적 및 목적: a) 사별, 별거, 질병, 경력 변화 등 모임 회원의 삶에서 스트레스를 받는 시기에 실질적, 정신적 도움을 제공하고; b) 장기간에 걸쳐 힘든 모임 활동에 참여하는 대상자를 지원하기 위한 것이다. 돌봄은 의존성이 생기는 것이 아니라 친우회들이 독립적으로 되고 스스로 선택할 수 있도록 해야 한다.

임명: 동료분별 위원회보다 돌봄 위원회에 더 많은 사람이 필요하다. 위원회의 수명이 훨씬 길어지고 위원들이 돌아가면서 활동해야 할 수도 있기 때문에 동료분별 위원회보다 더 많은 인원이 필요하다. 위원 선정은 도움이 필요한 퀘이커 모임의 승인받아야 한다. 위원회의 필요성은 임명 회의에서 주기적으로 검토되어야 하며, 위원회의 임무가 종료되면 위원회를 해산해야 한다.

공동체 신앙 지도 위원회 Oversight Committees

목적과 기능: 공동체 신앙 지도 위원회는 수행에 대해 임명된 회의에 책임을 지며, 신앙지도 대상자의 책임 수행이 적절하게 이루어지도록 하는 것이지, 그 당사자를 지도하는 것이 아니다. 필요한 경우 대상자에 대한 돌봄은 돌봄 위원회의 책임이다. 만약, 두 위원회가 필요한 경우 두 위원회의 멤버십이 겹치지 않아야 한다.

공동체 신앙 지도 위원회와 지정된 대상자는 임명된 서기와 함께 참고사항, 책임, 명확한 직무 설명 등이 말로 포함된 기대치를 분명하게 하려고 만난다. 참고 내용은 프로그램, 업무 또는 사무실 자체의 필요성과 함께 검토되어야 한다.

공동체 신앙 지도 위원회는 전체개개인이 아니라로서 역할하고 위원들이 독립적으로 활동하지 않는다. 공동체 신앙 지도 위원회는 신앙지도 프로그램, 업무 또는 사무실에 대한 메시지와 의견을 전달하는 쌍방향 통로로서 이바지한다. 이 절차는 회의에서 긴장이 조성되는 것을 방지한다. 그렇지 않으면 열심히 일하는 친우가 너무 많은 책임을 떠맡게 된다.

임명: 대상자가 위원회 위원 자격에 대해 협의할 필요가 없다. 위원은 신앙지도에 적합한 기술을 보유하고 있어야 한다. 위원회의 활동 기간이 길어지는 경향이 있으므로 위원회의 위원은 임명 회의에서 주기적으로 변경될 수 있다.

영적 분별: 개인적 측면

잔 우드[39]

나에게, 하느님의 모든 목적과 행위는 인간들을 향한 하느님의 사랑에서 비롯되고 하느님의 사랑 안에 포함되어 있다. 유대-기독교 신앙의 하느님은 일관되게 '나는 너를 사랑하고 너와 함께하고 싶다'는 메시지를 전달해 왔다. 이것은 족장들의 이야기, 이스라엘의 신정 정치에 대한 희망, 멸망과 유배의 불타는 분노, 남은 자remnant에 대한 돌보심, 성육신, 속죄, 오순절, 그리고 지금 그리고 영원히 임할 하느님 나라에 대한 이야기에서 나타나는 주제이다. '나는 너와 함께 먹고, 너와 함께 생각하고, 너와 함께 놀고, 너와 함께 일하고, 너와 교제하고, 그 모든 복잡하고 놀라운 모든 것들을 너의 삶에서 나누고 싶다.' '두려워 말라, 내가 너와 함께 하리라'는 약속은 창세기부터 요한계시록까지 이어지는 하나의 약속이며, 오늘날까지도 우리 마음에 계속 증거가 되고 있다. 하느님이 인간의 모습으로 성육신하신 것을 임마누엘, 즉 우리와 함께하시는 하느님이라고 부르는 것은 결코 우연

---

[39] 1985년 퀘이커 힐 컨퍼런스 센터에서 열린 분별력에 관한 친구들 상담에서 발췌한 내용이다.(원본 문서는 절판되었다.)

이 아니다. 놀라운 진실은 나 자신, 모든 것, 초월적인 존재의 본질, 창조된 모든 것의 근원이 우리와 함께 있기를 원하고 심지어 갈망한다는 것이다. 그분은 무한과 유한, 완전과 깨어짐, 사랑과 소외, 삶과 죽음 사이에 다리를 놓기 위해 모든 준비를 하셨다.

지존재 AM [40]는 남성과 여성이 하느님을 향하는 자신의 의도를 증명하기 위해 뛰어넘어야 할 도덕적 장애물을 세우지 않았다. 하느님은 인간이 하늘에서 자리를 얻을 수 있는 시스템을 계획하지 않았다. 하느님은 관계를 요구하셨다. 옳고 그름. 선과 악. 이것들은 우리가 하느님을 향해 나아가는 데 필수적인 요소가 아니다. 우리가 하느님의 현존을 구하고 머무르는 데 필수적인 요소는 우리 자신의 진리 안에 있고 하느님의 진리 안에 있는 것이다. 체계는 없다. 그것은 단지 관계일 뿐이다. 아브라함의 이야기에서 알 수 있듯이, 의로움은 모든 일을 '올바르게' 하는 것의 문제가 아니다. 그것은 하느님과 적절한 반응/위치/자세를 취하는 문제이다. 우리는 창세기 15장 6절에서 '그 [아브라함]가 여호와를 믿었더니 그[하느님]께서 그것을 그에게 의로 여기시니'라는 구절을 읽는다. 아브라함이 수많은 후손의 조상이 되리라 정보에 대해 믿음은 적절한 반응은 아니었다. 그러나, 정보를 제공한 사람이 누구인지에 비추어 볼 때 믿음은 적절한 반응이었다.

사랑의 하느님과의 관계에 합당한 것은 하느님의 본질과 현존에 참여하고, 그 안에서 물장구를 치고, 헤엄치고, 몰입하는 것이다. 우리의 존재와 하느님의 생명과 하느님의 생명에게서 나오는 모든 것을

---

40) 번역자주: 출애굽기에서 모세가 하느님께 당신은 누구냐고 물었을 때 나는 스스로 있는 자다(I am who I am)라고 답하심. 구약의 하느님.

일치시키는 것이다. 온전하게 독특한 개인이 되고 싶은 동시에 모든 만물과 연합하고자 하는 우리의 역설적인 욕구는 바로, 이 놀랍고 믿을 수 없는 하느님과 인간의 결합으로부터 오는 것이다. 인격. 완전한 독특함. 완전한 결합. 우리는 사실상 본성에 이끌려 만물 안에 우리의 안식처가 있음을 알게 된다. 우리의 집이며 삶이다.

사실 우리 인간은 생명을 찾을 수 없는 곳에서 생명을 찾으려고 노력한다. 생명은 하느님과의 완전한 연합에서 발견된다. 그러나 우리가 하느님과 하고 싶어 하는 것은 느슨한 제휴이다. 그러나 그런 느슨한 제휴는 우리 마음의 깊은 욕망을 채워주지 못한다. 우리는 하느님과 같은 통제와 지식으로 우리를 유혹하는 열매를 먹으려고 노력한다. 그러나 그것은 효과가 없다. 우리는 자기중심적 행동의 지름길을 택하고, 그 결과는 입 안에 남은 재와 같다.[41] 하느님과 우리 자신의 진리에 부적합한 모든 것은 인생에 역기능을 일으키기 때문이다. 왜곡이다. 우리의 인격과 에너지를 약화하고 죽음의 쓰라린 찌꺼기만 남기는 잔인한 위조품은 지금 그리고 영원히 우리에게 남는다. 그것이 악, 하느님이 아닌 것, 실재가 아닌 것, 기능하지 않는 것의 본질이다. 그것은 생명, 물질, 실재의 정반대이다. 그것의 힘은 생명을 조작하는 것이다. 그것은 단지 창조된 것을 빼앗고 빼앗은 것을 돌려줄 뿐이다. 그것은 결코 무언가를 창조할 수 없다. 그것의 위조는 환상과 속임수를 만든다. 그것은 그림자처럼 견고하다. 그러나 그것은 서투른 위조품이 아니다. 심지어 선택된 사람도 속을 수 있다. 분별은 위

---

41) 번역자주: We take shortcuts of self-absorption that leave us with ashes in our mouths. 사람들이 이기적인 결정을 내릴 때 일시적으로는 편안할 수 있지만, 결국 그 결정이 가져오는 결과는 씁쓸하고 후회스럽다는 의미를 담고 있다.

조품이 무엇인지 드러내는 하느님의 마음에 달라붙는 생명을 살리는 자석과 같다.

사람은 선한 행동을 함으로써 악에서 벗어날 수 없다. 선은 생명에서 발산되는 향기이며, 하느님의 본질로부터의 나오는 것이다. 막 9:18 악은 사람을 저주하지 않는다. 악은 생명과 일치하지 않는 악취이다. 악은 생명력/생명의 수액에서 분리된 것에서 오는 썩음, 부패이다.

따라서 분별의 문제를 선과 악, 옳고 그름, 선택/행동/행위의 수준에서 논의하는 것은 우리를 잘못된 길로 인도할 수 있다. 분별력은 잘못을 알아내는 것이 아니라 진리를 향하는 마음이다. 분별의 핵심은 신성으로 가득 차고, 삶에 충만해져서 환상과 현실이 아닌 모든 것이 효율적이지 않은 가짜처럼 떨어져 나가는 것이다. 신을 안다는 것은 우주를 있는 그대로 보는 것이다. 속거나 미혹되지 않는 것이다. 하느님의 마음에 뿌리를 내리고 근거를 두는 것이다. 우리의 존재를 그곳에 두고 사는 것이다. 조지 폭스는 그리스도를 믿는 나라 가운데 가장 분별력 있는 사람 중 한 명이었다. 그의 감성은 그가 감당할 수 있는 한계를 넘어서도록 예민해져 있었다. 그러나 그의 주변에서 죽음의 크기와 모양을 보는 것은 그에게 힘을 주는 일이 아니었다. 그는 마침내 어둠의 바다 위로 빛의 바다와 사랑이 흐르는 것을 볼 때까지 쉬지 못했다. 우주의 실재라는 진리 속에서 그는 설 자리가 생겼다. 그것은 그가 다른 곳으로 움직일 수 없는 장소였다. 그는 진정한 분별자가 되었다.

사람의 초기 분별력은 종종 생각과 인식에 드리워진다. 그것은 '뭔가 잘못되었다'와 같은 인식이다. 분별력이 있는 사람은 비판적critical

이고 판단적judgemental이라고 느끼며 성장한다. 그들은 종종 다른 사람이 인식하지 못하는 것에 대해 깊은 고민을 한다. 좋은 소식은 사물의 깊은 뜻을 알아차리고, 모든 만물의 거짓됨에 대해 의심하고, 다른 사람들이 인식하지 못하는 현실에 대해 걱정하고 괴로워하기 시작하는 것이다. 그러나 나는 분별력은 하느님, 그분의 본성, 그분의 목적, 현재 상황에 그분이 미치는 영향에 대한 관점으로 시야가 채워질 때야 성숙하고 건강하게 발휘하게 된다고 생각한다. 분별하는 사람은 우리를 쉽게 괴롭히는 악을 인식할 뿐만 아니라 광적으로 일관되게 구원을 바라고 실천하는 사람이어야 한다. 그것이 바로 하느님의 마음이다. 구원은 삶의 움직임에 의해 이루어지는데, 그것은 악의 중심으로 들어가 그 구조를 내부에서부터 폭발시킨다. 이에 따라 상황의 각 요소가 자유로워져서 다시 삶을 위해 재배열될 수 있게 된다.

이 논의에 하느님 안에서의 삶이 '길을 잃는 것'이 아니라 '더 옳게 되어지는' 과정이라는 기본 개념을 가져온다면, 분별력을 잘못하거나 실수하지 않도록 우리를 안전하게 지켜주는 수단으로만 여기게 될 것이다. 악EVIL을 강력한 적으로 본다면, 우리는 분별력을 통해 '우리를 노리는' 악에 대한 경각심을 유지하고 정보를 얻을 수 있는 능력을 요구하게 될 것이다. 갈라디아서의 교훈을 잊고 하느님의 은혜를 받을 자격을 얻기 위해 율법주의라는 낙인 아래 살고 있다면, 우리는 분별력을 자신과 타인을 '일치'시키는 도구로 사용할 것이다. 누가 '안에' 있고 누가 '밖에' 있는지 알기 위해 분별력을 사용할 것이다. 분별력이 사람과 상황의 악을 가려내는 것으로 변질하면 분별력은 그 근본적인 기능과 본질인 사랑으로부터 분리된 판단/비판으로 변질한다. 이러한 모든 접근 방식은 분별력을 생명에 이르는 의료용 칼이 아니라 죽음에 이르는 칼로 전락시킬 것이다. 분별력은 오직 하느님을 알 때만 그 기능의 진실을 드러내기 시작한다.

분별(Discernment)의 특징

분별은 지각 능력이다.

분별은 선과 악을 구분하는 능력이다. 분별의 인식은 느낌, 앎, 심지어 신체적 감각을 통해 이루어질 수도 있다. 위조된 삶의 방식이 존재하는 만큼 위조된 삶의 방식도 존재한다. 왜냐하면, 우리 삶의 대부분이 가짜가 모든 만물에서 통용되는 것처럼 작동되기 때문이다. 그러나, 분별력은 그 밑바닥을 꿰뚫어 본다. 진정으로 작동하는 것을 인식하기 위해서 분명한 것의 이면을 보는 것이 바로 그러한 조명이다. 이것은 더 이상 율법을 따르지 않고 은혜로 걷는 사람들에게 매우 중요하다. 율법 아래에서는 자신이 어디에 서 있는지 분명히 알 수 있었다. 모든 것이 잘 진행되고 있는지 확인할 수 있는 객관적인 기준이 있었다. 성령의 법은 우리에게 더 환상적인 것처럼 보인다. 세상이 항상 보이는 대로만 돌아가는 것은 아니다. 밖에 보이는 외면이 항상 속마음을 보여주는 것은 아니다. 예수님의 기록된 대화가 종종 수수께끼 같은 이유는 표면적인 상호작용보다는 내면의 현실에 대해 분별력을 가지고 말씀하셨기 때문이다. 예수님은 항상 문제의 핵심을 파고들어 말씀하셨다. 그리고 그것은 확실히 거꾸로 보였다. 세리는 하느님 나라에 들어갈 것이라고 들었다. 그러나 바리새인은 곧 멸망에 처하게 될 것이었다. 그토록 '옳다'고 여겨졌던 많은 것들이 예수의 행동과 가르침에 의해 도전받았다. 예수의 분별은 마음을 꿰뚫어 보았다. 다른 사람의 마음도 하나님의 마음도 말이다.

분별은 단순히 지각하는 것이 아니라 살아 있는 것이다.

분별이 있는 사람은 그/그녀가 본 것과 일치하는 것에 반응하고, 그것을 선택한다. 나는 퀘이커의 위대함 중 하나가 그들이 분별이 있는 사람들이었을 뿐만 아니라 분별이 평가의 문제가 아니라 살아가는 문제라는 것을 이해한 부분이라 생각한다. 퀘이커들은 자신이 이해한 바를 삶으로 빠르게 실천했다.

우리가 전체 그림을 갖기 전에도 자신의 빛과 분별력의 충만함 속에서 사는 것이 필요하다. 모든 것이 어떻게 조화를 이루는지 볼 때까지 기다리면 좋겠지만 그것은 우리가 기다릴 수 없는 사치이다. 우리에게 필요한 것은 지금 우리가 알고 있는 길을 걷는 것이다. 걷다 보면 더 많은 것이 추가될 것이다. 우리가 현재 가지고 있는 분별력에 순종할 때 더 많은 분별이 우리에게 열릴 것이다. 나는 이것이 예수님께서 말씀하신 의미 일부라고 생각한다. '가진 자에게는 더 많이 주고 그렇지 않은 사람들에게는 그것을 빼앗기게 될 것이다'라는 말씀이다. 마태복음 13:12 우리가 이미 알고 있는 것을 행동으로 옮기지 않을 때, 우리는 점점 더 눈이 멀어지게 된다. 만약 누군가가 자신과 타인을 실패로부터 안전하게 지키기 위해 분별력을 사용한다면, 이것은 실천하기 매우 어려운 지점이다. 비유에 나오는 한 달란트를 가진 사람처럼 되고 싶은 유혹이 있다. 그는 잘못된 일을 할까 봐 두려워서 달란트를 가져다가 주인에게 돌려줄 때까지 위험에 노출되지 않도록 묻어 두었다. 우리가 아는 지식의 부분성 속에서 사는 것은 성령 안에서 걷는 데 필요한 위험이다.

분별은 결코 최종적인 결론이 아니다.

우리는 단순히 알기 위해 분별하는 것이 아니다. 솔로몬은 하느님의 백성을 잘 다스리기 위해 선과 악을 분별할 수 있는 듣는 마음을 달라고 하느님께 기도했다. 열왕기상 3:9-12 이 간단한 문장은 분별력에 대한 지식에 많은 것을 담고 있다. 솔로몬은 자신이 통치하도록 부름을 받은 백성이 누구인지에 대한 진실을 알고 있었다. 이 나라가 하나님의 나라임을 액면 그대로 받아들이는 것이 쉬웠을까? 그는 분별이 하느님의 음성을 듣고 순종할 수 있는 능력에 뿌리를 두고 있다는 것을 이해했다. 그리고 그는 분별이 문장의 끝이 아니라는 것을 이해했다. 분별은 항상 타인을 위한 사랑으로 베푸는 봉사이다. 그것은 해방하고, 치유하고, 진리와 생명으로 부르는 것이다. 그것의 기능은 사랑 가운데 잠기고, 사랑에 몰입하는 것이다. 이것은 어려울 수 있다. 분별은 우리의 가장 치명적인 실패들을 다룬다. 그리고, 우리의 실패들은 우리의 자아를 먹여 살리는 내가 최고라는 생각과 우리 자신이 신이 되는 우상 숭배를 위해, 우리가 통제를 위해 지식을 사용하는 방식이다. 우리 중 일부는 분별에 대해 듣고 말할 때 떨린다. 아는 것을 이용해 다른 사람에게 상처와 해를 입힌 알아차림을 통해 따끔거림을 느꼈기 때문이다. 그리고 그것은 하느님의 이름으로 행해졌다. 분별의 임무는 단순히 아는 것으로 끝나는 것이 아니라 하느님의 뜻이 하늘에서 이루어진 것 같이 땅에서도 이루어지는 현실과 연결되어야 한다.

분별은 성령/영혼, 즉 하느님의 성령과 우리의 영에 관한 것이다.

분별은 논리적으로 도출되는 것이 아니다. 이성적으로 생각하지 않는다는 말이 전혀 아니다. 그러나 분별이 하느님의 것인지 아닌지를 판단하는 기준이 논리가 아니라는 말이다. 마음은 영에 의해 정보를 얻는다. 분별력은 경험적으로 판단할 수 없으며 궁극적으로 믿음의 진술이다. 그것은 믿음의 도박이다. 내면의 감시자에 대한 순종이며 모든 위험을 감수하는 것이다. 우리가 듣고 분별하고 있는지, 아니면 우리 자신의 성향에 속고 있는지, 아니면 미쳤는지 즉각적으로 알 수 없는 경우가 많다. 결국 아브라함은 우르에서 모든 것을 피하고 싶은 깊은 소망에 반응했을 뿐이었을 지도 모른다. 또는 단순히 압력이 너무 커져서 존재하지 않는 것을 보고 듣기 시작했을 수도 있다. 나는 우리가 진정으로 진리와 선에 귀 기울이고 반응하고 있는지 알 수 있는 훌륭한 기준을 없다는 것을 안다. 성경에는 그런 기준이 없다. 적어도 34년 동안 믿을 수 없는 것을 믿으며 살았던 마리아를 생각해 보라. 그녀에게는 '세 가지 확인 시스템'이 없었다. 그저 무조건 모든 위험을 감수했을 뿐이다. 물론 우리에게는 경험적 지식, 성경에 대한 이해, 신앙 공동체의 공동 경청 사이에 어느 정도 견제와 균형이 있다. 하지만 궁극적으로 우리는 개인적 위험과 공동체적 위험에 모두 노출되어 있다. 나는 이를 피할 방법이 없다고 생각한다. 분별은 우리를 '안전하게' 지켜주는 것과는 거리가 멀고, 우리를 안전지대의 전초기

지에 놓이게 한다. 우리는 결과에 상관없이 빛의 충만함을 누리며 살기로 선택한다. 욥과 함께 우리는 "비록 그가 나를 죽일지라도 나는 그것이 내 안에서 일하시는 하느님을 믿을 것이다"라고 외친다.

분별에는 오직 하나의 근원이 있으며, 분별되는 모든 것은 그 근원의 본질과 일치한다.

아마도 당연한 말이지만, 하느님의 영이 아닌 다른 영에서 나온 지식은 부적절하고 불의하며 궁극적으로 생명을 주지 못한다. 모든 만물 가운데 충만하신 그분은 우리가 아는 모든 지식의 원천이다. 우리는 다른 것이 필요하지 않다. 타락의 이야기는 인류가 이 문제에 대해 이전부터 속아왔다는 것을 말해준다.

분별은 큰 그림을 볼 수 있게 한다.

분별이 있는 사람은 하느님의 사랑과 선하심, 모든 연약함과 비극과 결점을 변화시키시는 하느님의 의도를 잘 알기에 세상을 희망으로 바라볼 수 있다. 더 이상 우리 자신과 타인의 약함, 부족함, 무가치함, 심지어 잔인함까지 회피하고 피할 필요가 없다. 우리 자신과 타인의 최악의 모습을 가지고 영광의 태피스트리, 변화의 연금술로 엮어낼 수 있는 하느님이 계시다. 분별력 있는 사람은 이를 보고 이 땅에서 구원의 공동 파트너가 될 수 있다. 기꺼이 삶의 어려움 한가운데로 기꺼이 발을 들여놓는 것, 그래서 그 아픔과 공포를 탐구하는 것은 변혁자, 즉 빛과 생명이 되는 것이다. 분별은 가짜를 알아볼 볼 뿐만 아니라 구원과 회복도 구별한다.

분별을 위한 실용적인 지침들

그렇다면 개인의 분별력 문제에 대한 실용적인 지침은 무엇일까? 우리를 괴롭히는 질문은 다음과 같다: 내가 하느님의 음성을 듣고 있는지 어떻게 알 수 있을까? 무엇이 분별이고 무엇이 내 내면의 것인지 어떻게 구분할 수 있을까? 내가 틀렸다면 어떻게 해야 할까? 내가 주변 사람들과 사물이 전혀 다르게 바라볼 때, 나는 어떻게 해야 할까요?

나의 첫 번째 관찰은 분별이 그러하다는 것이다. 우리는 그것을 요구하지도 않고 피할 수도 없다. 그것은 우리 지각 영역의 일부이다. 우리가 마음을 하느님 쪽으로 향할 때, 우리의 영 깊은 곳에서 우주에 대한 방향 전환이 일어난다. 우리가 내면의 다시 형성된 감각에 귀를 기울이면, 우리는 그 새로운 내적 감각에 따라 우리의 삶을 주문하고/선택하고/ 다르게 살기 시작한다. 새로운 방향, 새로운 지각에 따라 살아갈 때 우리는 점점 더 현명해지고 지혜로워지며 점점 더 조화를 이루게 된다. 우리는 성령 안에서 동행한다. 이것은 자연스러운 성장 과정이다. 그러나 우리에게 종종 일어나는 일은 새로운 내적 패러다임에 주의를 기울이지 않는 것이다. 우리는 우리 안에서 일어나는 일에 진실하지 않다. 우리는 우리 안에서 떠오르는 새로운 생명을 부정하고, 억압하고, 모순되게 살아간다. 그것은 내부 혼란을 일으킨다. 우리는 우리 자신과 전쟁 중이다. 우리는 우리의 하느님에 대해 혼란스러워하게 된다. 우리는 갑자기 무엇이 진짜이고 무엇이 진짜가 아닌지 잘 모른다. 그러면 우리는 분별과 인도와 경청의 문제를 알기가 매우 어려워진다. 매우 흥미롭게도, 우리 자신이 하느님과 많이 만나지 못할수록 우리는 더 끈질기게 알고자 하는 욕구에 매달린다. 우리는 실수하지 않기 위해 필사적으로 된다. '하느님의 뜻'을 찾으려는 노력에는 매우 광적인 특성이 있다. 우리가 두려움 때문에 내면 감시자의 말을 듣지 않기로 할 때, 우리가 신앙의 생명을 거는 것이 너무 두려워질 때 우리는 우리 자신이나 하느님에 대해 편안하지 않다.

"하지만 그분이 하느님이신지 내가 어떻게 알 수 있을까?" 사람들이 고통스럽게 외치는 소리가 들린다. 나는 당신에게 일반적인 대답을 할 수 있다. 하느님의 음성에는 '스스로 진정성을 증명하는self-authenticating' 특성이 있다. 양들은 목자의 음성을 알고 있다. 그것은 내면과 외면이 일치할 때까지 모든 요소가 연결되는 것이다. 하느님은 자연스럽게 따라오는 평화로움과 집에 머무는 것과 같은 평안함으로 알아차려진다. 그 과정에 따라오는 성령의 열매를 관찰하면 하느님을 따르고 있는지 알 수 있다. 이 모든 생각은 사실이다. 그러나 어떤 의미에서는 어떤 것도 의심하는 마음을 만족시키지 못한다. 다시 한번, 내가 확신하는 것을 당신에게 말하면 다음과 같다. 모든 상황 속에서 위험을 감수하는 기본적인 결단이 내려질 때까지 어떤 대답도 만족스럽지 않다. 일단 그 결정이 내려지면 위의 모든 것이 유용하지만 실제로 필요한 것은 없다.

당신이 아는 것처럼, 문제는 우리가 생각하는 것보다 훨씬 덜 복잡하다. 신앙의 삶은 우리 자신의 모든 것에 영향을 준다. 좋은 것과 나쁜 것, 경이로운 것과 비열한 것, 아름다운 것과 추한 것, 온전한 것과 부서진 것, 빛과 어둠까지이다. 우리는 이 모든 것에서 우리 존재를 주장하고 책임을 진다. 우리 전체의 절대적인 실재 속에서 우리는 자신을 하느님의 임재 속으로 내던진다. 그곳에서 우리는 거한다. 거기서 우리는 영원히 산다. 그곳에서 우리는 다시는 우리 자신의 방식으로 삶을 살아가려고 하지 않는다. 거기서 우리는 우리 자신과 우리 안의 어두움을 두려워하지 않는다. 하느님의 사랑이 은혜와 자비로 우리를 감싸고 우리에게 생명을 주셨기 때문이다. 그곳에서 우리는 자기 의심과 자기에 관한 질문으로 자신을 괴롭힐 필요가 없다. 우리는 우리 자체로 안전하기 때문이다. 많은 회심 경험으로 가는 길은 '있는 그대로'라는 말로 포장되어 있다. 우리가 깨닫지 못한 것은 그리스도인의 삶은 하느님의 자비 위에 던져진 우리 자신의 온전한 실체 그대로 살아간다는 것이다.

나는 하느님을 아는 데서 오는 큰 분리는 당신과 내가 우리 자신의 현실에서 벗어나기 때문에 온다는 것을 여러 번 경험하고 본다. 하느님은 우리와 소통하기를 원하신다. 다른 어떤 사람이 아니다. 깨끗하게 정리된 우리 자신도 아니다. 인간적이지 않은 모습도 아니다. 바로 우리 자신이다. 진정한 우리 자신이 되는 이 자리에서 우리는 우리 안에서 떠오르는 삶의 다음 선택을 하게 된다. 우리는 우리 자신으로부터 분리된 우리 자신이 되기를 바라지 않고 '순전한' 신성에 참여하기를 기대하지 않는다. 우리는 하느님의 생각이 흐르는 오염되지 않은 그릇이 아니다. 우리는 우리 자신이 전적으로 옳을 것이라고 기대하지 않는다. 우리는 그저 우리 자신의 현실과 복잡함을 하느님과 서로에게 내어주고, 어떤 변화와 회복이 일어나는지 지켜본다. 우리가 이처럼 살 때, 우리는 우리의 분별을 통해 우리 이외의 것이 되기를 기대하는 고통이 태양 아래에 이슬처럼 증발하는 것을 발견한다. 놀라운 자유가 탄생된다.

'음, 만약 우리가 순진한 상태에서 착각하고 있다면 어떨까?' 만약 우리가 그렇다면? 내가 반항적이었을 때 하느님의 변화시키는 은혜가 내 죄성을 덮기에 충분했다면, 내 마음이 그분의 임재와 마음으로 간절히 뛰어들고 있을 때, 거기에는 엄청나게 많은 공급이 있음에 틀림없다. 하느님의 본성은 있는 그대로의 나에 한결같다. 하느님은 나의 한계를 아신다. 하느님은 나의 잘될 때와 그렇지 않을 때를 알고 계신다. 하느님은 나를 증인 없이 내버려 두지 않으실 것이다. 하느님은 나를 바로 잡을 상황과 사람을 보내실 것이다. '아니요, 저는 교정을 받고 싶지 않아요! 처음부터 제대로 하고 싶어요.' 우리 안에 있는 교만의 영은 우리를 신뢰와 소통의 자리에서 금방 멀어지게 할 것이다. 그러나 그 자부심의 밑바닥에는 대개 어린 시절에 잘못하거나 실수하면 사랑받지 못하고 거절당한다는 것을 배웠던 끔찍한 고통이 자리 잡고 있다. 우리 주님은 우리가 선해야 하고, 옳아야 하고, 성취해야 한다는 스트레스와 긴장에서 벗어난 새로운 안식처로 부르신다. 사랑하시고 소통하시는 하느님의 임재보다 더 좋은 안식처는 우주에 없다.

나는 이 장소에 오는 많은 사람이 부드러운 치유가 필요하다는 것을 안다. 그것은 분명하게 내게도 같은 것을 의미했다. 만약 치유가 우리에게 필요한 것이라면, 치유를 구하라. 예수님을 체험적으로 만나고, 예수님이 평생 사랑받지 못해 분열되고 두려움에 떨었던 당신의 상태에 그분이 말씀하시도록 하라. 어떤 사람들은 자신의 상처를 안다. 또한 어떤 사람들은 강하고 유능하게 대처하는 법을 배웠다. 이렇게 하면 우리가 받은 조건부 사랑에 대한 두려움조차 느끼지 못한다. 우리는 통제하지 못하고 모든 일을 제대로 하지 못하면 마치 죽는 것처럼 느껴진다는 것만 알고 있다. 하느님의 영이 용감한 군인처럼 행동하려는 네 살짜리 아이의 얼굴을 뚫고 들어가게 하라. 그리고 그 아이가 하나님의 마음에 의해 조건 없이 사랑받는 해방감을 알도록 하라. 그리고 만약 당신이 하느님의 치유를 알면서도 우리의 영원한 적인 교만에 이끌렸다면, 교만을 버리라. 그것을 버리고 자신의 진실로 돌아가라.

'음, 내가 잘못했을 때 다른 사람에게 해를 끼치면 어떻게 할까?' 물론 우리는 다른 사람에게 고통을 줄 것이다. 우리가 이 땅에 존재한다는 것 자체가 다른 사람에게 큰 축복과 고통을 주는 원인이 된다는 것을 의미한다. 이 망가진 세상에서 고통을 주고받는 것을 피하는 방법은 없다. 우리가 서로에게 줄 수 있는 최선에는 여전히 우리 자신의 부족함과 결핍이라는 '밑바닥'이 있다. 내가 중심을 잡고 빛의 충만함 안에서 걷는다고 해도 완벽한 배우자, 완벽한 부모, 완벽한 친구, 완벽한 그리스도인이 될 수는 없다. 당신과 나는 완벽하지 않다. 우리는 예수 그리스도 안에서 우리의 깨어진 삶이 변화될 수 있다는 약속 받았다. 이것은 우리가 분명 새로운 피조물이 되어가는 과정에 있다는 사실을 부정하는 것이 아니다. 우리가 하느님의 임재 안에 낙담 되어 있을 때 참으로 우리의 인격을 변화시키는 놀라운 기적이 일어나기 때문이다. 반면에, 내가 계속해서 주시하는 것은 내 안에서 부풀어 오르는, 비밀스럽게 나에게 우리는 '완벽하다'라고 말하는 교만한 내면의 감각이다. 그리고, 우리가 '진정으로 헌신했다면' 완벽하게 되었을 것이라고 하면서 완벽함을 실현하려는 그 끔찍한 속박에 대해 나는 주의 깊게 관찰한다.

하지만 고통이 이야기의 끝이 아니다. 우리 삶이나 다른 사람의 삶에서 고통이 반드시 죽음에 이를 필요는 없다는 약속을 받았다. 누구나 언제나 고통을 선택할 수 있는 능력이 있다. 그러나 우리의 상처가 다른 사람을 저주할 수는 없다. 고통은 크고 슬픈 고통을 일으킬 수 있지만, 언제나 변화되어 기쁨의 놀라운 원인이 될 수 있다. 창세기 50:19,20 로마서 8:28 인생이 엉망이 되는 것은 우리는 낮아지게 하고 고통스럽지만, 그것이 세상의 끝은 아니다. '하지만 만약 누군가가 그렇게 세상을 끝나게 한다면 어떨까요?'라고 여러분은 말한다. 그것은 그들의 선택이다. 그들도 여러분과 마찬가지로 삶을 선택했다. 나는 하느님의 은혜로운 자비는 우리가 감당할 수 없는 것을 허용하지 않으신다는 것을 믿는다. 실제로 구약성서에서 우리는 한 문명이 생명을 선택할 수 있는 능력을 넘어섰을 때 하느님은 그 문명을 멸망시켰음을 알 수 있다. 예: 창세기 15:16.

이 생각의 결론은 퀘이커 교도들에게 놀라운 힘을 주었다. 생명이 있는 곳에는 여전히 하느님이 계시고, 희망이 있다. 하느님의 영은 모든 사람 안에 거하시며, 아무리 인생의 역경이 그/그녀에게 심하게 쌓여 있더라도 그/그녀를 선택하실 수 있다. 그래서 희망이 없어 보이는 비극과 잔인함 속에서도 퀘이커들은 차가운 불씨를 생명의 불꽃으로 부채질하며 뚜벅뚜벅 걸어갔다.

내가 가진 분별로 무엇을 할 수 있을까?

내면에 있는 것에 충실하라. 그것에 무게를 두라. 그것에 따라 살아가라. 다른 것들에 대해 열려 있기 위해 충분한 여유를 가지고 그것을 붙잡고 있으라. 그러나 다르게 움직일 때까지 그것을 실천할 수 있는 충분한 끈기로 그것을 붙잡으라. 하느님의 영에 의한 변화는 내면에서부터 시작될 것이다.

하느님의 임재에 몰입하라. 임재를 경험하라. 인생의 유일한 우선순위는 하느님을 인격적으로, 친밀하게, 경험적으로 아는 것이다. 다른 우선순위는 인생의 부분을 명확하게 보지 못하는 것이다. 갈등 상황에 부닥쳤을 때 그 공간을 사랑과 빛으로 채우라. 갈등의 다이내믹과 분별하는 인식에 주의를 덜 기울이라. 그리고 그 순간, 그 사람, 그 상황에 있는 하느님의 진리를 중심에 두어라. 사랑의 공간에 머무르라. 거기서 빠져나오지 말아라!

내 안에 있는 것을 다른 사람에게 내어주라. 삶 가운데 그것을 내어주라. 말로 표현하라. 그것은 벌이 아니라 선물이다. 가볍게 내려놓으라. 당신의 자아ego와 기대로부터 당신의 분별을 해방시켜라. 내게서 가져갈 수 있는 사람들에게는 유용하고 그렇지 않은 사람들에게는 절대 줄어들지 않는 시냇물처럼 흐르게 하라.

여러분의 분별은 그 무엇도, 그 누구도 '구원'할 수 없다는 사실을 기억하라. 분별은 기껏해야 사람이 선택을 할 수 있게 하는 조명illumination일 뿐이다. 하느님은 어느 사람에게서도 선택과 책임의 능력을 빼앗지 않으신다. 하느님은 하늘에서 큰 희생양scapegoat이 되지 않으실 것이다: '하느님이 내가 그렇게 하라고 하셨다.' 하느님은 우리에게 선택과 결과가 무엇인지 보게 하신다. 분별의 책임은 개인이나 집단의 선택의 책임이다.

분별의 동기

끝으로, 나는 분별이란 문제를 분류하는 능력이 아니라 알아차림과 문제를 한 방향 정렬하는alignment 작업이라고 생각한다. 분별한다는 것은 하느님을 아는 것이다. 하느님의 본성과 마음과 하나가 되는 것, 구약에서 말하는 성적인 앎sexual knowing 42) 여기에서는 '깊이 알다'라는 의미로 사용된 것으로 여겨짐처럼 하나가 되는 것이다. 그것은 부드러운 친밀감이다. 놀라운 교제이다. 포기, 신뢰, 연약함에서의 해방이다. 완전한 평화, 만족, 그리고 존재를 가득 채우는 미소이다. 분별하는 사람은 신/사랑/현실/생명을 제외한 다른 어떤 공간에서도 편안함을 느끼지 못하는 연인lover이다. 다른 모든 것은 하느님의 영광에 미치지 못하며 그 부족함을 알게 된다.

분별의 첫 번째 행동은 자신의 부족함, 불충분함, 연약함, 악, 맹점, 고통을 가지고 오는 것이다. 사랑, 빛으로 가는 것이다. 그곳에서 자비로 목욕한다. 정죄, 실패, 통제, 소외, 상처라는 무거운 옷을 벗

---

42) 성적인 앎(sexual knowing: 역자주, 이 표현은 히브리아의 '야다:yadah'를 의미하는 것으로 이 단어가 사용되는 용례중에 '성관계하다'가 있음)에 대한 감각에 합류된다.

어버리는 것이다. 생명Life 안에서 어린아이처럼 첨벙거리는 것이다. 하느님의 보살핌과 애정의 시선 안에 거하는 것이다. 이러한 관점에서 모든 것을 보는 것이다. 만나고 사랑받고, 돌봄 받는 놀라운 삶의 자리에서 그 모든 것들이 서로 뒤엉켜 있음을 보는 것이다.

분별의 두 번째 행동은 아주 작고 미묘한 신의 움직임을 감지하는 섬세한 레이더의 민감성 안에서 사는 것이다. 그것은 우주에서 하느님의 움직임을 보고 인정하는 것이다. 그리고 말과 삶에 대한 이러한 인정에서 모든 진리와 비진리는 옳은 길을 걷게 된다.

참고 문헌

그룹으로 작업하기

갈등 해결을 위한 센터(Center for Conflict Resolution). *'Building United Judgment*: *A Handbook for Consensus Decision Making* (일치된 판단을 얻기: 합의 의사 결정을 위한 핸드북). Madison, WI: Center for Conflict Resolution, 1981.' 그룹의 의사 결정 과정으로서 합의를 도출하는 방법에 대한 철저한 검토.

갈등 해결을 위한 센터(Center for Conflict Resolution). *A Manual for Group Facilitators* (그룹 퍼실리테이터를 위한 매뉴얼). Madison, WI: Center for Conflict Resolution, 1977. 계획, 문제 해결 및 그룹이 자신의 목표를 달성하도록 돕는 등 그룹 촉진과 관련된 기술을 배우기 위한 명확한 가이드이다.

쿠버, 버지니아, 엘렌 디콘, 찰스에서, 크리스토퍼 무어. *Resource Manual for a Living Revolution* (살아있는 혁명을 위한 자원 관리). Philadelphia: New Society Publishers, 1978. 비폭력을 통한 사회 변화에 관여하는 사람들에게 유용한 그룹 프로세스 및 기타 기술에 관한 고전적인 자료집이다.

가스틸, 존, *Democracy in Small Groups*. (소그룹의 민주주의) Philadelphia: New Society Publishers, 1993. 가스틸, 존. 그룹 내 의사

결정에 대한 유용한 토론과 자신을 이해하고 더 민주적으로 되고자 하는 그룹을 위한 몇 가지 훌륭한 질문과 연습 문제가 포함되어 있다.

쉴즈, 카트리나, *In the Tiger's Mouth: An Empowerment Guide for Social Action*. (호랑이 입에서: 사회 행동을 위한 역량 강화 가이드) Philadelphia: New Society Publishers, 1994. 개인과 조직의 효율성을 저해하는 장애물에 대처하기 위한 읽기 쉽고 실용적인 매뉴얼이다.

스타호크, *Truth or Dare*.(진실 혹은 도전) New York: Harper, 1987. 페미니스트의 영적 관점에서 그룹 과정을 새롭게 바라본다. 권력의 본질에 대한 스타호크의 뛰어난 조사는 개인 삶, 커뮤니티, 세상의 긍정적인 변화를 위한 창의적인 대안을 제시한다.

커뮤니티와 더 큰 그림

메이시, 조안나, *World as Lover, World as Self*. (연인으로서의 세계, 자아로서의 세계) Berkeley, CA:. Parallax Press, 1991. 우리 자신을 세상과 그 피조물과 연결되어 있다고 생각하도록 가르치고, 영감을 주는 이야기와 명상을 제공한다.

메이시, 조안나, *Despair and Personal Power in the Nuclear Age*. (핵시대의 절망과 개인적 숙고) Philadelphia: New Society Publishers, 1983. '정신적 마비'를 극복하기 위한 획기적인 작품으로, 그룹을 위한 다양한 연습을 제공한다.

피비 프랜, *By Life's Grace: Musings on the Essence of Social Change*. (삶의 은총을 따르기: 사회 변화의 본질에 대한 사색). Philadelphia: New Society Publishers, 1994. 에세이, 시, 편지, "궁핍한 시대를 위한 풍부한 책".

피비 프랜, *Heart Politics* (마음의 정치학), Philadelphia: New Society Publishers, 1986. 인간미와 유머가 넘치는 새로운 종류의 정치에 대한 이야기와 비전.

샤퍼, 캐롤린 R., 크리스틴 아눈드슨. *Creating Community Anywhere: Finding and Connection in a Fragmented World* (어디서나 커뮤니티 만들기: 깨어진 세상 속에서 지원과 연결을 찾기). New York: Tarcher/Perigree, 1993. 커뮤니티를 만드는 다양한 방법을 보여주는 이 책에는 그룹을 위한 매우 유용한 '스타터 키트' 도구가 포함되어 있다.

휘트마이어, 클로드, 편집, *In the company of others, Making Community in the Modern World* (타자와 동반하기-현대 세계 안에서 공동체 만들기) New York: Tarcher/Perigree, 1993. 커뮤니티에 대한 우리의 필요성과 커뮤니티 구축과 관련된 만족감과 어려움에 대한 생각을 일으키는 선집이다.

커뮤니케이션 및 갈등 해결 기술

고넬료, 헬렌, 쇼샤나 페어. *Every Can Win*, *How to resolve Conflict*. (모두가 승리할 수 있다, 갈등을 해결하는 방법). 호주 시드니: 사이먼 앤 슈스터, 1989. 호주와 다른 곳에서 많은 사람들을 교육한 팀이 제공하는 갈등 해결과 관련된 기술을 배우는 매우 실용적인 가이드이다.

피셔, 로저, 윌리엄 유리. *Getting to Yes*. (합의에 도달하기) 뉴욕: Penguin, 1983. 갈등 해결에 관한 최초이자 가장 널리 사용되는 책 중 하나로, 인격보다는 이슈에 집중하는 방법과 분쟁에서 양 당사자를 만족시킬 수 있는 옵션을 만드는 방법에 대한 훌륭한 설명이 담겨 있다.

민델, 아놀드. *The Leader as Martial Artist* (격투가로서 리더) San Francisco: Harper/Collins 1993. 갈등 해결과 '소수자 인식'에 관한 훌륭한 챕터가 포함되어 있다.

탄넨, 데보라. *You Just Don't Understand*. (그대는 단지 이해를 못한 것이야) 뉴욕: Ballentine, 1990. 이 책은 남성과 여성의 의사소통 방식에 대한 몇 가지 차이점을 조명한다.

우리, 윌리엄. *Getting Past NO* (거절을 넘어서는 법) 설정. 뉴욕: Bantam, 1993. 협상과 관련된 기술에 대한 지침.

위크스, 더들리. *The Eight Essential Steps to Conflict Resolution: Preserving Relationships at Work, at Home and in the Community* (갈

등 해결을 위한 8가지 필수 단계: 직장, 가정, 지역 사회에서 관계를 지키는 법) New York: Marcher, 1992. 갈등을 해결하는 명확하고 실용적인 방법.

동료분별과 분별

판햄, 수잔나 외. *Listening Hearts: Discerning Call in community* (경청하는 마음: 공동체 안에서 부르심을 분별하기). 코네티컷주 리지필드: 모어하우스 출판, 1991.

프랑스어, 에일린. *Conducting a Clearness Meeting* (동료분별모임 진행하기) 런던: The Friend, 1987년 8월 7일.

레이시, 폴 A. *Leading and Being led* (이끄는 것과 이끌리는 것), 월링포드, PA: 펜들 힐 팸플릿, 264호 (1985).

리빗, 메리 루, 헬렌 스티븐, 메리 시노트. *Meeting for Clearness In Meeting Needs: A Handbook for Quaker Groups and Meeings* (동료분별을 위한 모임: 퀘이커 그룹과 모임을 위한 핸드북) 런던: 퀘이커 홈 서비스, 1992.

로링, 패트리샤. *Spiritual Discernment : The Context and Goal of Clearness Committees* (영적 분별: 동료분별 위원회의 맥락과 목적). 월링 포드, PA: 펜들 힐 팸플릿, 305호(1992).

뉴잉글랜드 연례 모임. *Committees of Concern or clearness* (돌봄 또는 동료분별 위원회 '. '자신과 타인과 함께 살기: 가족 생활의 측면에 관한 활동보고서', 9장. 뉴잉글랜드 연차 총회, 1985.

파머, 파커. *The Clearness Committee : A way of Discernment* (동료분별 위원회 : 분별의 방법) Weavings, 1988년 7월/8월, 37-40쪽.

싱클레어, 클레어. *Clearness : An address to Montana Gathering of Friends* (동료분별: 1990년 몬태나 퀘이커 모임 연설) Friends Bulletin, 1991년 4월자

테일러, 토마스. *Clearness* (동료분별) 런던: The Friends, 1990년 11월 30일자

퀘이커 힐 컨퍼런스 센터. *Friends Consultation on Discernment* ('분별에 관한 퀘이커의 상담'. Quaker Hill Conferrence Center, 1985 (절판, 일부 도서관에서 구할 수 있음.)

조직 자료

다양성, 스터디 그룹 및 갈등 해결을 장려하는 조직들

Equity Institute는 억압을 줄이고 다양성에 대한 인식과 이해를 가르치는 데 전념하는 전국적인 비영리 다문화 기관이다. Equity Institute는 인종차별 해체, 계급주의 해체, 다양성 인식, 성차별 해체 등의 공개 워크숍과 교육 프로그램을 제공한다. 자세한 내용은 6400 Hollis Street, Suite 15, Emeryville CA, 94608로 문의하거나 (510) 658-457 7로 전화하세요.

The Study Circles Resource Center에서는 스터디 서클에 대한 심층적인 정보, 스터디 서클을 조직하고 이끌고 참여하는 데 도움이 되는 자세한 지침, 건강, 경제, 맥시즘, 국제 안보 등 사회변화 활동가들이 관심 있는 주제를 공부할 수 있는 커리큘럼 가이드가 포함된 정보 키트를 제공한다. 주소는 169 Route 169, P.O. Box 203, Pomfret, CT 06258, (203) 928-2616 이다.

National Institute for Dispute Resolution (국립 분쟁 해결 연구소), 1901 L Street, NW, Suite 600, 워싱턴, 워싱턴 DC 20036; (202) 466-4 764. 법원 및 교육 기관에서 분쟁 해결 및 그 활용에 관한

교육을 장려하는 단체. NIDR은 지역 분쟁 해결 서비스를 찾는 데 도움을 제공할 수 있다. (전국적으로 400개 이상의 커뮤니티 사법 센터가 존재한다).

회원을 위한 지원 그룹을 홍보하는 조직

The Empathy Project는 더 정의롭고 지속할 수 있는 세상을 추구하는 근로 또는 상속을 가진 사람들을 위한 지원 그룹을 조직하는 비영리 단체이다. 또한 개별 상담, 워크숍, 돈 수련장, 분기별 소식지('More than Money')를 제공한다. The Empathy Project는 사람들이 돈에 대한 가치관을 명확히 하고, 지출과 투자를 신중하게 하며, 인간관계에서 돈을 더 잘 다루고, 의미 있는 일을 만들고, 더 나은 세상을 만들기 위해 자원을 효과적으로 사용할 수 있도록 돕는다. 21 Linwood St., Arlington, MA 02174, (617) 648-0776으로 연락할 수 있다. (참고: 이 단체는 자금 지원 기관이 아니다. 개별 펀딩 기관에 대한 소개를 위해 이곳에 문의하지 않기를 바란다)

Interhelp는 인간의 생명과 지구를 위협하는 세계 상황에 대해 깊이 고민하는 사람들의 국제적인 네트워크이다. 이들은 각자의 커뮤니티 내에서 사람들이 고립감과 절망감을 극복하고 역량을 강화할 수 있도록 돕는다. Interhelp는 절망과 역량 강화, 심층 생태학 및 개인 지원 시스템에 대한 커뮤니티 모임과 교육을 제공한다. Interhelp에 문의하려면 P.O. Box 86, Cambridge, MA 02140으로 연락하라.

The Traprock Peace Center는 서부 매사추세츠에 위치해 있다. 이 단체는 센터를 지원하는 자원봉사자들을 위한 친목 그룹을 만든다. 이 그룹은 일을 하는 동안 상호 지원 의식을 키운다. 자세한 내용은 (주소: Woolman Hill, Keets Road, Deerfield, MA 01342, (413) 773-7507)로 문의하라.